思想政治教育理论与实践研究
（第四辑）

浙江旅游职业学院马克思主义学院　编

辽宁人民出版社

图书在版编目（CIP）数据

思想政治教育理论与实践研究 . 第四辑 / 浙江旅游
职业学院马克思主义学院编 . -- 沈阳 : 辽宁人民出版社，
2024. 11. -- ISBN 978-7-205-11350-6

Ⅰ . G711

中国国家版本馆 CIP 数据核字第 2024Q6S119 号

出版发行：辽宁人民出版社
　　　　　地址：沈阳市和平区十一纬路 25 号　邮编：110003
　　　　　电话：024-23284325（邮　购）　024-23284300（发行部）
　　　　　http://www.lnpph.com.cn
印　　刷：华雅逸彩（北京）文化有限公司
幅面尺寸：170mm×240mm
印　　张：17
字　　数：350 千字
出版时间：2024 年 11 月第 1 版
印刷时间：2024 年 11 月第 1 次印刷
责任编辑：李翘楚
封面设计：意・装帧设计
版式设计：书林文化
责任校对：吴艳杰
书　　号：ISBN 978-7-205-11350-6

定　　价：85.00 元

本书受到
浙江省高校思想政治理论名师工作室
专项支持

目 录
Contents

理论研究

教学创新

实践探索

理论研究

LILUN YANJIU

先秦儒家"仁""礼"思想在思政教育中的现实意义

叶蔚兰 ①

（浙江旅游职业学院，马克思主义学院）

【摘要】先秦儒家以孔子、孟子、荀子为代表，其"仁""礼"思想有着丰富的内涵。本文在分析解读孔孟荀关于"仁""礼"的思想体系和发展过程、把握"仁"与"礼"之间相互关系的基础上，阐述了"仁""礼"思想在大学生人生观、价值观、文化观上的现实意义。

【关键词】儒家；"仁""礼"思想；思政教育

一、先秦儒家"仁""礼"思想

儒家思想是中华传统文化的主流思想，其中"仁""礼"思想是儒家思想中最为重要的部分。大学生思想政治教育中，应当充分发挥儒家"仁""礼"思想中的积极意义，更好地助力学校立德树人工作。

（一）孔子的"仁""礼"思想

孔子是儒家学说的创始人，他创立了一个以"仁"为主的"仁""礼"结合的"仁学"伦理思想体系。②《论语》中提到"仁"的频率很高，多达 100 多次，由此可见"仁"在孔子思想中的核心地位。

一方面，孔子把"爱亲"规定为"仁"的本始。"君子务本，本立而道生，孝弟也者，其为仁之本与。"（《论语·学而》）人们只有爱父母、爱兄弟、爱家庭，才能推己及人，这是实现"仁"的基础。另一方面，孔子又把"仁"规定为"爱人"。

---

① 作者简介：叶蔚兰（1982—　），浙江旅游职业学院马克思主义学院，副教授，研究方向为思想政治教育。

② 朱贻庭.中国传统伦理思想史 [M].上海：华东师范大学出版社，2003.

樊迟问仁，子曰："爱人。"（《论语·颜渊》）可见，孔子认为"仁"不仅要"爱亲"，而且要"爱人""泛爱众"，这表明孔子的"仁"早已"超出血缘伦理，而成为以孝悌为实践基础的普遍的人际伦理"。[①]

在具体要求上，孔子认为行仁要做到恭、宽、信、敏、惠。在根本途径上，孔子又提出了"忠恕"的原则，关于"忠"，可以用"己欲立而立人，己欲达而达人"（《论语·雍也》）来解释，关于"恕"，则是"己所不欲，勿施于人"（《论语·颜渊》）。"忠""恕"相通而有别，都表达了"推己及人"的"爱人"原则。

在"礼"的认识上，孔子非常重视并倡导周朝的礼仪制度，说："周监于二代，郁郁乎文哉！吾从周。"（《论语·八佾》）但面对当时社会的礼崩乐坏，孔子看到了传统礼制的不足之处，他分析人们违礼的原因时指出："人而不仁，如礼何？人而不仁，如乐何？"（《论语·八佾》）没有仁德，光有礼乐有什么用呢？可见，孔子认为，"仁"是"礼"的道德基础，"礼"是"仁"的外在表达。"克己复礼为仁，一日克己复礼，天下归仁焉"（《论语·颜渊》）。孔子纳"礼"入"仁"、以"礼"成"仁"的思想，实现了"仁"与"礼"的统一。

（二）孟子的"仁""礼"思想

孟子继承了孔子的"仁学"伦理思想，又在此基础上突出了"义"，提出了以"仁义"为主体的仁、义、礼、智四端相统一的道德规范体系。[②]

孟子的"仁义"之道，将"人伦"作为理论基础，"父子有亲，君臣有义，夫妇有别，长幼有序，朋友有信"（《孟子·滕文公上》）。他认为，建立在"人伦"的基础上，"仁义"应是处理社会伦理关系的最高原则。孟子说："察于人伦，由仁义行。"（《孟子·离娄下》）正是在"人伦"说的前提下，孟子提出了"仁""义""礼""智"四德，其中"仁""义"为根本。

与孔子把道德来源归于"天命"不同，孟子强调仁、义、礼、智这些基本道德是人心固有的，他认为"仁义礼智根于心"（《孟子·尽心上》）。孟子曰："恻隐之心，仁也；羞恶之心，义也；恭敬之心，礼也；是非之心，智也。仁义礼智，非由外铄我也，我固有之也，弗思耳矣。"（《孟子·告子上》）孟子将这一性善论作为他"仁义"思想的哲学依据，强调"仁义"道德是与人的本性一致的。但他也承

---

①陈来.仁学本体论 [M].北京：生活·读书·新知三联书店，2014.
②朱贻庭.中国传统伦理思想史 [M].上海：华东师范大学出版社，2003.

认，人性"也还有其他成分，本身无所谓善恶，若不适当控制，就会通向恶"。①

在个人行为中，孟子主张将"仁义"作为根本原则。孟子曰："由仁义行，非行仁义也。"（《孟子·离娄下》）可见，"由仁义行"强调道德自觉，将内心的"仁义"与外化的"仁义"行为统一起来。

孟子在继承前人的基础上，发展了礼学思想，一方面，他认为"礼"是区别人和动物的重要标志，孟子说道："人之有道也，饱食、暖衣、逸居而无教，则近于禽兽。"（《孟子·滕文公上》）这里的教指的是礼乐文化。另一方面，孟子认为"礼"是君子与非君子的标志，"非礼之礼，非义之义，大人弗为"（《孟子·离娄下》）。孟子还指出："君子所以异于人者，以其存心也。君子以仁存心，以礼存心。"（《孟子·离娄下》）可见，孟子认为，君子应该是"知礼""守礼"的。最后，孟子强调"礼"在修身中的重要作用。孟子将"礼"从外在的规范转变为人的道德自觉，"爱人不亲，反其仁；治人不治，反其智；礼人不答，反其敬。行有不得者皆反求诸己，其身正而天下归之"（《孟子·离娄上》）。由此见，孟子注重自我反省，提倡与人相处应以礼相待。

（三）荀子的"仁""礼"思想

荀子综合孔孟关于仁、义、礼的思想，提出了一个以"礼"为核心的仁、义、礼三者统一的道德规范体系。②

"仁"字在《荀子》中出现了约 130 次，他认为"仁"主要有二：一是"爱人"（《荀子·议兵》），二是"自爱"（《荀子·子道》），荀子的仁是从爱人到自爱的过程。但荀子论仁不是落在心性上，而是体现在礼义上，"君子处仁以义，然后仁也；行义以礼，然后义也；制礼反本成末，然后礼也"（《荀子·大略》）。因此，荀子讲的是政治上的仁，偏重于义，在政治上，正义是社会治理的基础。"先王之道，仁之隆也，比中而行之。曷谓中？曰：礼义是也"（《荀子·儒效》）。可见，在荀子这里，"仁"更需要通过建构合理的政治制度来实现，而"义"需要通过"礼"表现出来。

荀子认为"礼"是个人修身、社会和谐和国家治理的重要工具。首先，"礼"是个人修身的准则，"礼者，所以正身也"（《荀子·修身》）；其次，"礼"是国家治理的依据，"隆礼贵义者，其国治；简礼贱义者，其国乱"（《荀子·议兵》）；再

---

① 冯友兰.中国哲学简史[M].北京：北京大学出版社，2018.
② 朱贻庭.中国传统伦理思想史[M].上海：华东师范大学出版社，2003.

次，对于政治事务来说，"礼"是纲要，"礼者，法之大分。类之纲纪也"（《荀子·劝学》）；最后，"礼"也是德目的总纲，荀子强调"礼"作为道德规范的核心作用，但他也不轻视其他的德目。"孔子以仁为全德之名，而荀子则以礼为全德之名。礼是荀子的整个道德思想的核心和根本内容。荀子用礼来统摄诸德，并由此派生出其他的德目来。"①

荀子的"礼"还有"法"的意思，"礼者，法之大分"（《荀子·劝学》），"非礼是无法也"（《荀子·修身》）。荀子将"礼"与"法"结合起来组成"礼法"范畴，并赋予这个意义上的"礼"以至关重要的地位，"礼者，治辨之极也，强固之本也，威行之道也"（《荀子·议兵》）。

二、"仁""礼"的相互关系

"仁"与"礼"构成了先秦儒家伦理观的核心要旨，尽管"仁""礼"的内涵及两者的相互关系在孔孟荀的思想中各有侧重，但都能从他们的要义中加以凝练。

（一）"仁"的内涵

从孔子、孟子、荀子关于"仁"的阐释中，可以看到，"仁"主要是指人的心性、本性，是内心的善念。

第一，"仁"是儒家的人生理想。这一人生理想是个人理想与社会理想的统一。在个人理想上，"仁"是个人修养的目标，是一个人最高的精神境界，"仁者，人也"（《中庸》）。在社会理想上，只有修身才能齐家、治国、平天下，"以力假仁者霸。……以德行仁者王"（《孟子·公孙丑上》），内圣才能外王。所以，"仁"将个人的追求与社会的追求结合起来。

第二，"仁"是儒家的道德理想。道德理想就是人们行为的最高标准的集中体现。孔孟荀的思想中，"仁"都体现着爱亲、爱人、自爱的意义，虽然各自形成了不同的道德规范体系，但"仁"的实质都是提倡人与人相爱，尊重人的价值，同情人，帮助人，这是儒家的道德理想，而这一道德理想的实现又源自道德自觉，源自内心的"仁"。

（二）"礼"的内涵

结合孔子、孟子、荀子关于"礼"的阐述，可见，"礼"的核心价值在于尊重、和谐、秩序，通过文化传统、道德规范、社会秩序等体现出来。

---

① 郭志坤. 旷世大儒：荀况 [M]. 石家庄：河北人民出版社，2001.

第一，"礼"是行为规范。"礼"的作用在于端正自身，规范人的思想意识和言行举止，对于个人修身来说，"礼"是依据，是做人的规范，以"礼"为标准，不同人应当遵循相应的道德规范。"礼"由个人修养到家庭关系、社会交往、国家治理等多个层面，维护了社会秩序，促进了社会和谐。

第二，"礼"是自觉行为。从"周礼"开始，"礼"的逐步形成是人的自我觉醒的一个过程。尽管"礼"表现为外在规范，但孔孟荀都认为"礼"之根本源自内在的修养，孔子"纳仁入礼"、孟子"由仁义行"、荀子"礼义忠信"，都是人的进一步自我觉醒，都体现着"礼"由外到内的转化。所以，从这一意义上说，"仁"与"礼"是统一的，都是建立在道德自觉的基础上。

（三）"仁"与"礼"的关系

第一，"仁"是"礼"的道德基础。"克己复礼为仁"是孔子仁礼学说的核心。孔子认为，有德性的人，外在也会表现出相应的德行，在当时的社会制度之下，德行是否符合要求的标准就是是否符合"礼"，而从具备德性到践行德行正是由"仁"到"礼"的过程。因此，作为道德始点的一定是内在性的"仁"，而不是外在性的"礼"。

孟子和荀子都继承了孔子的仁礼学说。孟子说："君子以仁存心，以礼存心。"（《孟子·离娄下》）荀子说："人主，仁心设焉，知其役也，礼其尽也。故王者先仁而后礼，天施然也"（《荀子·大略》）。可见，他们都非常重视"仁"之于"礼"的意义。"仁"是"礼"的道德基础，只有具备了"仁"的内在品德，才能行"礼"，如果只有外在的"礼"，而没有内心的仁德，"礼"就限于形式。

第二，"礼"是"仁"的必要表达。费孝通讲道："克己才能复礼，复礼是取得进入社会、成为一个社会人的必要条件。"[①] 可见，"礼"是内心"仁"德的必要表达，是一个人在社会上立身的一个基础。孔子说过："不学礼，无以立。"（《论语·季氏》）荀子更是注重"礼"，说道："故学至乎礼而止矣，夫是之谓道德之极。"（《荀子·劝学》）"礼者，人道之极也"（《荀子·礼论》）。荀子将"礼"作为行为的最高实践准则。如果内心怀有仁德，而没有践行"礼"，这也是不符合社会要求的。

因此，只有仁礼并用，才能贯彻由德性到德行的践行之道，心中有仁爱，行为有礼节，才能实现道德教化的意义。

---

① 王博．中国儒学史（先秦卷）[M]．北京：北京大学出版社，2011．

三、"仁""礼"思想在思政教育中的现实意义

第一，在人生观教育上，引导学生将自我价值与社会价值相结合。自我价值是个体的人生活动对自己的生存和发展所具有的价值，社会价值是个体的实践活动对社会、他人所具有的价值。一方面，儒家"仁""礼"思想中非常重视个体自身的内在性价值，爱己、爱人都是美德，"德不孤，必有邻"（《论语·里仁》），仁义礼智是人的本性，"士庶人不仁，不保四体"（《孟子·离娄上》），因此，一个人行仁德，内心向善，有助于自身内在价值的升华，有助于自身的完善与成长。另一方面，儒家"仁""礼"思想中又非常突出行"仁""礼"之于社会的重要意义，"修身、齐家、治国、平天下"，"隆礼贵义者，其国治；简礼贱义者，其国乱"（《荀子·议兵》），所以，行仁讲礼有助于社会的和谐、国家的安定。

因此，在人生观教育上，引导大学生将自我价值与社会价值更好地结合起来，用"仁""礼"思想涵养自身，通过学习实践，不断提高自己的精神境界，让自己获得更多的豁然开朗，实现身心和谐。同时意识到，人人能"仁""礼"所产生的巨大社会价值，"仁""礼"不是简单的一个人的事，而是整个社会的事。

第二，在价值观教育上，引导学生将自律意识与规则意识相结合。自律意识的树立，靠道德自觉，行为上表现为"克己"，"克己"可以通过"修己""自省"等方式实现。因此，要充分调动学生的主观能动性，学习"仁""礼"思想的热情，让他们能经常对自己的言行进行反思内省，使他们能在内心真正认同正确的价值观，最后达到"我欲仁，斯仁至矣"（《论语·述而》）。规则意识的确立，更多的是靠外在约束，"礼"作为一种外在的制度规范，主要是通过他律的方式监督、约束人的行为，从而协调人与各种关系，正所谓"不以规矩，不能成方圆"。因此，大学生还必须培养规则意识，对规则要有敬畏感，学习规则、践行规则，"人无礼则不生"，将规则意识贯穿于个人行为的始终。

自律意识与规则意识有效地结合起来，即仁礼并用，只有这样，才能真正做到知行合一，真正践行国家和社会的主流价值观。

第三，文化观教育上，引导学生将中华优秀传统文化与社会主义先进文化相结合。文化是民族发展的根基，是国家软实力的象征，是全体人民智慧的体现。儒家"仁""礼"思想根植于中华优秀传统文化，蕴含着深厚的历史积淀和丰富的思想资源，是中华民族历史文化中一笔宝贵的精神财富，为我们的文化自信提供了强

有力的支持。

推动文化自信的增强，需要引导学生将中华优秀传统文化与社会主义先进文化结合起来，将社会主义先进文化在继承这些传统文化的基础上，能结合时代新需求，焕发时代新活力，在为实现中华民族伟大复兴的征程中提供精神动力和智力支持。

贯彻习近平文化思想　激活思想政治理论实践课

严琰①

（湘中幼儿师范高等专科学校，马克思主义学院）

【摘要】在思想政治理论实践课教学中融入习近平文化思想，不仅可以帮助学生树立正确的文化价值观，还能有效落实立德树人根本任务，提升育人实效，传承中华优秀传统文化。基于此，本文分析思想政治理论实践课教学现状，探讨习近平文化思想视域下思想政治理论实践课教学创新价值意蕴，并从把握教学要点、教学方法、实践教学等方面出发，探究习近平文化思想视域下思想政治理论实践课教学策略，以期为高职院校思想政治教育创新提供有益参考，培养新时代社会主义接班人。

【关键词】习近平文化思想；思想政治教育；思想政治理论实践

2023 年 6 月 2 日，习近平总书记在文化传承发展座谈会上明确了"新的文化使命"的目标："在新的起点上继续推动文化繁荣、建设文化强国、建设中华民族现代文明，是我们在新时代新的文化使命。"2023 年 6 月 7 日，习近平总书记在致首届文化强国建设高峰论坛的贺信中揭示了实现"新的文化使命"②的科学态度："坚定文化自信，秉持开放包容，坚持守正创新，激发全民族文化创新创造活力。"③习近平文化思想的提出，是党宣传思想文化事业发展史上的里程碑，为推进思政课改革创新提供了思想指引和实践保障。因此，思政教育工作者要从习近平文化思想中汲取开展思政课改革创新的智慧，并加快推进习近平文化思想融入思政课教学，发挥习近平文化思想的指导作用，培养新时代优秀人才。

---

①作者简介：严琰（1977—　），女，副教授，从事思想政治教育、礼仪文化教育研究。
②习近平出席文化传承发展座谈会并发表重要讲话 [N]. 中国政府网，2023-06-02.
③习近平致首届文化强国建设高峰论坛的贺信 [N]. 中国政府网，2023-06-07.

一、思想政治理论实践课教学现状

在党的二十大精神指示下，各高校在已有基础上从理论和实践等方面出发，继续加强思想政治理论实践课教学创新。其一，理论方面。各高校积极探索思政教育信息化改革与创新路径。例如，中国矿业大学积极探索"课堂·网络·实践"三位一体的教学体系，建立思政课智慧教学平台，打破传统课堂教学壁垒，不断增强思政课教学的体验性和沉浸感，推动线下教学与线上学习同频共振，课堂教授与课外辅导协同发力，进一步拓展育人空间。中国人民大学积极完善思政课资讯平台、理论研究和文献支撑平台、教学资源共享平台、数字化教学平台、大学生思想政治教育质量评估平台、大学生思想动态调查分析平台等六大资源平台建设，助力思政课教学发展。其二，实践方面。各高校积极组织学生开展社会实践活动，使青年学生在广袤大地上拓宽视野，且行且思，不断成长和发展。例如，2024年2月3日，哈尔滨工业大学学生组成的"志在航天　争做时代先锋"思政实践团成员现场观看通遥一体化卫星系统"威海壹号"01/02星搭乘捷龙三号运载火箭成功发射。这些学生在参观研学中更加深切地感受到科技的力量，激发学生民族责任感。福建理工大学设计学院寒假社会实践队赴福建省福州市三坊七巷开展主题实践，下一步还将以制作调研视频、设计文创周边等方式，记录下古厝保护的生动故事。通过将社会实践与思政教育相结合，引导学生厚植家国情怀，激扬青春梦想。

二、习近平文化思想视域下思想政治理论实践课教学创新价值意蕴

习近平文化思想是新时代中国特色社会主义文化发展的重要指导思想，其深刻阐述了中华优秀传统文化的时代价值、文化自信的核心内涵以及文化发展的基本方略。在思想政治理论实践课程教学中融入习近平文化思想，对于引导学生树立正确的文化价值观、促进学生全面发展具有深远的意义。

（一）有益于学生树立正确的文化价值观

在思想政治理论实践课教学中融入习近平文化思想，有益于学生树立正确的文化价值观。一方面，习近平文化思想强调中华文化是中华民族的根和魂，倡导文化自信。在思想政治理论实践课程教学中融入中华优秀传统文化元素，可以使学生深入认识中华文化的深厚底蕴和独特魅力，有助于培养学生的民族自豪感和文化自信，使学生形成正确的国家观和民族观；另一方面，习近平文化思想明确提出，要

将社会主义核心价值观融入国民教育体系，贯穿于人们的思想观念和行为习惯之中。在思想政治理论实践课中，教师通过具体案例分析、角色扮演、社会实践等方式，可以使学生吸收社会主义核心价值观，引导学生在现实社会中践行这些价值观[①]。

（二）有益于传承中华优秀传统文化

在思想政治理论实践课教学中融入习近平文化思想，有益于传承中华优秀传统文化。一方面，习近平文化思想强调中华优秀传统文化是中华民族最深厚的文化软实力，是我们最根本的文化自信。在思想政治理论实践课中融入中华优秀传统文化元素，教师通过讲授历史故事、哲学思想、文学艺术等内容，可以帮助学生深入理解中华文化的核心价值和精神内涵，从而增强学生文化认同感和归属感。另一方面，习近平文化思想提出要"坚持创造性转化、创新性发展"，鼓励将传统文化与现代文明相结合，创造出符合时代要求的新文化。在思想政治理论实践课中融入中华优秀传统文化元素，教师通过引导学生思考如何将传统文化的智慧与现代社会发展相结合，鼓励他们在设计社会实践项目、开展科研活动等方面积极探索，这有助于推动中华优秀传统文化的传承和创新发展[②]。

（三）有益于落实立德树人根本任务提升育人效能

在思想政治理论实践课教学中融入习近平文化思想，有益于落实立德树人根本任务，提升育人效能。首先，习近平文化思想强调了道德建设的重要性，提出要把社会主义核心价值观融入国民教育的全过程。在思想政治理论实践课中融入习近平文化思想，教师通过结合中国传统美德和革命精神，可以更有效地对学生进行道德教育和价值引领，帮助他们树立正确的世界观、人生观、价值观。其次，习近平文化思想涵盖了丰富的人文精神和道德规范，强调诚信、勤奋、尊重、责任等品质的重要性。在思想政治理论实践课中融入习近平文化思想，教师可以有效发挥习近平文化思想对学生思想观念的引领作用，有效促进学生个人品质的全面发展，使他们成为有责任感、有担当的新时代青年。最后，习近平文化思想强调要将创新作为引领发展的第一动力。在思想政治理论实践课中融入习近平文化思想，教师通过开展

---

① 刘译. 文化自信视野下习近平新时代传统文化观与思政课的融合策略 [J]. 鄂州大学学报，2023，30（05）：36-38.

② 肖鹏，韩雪峰，赵玉英. 习近平新时代传统文化观融入高校思想政治教育的路径探究 [J]. 哈尔滨市委党校学报，2022（03）：23-27.

社会实践活动、鼓励学生参与科研项目等方式，可以增强学生的实践能力，激发他们的创新意识和创造能力，培养更多优秀人才。

三、习近平文化思想视域下思想政治理论实践课教学策略

思想政治理论实践课教学创新的根本目的在于更好地落实立德树人根本任务，培养担当民族复兴大任的时代新人。习近平文化思想既有文化理论观点上的创新和突破，又有文化工作布局上的部署和要求，明确了新时代文化建设路线，为思想政治理论实践课教学改革创新提供坚实的保障。

（一）以习近平文化思想为指导把握思政教学要点

习近平文化思想体系完整，内容丰富，博大精深。要想将习近平文化思想有效融合思政课教学，让学生真学真懂真信真用这一伟大思想，那么就必须坚持"抓住重点、兼顾一般"原则，对教学内容进行制作加工。在思政课教学过程中，教师要将重点讲授的内容放在以下几个方面：一是坚定文化自信。教师借助多媒体呈现习近平关于坚定文化自信的战略指导内容，并结合实际案例，帮助学生理解坚定文化自信的重要意义，并将文化自信融入大学生的言谈举止中，提振其昂扬向上、锐意进取的精气神。二是教师要让大学生从学理性上把握马克思主义和中华优秀传统文化的高度契合性，激发大学生中华文化主体性的自豪感和自信心。三是教师着重讲解"七个着力"和"新的文化使命"，使学生强化守正创新的世界观和方法论，深刻领悟"两个确立"的决定性意义，在传承中实现创新，同时增强学生民族责任感，让学生敢于担当和面对，为中华民族伟大复兴贡献力量。

（二）基于文化认同培养，优化课程理论教学方法

高职院校思政教育工作者要以习近平文化思想为指导，将中华优秀传统文化作为思想政治教育的重要资源，以培养学生文化认同为根本目的，不断优化思想政治理论课程教学方法，提高思政课教学效果。

其一，故事教学法。思政课教师讲述中国革命建设、改革开放等历史阶段中的真实故事，以及中国共产党领导下的英雄人物故事，通过借助多媒体技术以图片、视频等不同形式加以呈现，使抽象的理论知识具体化、形象化，加深学生对理论知识的理解以及对习近平文化思想的认识，提高课堂教学效果[1]。或者教师事先

---

[1] 刘若杨. 习近平传统文化观融入大学生思政教育的思考 [J]. 山东农业工程学院学报，2021，38（11）：93-98.

收集革命历史和英雄人物故事等资料，正式上课时，由各小组代表随意选择一个历史故事进行讲解，可采用故事演绎、小组成员互相问答等不同方式来"讲"故事。这期间，教师可带入学生的角色，一起参与进去，通过提问的方式来实现与学生之间的互动和交流，既能增进师生关系，又能有效指导学生如何"讲好"中国故事，让学生不仅是在讲故事，更是在学习英雄人物身上的优秀品质，培养学生良好的精神品质。

其二，案例教学法。思政课教师挑选与学生日常生活、社会热点问题相关的实际案例，再以提问的形式引导学生深入思考，指导学生将理论知识与实际联系起来。同时，教师可以鼓励学生主动参与案例分析，引导学生从多角度审视问题，培养其批判性思维和解决问题的能力。

其三，讨论与互动教学。思政课教师先确定教学主题，再结合主题设置相应的问题，让学生小组进行讨论。比如，如何通过实际行动弘扬爱国主义精神？在日常生活中，如何践行社会主义核心价值观？通过设置相应的问题，激发学生思考和表达欲望，促进学生之间的交流与合作。在互动和讨论期间，学生可以通过线上教育平台搜索文字、视频等有关资料，如学习强国App，深入了解习近平文化思想，记录学习过程中遇到的难题，最后统一递交给教师。在学生小组互动交流过程中，教师也要转变角色，主动参与到学生的讨论中去，既要引导学生正确讨论和思考，又要和学生一起讨论，适时发表自己的看法，营造和谐的学习与讨论氛围，提高思政理论教学效果。互动讨论环节结束后，教师对各组讨论结果进行评价，并就学生提出的问题进行详细讲解，最后学生分享自己的学习感悟，总结自己的学习成果和不足，明确学习目标，制订学习计划，坚定向前发展。

其四，思政课教师利用虚拟现实（VR）、增强现实（AR）等现代信息技术，生动化呈现历史影像、纪录片、专题讲座等多媒体资料，使学生在视觉和听觉上获得更为丰富的学习体验。例如，2024年，山西经贸职业学院在第七届全国高校大学生讲思政课公开课和微电影展示活动中，获奖作品《太行精神耀千秋 红色基因代代传》以太行精神为主题，以学生讲述为主导、以红色场馆为课堂。指导教师带领学生学习小组沿着红色足迹，重温峥嵘岁月，讲述革命故事，传承太行精神，深化对思政课教学内容的认识和思考，引导学生深刻理解中国共产党为什么能、马克思主义为什么行、中国特色社会主义为什么好，厚植大学生爱国之情，传承红色文化，彰显民族自信。

（三）习近平文化思想指导思政实践教学

实践教学是培养学生道德素养的重要途径[①]。习近平总书记指出："深入挖掘优秀传统农耕文化蕴含的思想观念、人文精神、道德规范，培育挖掘乡土文化人才。"社会实践是加强学生思想政治教育的重要方式，是挖掘乡土文化资源的重要方式，还对学生的传统文化教育有重要的促进作用[②]。因此，习近平文化思想视域下的思想政治理论实践课教学创新离不开社会实践活动的助推。高职院校思政教育工作者要坚持习近平文化思想的指导，将思政课作为中华优秀传统文化传播的重要阵地，结合思政理论，加强思政实践教学，培养更多高素质人才。

其一，学校组织学生参观革命历史博物馆、纪念馆等红色基地，对学生进行现场红色教育，让学生沐浴在红色文化环境里，近距离了解革命历史场景和革命英雄事迹，感受革命成功的不易，学习革命先辈艰苦奋斗、坚韧勇敢等革命精神，培育学生道德素养和精神品质。同时，学校教师组织学生学习传统文化课程，参与传统节日活动，进行书法、国画、剪纸等传统艺术实践，让学生深入了解中华优秀传统文化，感受中华优秀传统文化的魅力，培育学生爱国心和民族精神，增强学生民族文化自信。

其二，思政课教师鼓励学生参与科技创新、文化创作等活动，支持学生开展科研项目、参加各类创新竞赛，培养学生的创新意识和实践能力。同时，教师要引导学生积极参与社会服务和志愿活动，如文化普及、环境保护、社区服务、支教助学、扶贫帮困等，加深学生实践体验，培养学生社会责任感和奉献精神，使学生进一步理解习近平文化思想，坚定文化自信，不断向前，成长为新时代优秀青年。

其三，学校组织学生参与非物质文化遗产的保护和传承活动，学习传统手工艺、民间艺术等，如剪纸、竹编等，同时利用数字展览、虚拟现实（VR）、增强现实（AR）等现代信息技术手段，智能化、生动化展示中华优秀传统文化，引领学生领悟中华优秀传统文化内涵，感受传统文化的魅力，在增强学生文化自信同时，使学生主动参与到文化传播和传承的队列中来，加快中华优秀传统文化传承和创新发展。比如，文化博物馆利用智能技术模拟书法、水墨画等的创作过程，并增加互

---

①李伟达.习近平传统文化观对大学生思想政治教育的价值探究[J].现代商贸工业，2021，42（24）：99-100.

②温雪秋.习近平传统文化观视域下高职院校思政教育方式创新研究[J].广东水利电力职业技术学院学报，2019，17（03）：30-34.

动环节，学生可以通过智能操作与虚拟人物交流和互动，这样一来，学生在感受书法、水墨画等的创作时，也能进一步了解中华民族优秀传统文化，认同中华民族优秀传统文化，增强学生文化自信。

四、结语

综上所述，在思想政治理论实践课教学中融入习近平文化思想，对传承中华优秀传统文化、培养优秀社会主义接班人有重要意义。为进一步深化习近平文化思想，发挥习近平文化思想的引领作用，高职院校有必要探索习近平文化思想融入思想政治理论实践课教学的具体路径：基于文化认同培养，优化课程理论教学方法；习近平文化思想指导思政实践教学；以习近平文化思想为指导，把握思政教学要点。

通过对习近平文化思想视域下思想政治理论实践课教学进行分析和研究，对思想政治教育创新有积极借鉴意义，未来阶段还应不断关注相关政策指导动态，把握最新的研究成果，优化研究方法，深入探索习近平文化思想融入思想政治理论实践课教学的新路径。

爱国主义教育：新时代精神文明建设的核心要义与实践旨归①

李娜②

（广东水利电力职业技术学院，马克思主义学院）

【摘要】 爱国主义精神是中华民族形成与赓续的重要传统，爱国主义教育是实现新时代"聚民心、育新人"使命的重要途径。培育爱国主义精神，开展爱国主义教育是新时代精神文明建设的核心要义和实践旨归。其深刻内涵，至少包含三重向度：坚持爱党、爱国、爱社会主义相统一；维护祖国统一，铸牢中华民族共同体意识；坚持面向世界与立足民族相统一的爱国主义。

【关键词】 爱国主义；新时代；精神文明建设；价值；实践

爱国主义熔铸在中华民族5000多年的悠久历史中，根植于每一个中国人精神深处最核心位置，是社会精神系统的重要组成部分，也是个体精神世界的重要内容，不仅在历史上对中华民族产生了巨大影响，而且对当今社会乃至未来都有深刻影响。中共中央国务院印发《新时代爱国主义教育实施纲要》指出："爱国主义是中华民族的民族心、民族魂，是中华民族最重要的精神财富，是中国人民和中华民族维护民族独立和民族尊严的强大精神动力。爱国主义精神深深植根于中华民族心中，维系着中华大地上各个民族的团结统一，激励着一代又一代中华儿女为祖国发展繁荣而自强不息、不懈奋斗。"③新时代社会主义精神文明建设具有丰富内涵，而

①基金项目：本文系教育部人文社会科学基金项目（高校思想政治理论课教师研究专项）"党政领导干部讲高校思政课常态化机制研究"（21JDSZK013）阶段性研究成果。本文系广东省教育科学规划项目（高等教育研究专项）"高校党政领导干部讲思政课常态化长效化机制研究"（2021GXJK018）阶段性研究成果。

②作者简介：李娜，女，法学硕士，广东水利电力职业技术学院马克思主义学院专任教师，主要从事思想政治教育研究。

③中共中央　国务院印发新时代爱国主义教育实施纲要 [N]. 人民日报，2019-11-13.

坚持爱党、爱国、爱社会主义相统一；维护祖国统一，铸牢中华民族共同体意识；坚持面向世界与立足民族相统一的爱国主义，厚植家国情怀、培育爱国奋斗精神是新时代社会主义精神文明建设的价值向度与实践旨归。

一、坚持爱党、爱国、爱社会主义相统一是新时代精神文明建设的基本要求

爱国主义是人类自有国家以来形成的对自己祖国的深厚持久的情感。因而，爱国主义具有普遍性，是世界各个国家共有的现象。家和国是一与多、个体与群体的关系，家是生命之体、生活之体、生产之体和精神之体，国是民族之家、利益之家、文化之家和发展之家。爱家、爱国及对家与国的统一性的认知具有恒定性和普遍性，包含着一种深沉、真挚的情怀。爱国爱家被认为是高尚的道德，得到社会的认可并受到法律的保护。在中华民族历史的发展长河中，爱国主义历来是中华儿女最自然、最朴素的情感。家国情怀亦是中华民族在长期的民族生存和发展实践中形成的对家国共同体的认知、情感、道德和实践的统一体。家是最小国、国是千万家，家是国的家、国是家的国，这是家国情怀的认知基础。这种体认是对中华民族命运共同体的拥抱，凝聚成了中华民族精神气脉中最本真的、最动人的情感。在这种自然情感基础上，升华出从"爱亲敬长"到"忠于人民、报效国家"的道德追求。最终，体现为对国家民族休戚与共的担当和超越功利得失的作为。爱国情怀同时也是中华民族最深沉的民族禀赋，是中华民族最鲜明的精神基因。习近平总书记指出："中国古代历来讲格物致知、诚意正心、修身齐家、治国平天下。从某种角度看，格物致知、诚意正心、修身是个人层面的要求，齐家是社会层面的要求，治国平天下是国家层面的要求"。[①] 正是有了这种精神品质的滋养，中华民族历经磨难而不衰，中华文明延绵流长而不断。

厚植新时代精神文明建设主体的爱国主义情怀既具有关心国土主权和领土完整、维护民族利益的恒定内容，也有热爱祖国、热爱中国共产党和热爱社会主义相统一的时代内容。新时代精神文明建设必须坚持爱国主义与热爱中国共产党相统一。马克思、恩格斯在《共产党宣言》中指出："共产党人是各国工人政党中最坚决的、始终起推动作用的部分"，[②] "在无产阶级和资产阶级的斗争所经历的各个发

---

① 习近平. 习近平谈治国理政 [M]. 北京：外文出版社，2014：169.
② 马克思恩格斯选集（第4卷）[M]. 北京：人民出版社，2012：278.

展阶段上，共产党人始终代表整个运动的利益。"①中国共产党是由最先进和最有觉悟分子组成的有理想、有信念的马克思主义政党。首先，坚定的理想信念是共产党独特的精神标识。《中国共产党章程》开宗明义指出，党的最高理想和最终目标是实现共产主义。毛泽东指出："我们都是来自五湖四海，为了一个共同的革命目标，走到一起来了。"②中国共产党绝不抛弃社会主义和共产主义的精神命脉。如果抛弃了社会主义和共产主义的理想，中国共产党就不再是马克思主义执政党；如果离开了社会主义和共产主义的追求，共产党员就不再是合格的党的成员。其次，坚定的理想信念是共产党人团结的精神纽带。党内的团结并不是无机的团结，而是"马克思列宁主义基础之上的团结"。③中国共产党一经成立，就把实现共产主义作为党的最高理想和最终目标，团结带领人民进行了艰苦卓绝的斗争，建立了人民民主专政的社会主义国家；新中国成立后，在中国共产党的领导下，全体人民继续开启了气吞山河的社会主义现代化进程；改革开放极大地激发广大人民群众的创造性，解放和发展了社会生产力，人民生活水平不断提高；党的十八大以来，在习近平新时代中国特色社会主义思想的指导下，砥砺奋进，中国前所未有地接近中华民族伟大复兴目标、前所未有地走近世界舞台中心。中华民族实现"站起来"，到"富起来"，到"强起来"的过程，归根到底其根本原因是中国共产党的领导。历史与实践证明：中国共产党是中国工人阶级的先锋队，是中国人民和中华民族的先锋队，是中国特色社会主义事业坚定的领导核心。中国共产党人始终坚持为中国人民谋幸福、为中华民族谋复兴，一代一代共产党人奋斗与担当是家国情怀的当代体现。

新时代精神文明建设必须坚持爱国主义与热爱社会主义相统一。家国情怀不仅是一部奔流不息的历史，也是一场鲜活的现实叙事。邓小平在 20 世纪 80 年代初就指出："有人说不爱社会主义不等于不爱国。难道祖国是抽象的吗？不爱共产党领导的社会主义的新中国，爱什么呢？港澳、台湾、海外的爱国同胞，不能要求他们都拥护社会主义，但是至少也不能反对社会主义的新中国，否则怎么叫爱祖国呢？至于对中华人民共和国领导下的每一个公民，每一个青年，我们的要求当然要更高一些。"④习近平总书记在纪念五四运动 100 周年大会上的重要讲话中深刻而简

---

① 马克思恩格斯选集（第 4 卷）[M]. 北京：人民出版社，2012：2.

② 毛泽东选集（第 3 卷）[M]. 北京：人民出版社，1991：105.

③ 建国以来毛泽东文稿（第 13 卷）[M]. 北京：中央文献出版社，1998：127.

④ 邓小平. 邓小平文选（第 2 卷）[M]. 北京：人民出版社，1994：392.

练地指出："当代中国，爱国主义的本质就是坚持爱国和爱党、爱社会主义高度统一。"①从历史逻辑看，从鸦片战争到中国共产党成立，从中国共产党成立到现在，中国经历了两个截然不同的命运。只有社会主义才能救中国，只有坚持和发展中国特色社会主义才能实现中华民族伟大复兴。历史深刻地证明了只有中国共产党，只有社会主义，才能救中国。从现实逻辑看，党的领导和社会主义制度是新中国不可分离的重要部分。一个社会的基本制度是社会机体的血肉和皮肤，不是可以随时脱下或换上的外衣。社会主义新中国与党的领导、与社会主义制度是一体的。从发展逻辑看，中国特色社会主义是发展中国的必由之路。改革开放以来，党的面貌、国家的面貌、人民的面貌、军队的面貌、中华民族的面貌发生了前所未有的变化，中华民族无比接近民族的伟大复兴。坚持爱国和爱党、爱社会主义相统一，坚定"四个自信"，增强"四个意识"，爱国奋斗才是鲜活的、真实的，这是新时代知识分子爱国奋斗精神的政治坐标。

新时代精神文明建设必须认识到爱国主义是具体的、现实的。爱国主义是中华民族最深厚的情感，中国共产党是这种深厚情感转换为实践的组织载体，社会主义是近代以来承载爱国主义的道路选择。爱党、爱国和爱社会主义的统一是法律的要求，是高尚的道德。《中华人民共和国宪法》总纲第一条规定：中华人民共和国是工人阶级领导的、以工农联盟为基础的人民民主专政的社会主义国家。社会主义制度是中华人民共和国的根本制度。中国共产党领导是中国特色社会主义最本质的特征。禁止任何组织或者个人破坏社会主义制度。祖国的命运与党的命运、社会主义的命运密不可分，爱党和爱社会主义是爱国的鲜活体现，是得到社会高度认同的道德要求。

二、维护祖国统一，铸牢中华民族共同体意识是新时代精神文明建设的核心命题

爱国主义具有特殊性，在不同的历史条件和文化背景下形成了具有历史特点和区域特点的家国情怀。不同阶段、不同国家人们的爱国情感有差异，爱国对象也不同，相应的道德规范和法律规定也不同。对于中国而言，家国同构是中国古代社会结构和生活方式的重要特点，在此基础上逐步形成了中国式的家国情怀。家国大

---

① 习近平. 在纪念五四运动 100 周年大会上的讲话 [M]. 北京：人民出版社，2019：7.

爱的重要表现就于坚定维护祖国统一和民族团结的担当与使命。翻开中华民族的万卷史书，字里行间都充满着这种家国大爱。维护祖国统一和民族团结不仅是保护自己物质精神利益的需要，更是沉淀于每一位中国人心中的内在关切和最本真的情感。今天，中华民族伟大复兴比历史上任何时候都更加接近，但是祖国统一、民族团结的问题仍然需要高度重视，因此新时代精神文明建设需要很好把握处理好维护祖国统一和民族团结的新时代课题。

实现和维护祖国统一始终是中华民族的共同愿望。在秦代形成统一国家以后，统一是中华民族在两千余年发展中的主线和主流。不同的历史时期，人民总是把国家统一作为重要的社会理想，并为此不懈努力。因为，"这首先是个民族问题，民族的感情问题。凡是中华民族子孙，都希望中国统一，分裂情况是违背民族意志的"。①中国共产党始终把祖国统一问题放在重要位置上。面对外敌入侵，毛泽东指出："不论贫富，不分工农商学，不别信仰尊尚，将群人于异族侵略者之手，河山将非复我之河山，人民将非复我之人民，城郭将非复我之城郭，所谓亡国灭种者，旷古旷世无与伦比。"②在国家处于生死存亡的紧急关头，中国共产党人不因小节而忘大难，呼吁建立革命统一战线，维护国家统一和民族独立。1936年毛泽东在《给中华民族革命同盟的信》中就强调："我们坚决申明：完全同情于晋绥当局及军队与人民真正抵抗日寇捍卫疆土的决心与行动，我们愿以全力为他们援助。今年春间红军渡河东进，原以冀察为目的地，以日寇为正面敌，不幸不见谅于阎蒋两先生，是以引军西还，静待他们之谅解。红军虽迫切愿望迅速进入抗日阵地的最前线，但必须先求得当地友军之谅解，在没有取得谅解以前，红军决不冒然开进""军当唯抗战之利益是务，绝不干涉当地之行政与决不对友军有任何不利的行动"。③新中国成立以后，面对祖国统一问题，1955年周恩来提出："解放台湾有两种可能的方式，即战争方式和和平方式。中国人民愿意在可能的条件下，争取用和平方式解放台湾"。④以毛泽东为代表的党中央于1956年1月提出"为争取和平解放台湾，实现祖国的完全统一而奋斗"的口号。香港、澳门问题的方针中提出"暂时不动香港""维持香港现状""长期打算、充分利用"等方略。改革开放后，确立了一国两

---

① 邓小平.邓小平文选（第3卷）[M].北京：人民出版社，1993：170.
② 中共中央文献研究室.毛泽东文集（第1卷）[M].北京：人民出版社，1993：443.
③ 中共中央文献研究室.毛泽东文集（第1卷）[M].北京：人民出版社，1993：473.
④ 中共中央文献研究室.建国以来重要文献选编（第8册）[M].北京：中央文献出版社，1994：398.

制的构想。1984 年，"一个国家，两种制度"的祖国统一方案被写进第六届人大二次会议通过的《政府工作报告》，之后成功运用于解决香港、澳门问题。"一国两制"制度在实践中不断发展完善，尤其党的十八大以来习近平总书记立足新时代坚持和发展中国特色社会主义、实现中华民族伟大复兴的战略全局，深刻阐述了坚持"一国两制"的方针、推进祖国统一大业的基本立场和重大原则等问题，"一国两制"制度得到进一步丰富和发展。"一国两制"制度是马克思主义国家学说的继承发展，是和平共处原则的创造性运用和发展，走出了一条中国人自己的路，这在过往的人类政治实践中还从未有过，为国际社会解决类似问题提供了中国方案。

铸牢中华民族共同体意识，促进各民族像石榴籽一样紧紧拥抱在一起。费孝通在《中华民族多元一体格局》一书认为："中华民族作为一个自觉的民族实体，是近百年来中国和西方列强对抗中出现的，但作为一个自在的民族实体，则是几千年的历史发展过程中形成的"。[①]2019 年习近平总书记在全国民族团结进步表彰大会的讲话中指出，我们辽阔的疆域是各民族共同开拓的，我们悠久的历史是各民族共同书写的，我们灿烂的文化是各民族共同创造的，我们伟大的精神是各民族共同培育的。一部中国史，就是一部各民族交融汇聚成多元一体中华民族的历史，就是各民族共同缔造、发展、巩固统一的伟大祖国的历史。[②]中华民族大团结是在历史的发展过程中逐步形成的，造就了我国各民族在分布上交错杂居、经济上相互依存、文化上兼收并蓄、情感上相互亲近，形成了你中有我、我中有你的多元一体格局。中国共产党始终坚持民族平等和民族团结，我们要全面贯彻党的民族理论和民族政策，要自觉维护全国各族人民大团结的政治局面，不断增强对伟大祖国、中华民族、中华文化、中国共产党和中国特色社会主义的认同。国外敌对势力和国内民族分裂主义分子曾经企图制造事端，分裂祖国，破坏我国的民族团结和民族地区的稳定与发展。因此，中国政府的坚定立场是"中国的民族宜合不宜分。我们应当强调民族合作、民族互助；反对民族分裂、民族单干""合则双利，分则两害"。[③]国家统一和民族团结是中华民族根本利益所在，旗帜鲜明反对分裂国家图谋、破坏民族团结的言行，铸牢国家统一、民族团结、社会稳定的铜墙铁壁。在"一国"与"两制"的关系上，"一国"是实行"两制"的前提和基础，"两制"从属和派生于"一

①费孝通.中华民族多元一体格局 [M].北京：中央民族大学出版社，1999：145-147.

②习近平.在全国民族团结进步表彰大会上的讲话 [M].北京：人民出版社，2019：6-7.

③中共中央统一战线工作部，等.周恩来统一战线文选 [M].北京：人民出版社，1984：377.

国"并统一于"一国"之内，这是维护宪法和基本法法律权威的严格前提，也是保障香港、澳门长期繁荣稳定不可逾越的底线。在台湾问题方面，坚决反对外部势力干涉台湾问题，绝不能让破坏祖国统一的"台独"分裂势力得逞，祖国的神圣领土一寸都不能分裂出去。

三、坚持面向世界与立足民族相统一的爱国主义是新时代精神文明建设的重要内容

随着人类历史中"大航海时代"的到来，经济全球化和民族国家之间形成张力关系。马克思、恩格斯在《共产党宣言》中指出："资产阶级，由于开拓了世界市场，使一切国家的生产和消费都成为世界性的了……过去那种地方的和民族的自给自足和闭关自守状态，被各民族的各方面的互相往来和各方面的互相依赖所代替了。物质的生产是如此，精神的生产也是如此。"① 马克思、恩格斯在这里精辟提出了生产、消费、精神的生产等方面在世界范围内进行配置，生动地描绘了人类因血缘、地缘关系形成的区域性被打破，伴随着资本的全球性流动，各民族国家之间日益紧密相连。一个国家、一个民族，只有开放兼容，才能富强兴盛。习近平总书记指出："要树立世界眼光，更好把国内发展与对外开放统一起来，把中国发展与世界发展联系起来，把中国人民利益同各国人民共同利益结合起来。"② 新时代精神文明建设主体要把握立足民族与面向世界的辩证关系。

坚持面向世界，构建人类命运共同体。人类命运休戚与共的今天，没有哪个国家可以独立面对人类的各种困难与挑战，也没有哪个国家可以闭关自守实现发展。2013 年，习近平总书记在俄罗斯演讲时指出："这个世界，各国相互联系、相互依存的程度空前加深，人类生活在同一个地球村里，生活在历史和现实交汇的同一个时空里，越来越成为你中有我、我中有你的命运共同体。"③ 同年，习近平在博鳌亚洲论坛上发表演讲时同样指出："人类只有一个地球，各国共处一个世界。共同发展是持续发展的重要基础，符合各国人民长远利益和根本利益。我们生活在同一个地球村，应该牢固树立命运共同体意识，顺应时代潮流，把握正确方向，坚持

---

① 马克思恩格斯选集（第 1 卷）[M]. 北京：人民出版社，2012：404.

② 习近平. 习近平谈治国理政 [M]. 北京：外文出版社，2014：248.

③ 习近平. 习近平谈治国理政 [M]. 北京：外文出版社，2014：272.

同舟共济，推动亚洲和世界发展不断迈上新台阶"。① 中国人民的命运与世界各国人民的命运紧密相连。18 世纪中叶到 19 世纪中叶的百年间，我国闭关自守、夜郎自大错失了工业革命带来的重大机遇期。这导致了 19 世纪中叶到 20 世纪中叶的百年间，中国沦为半殖民地半封建国家，直到新中国成立以后才彻底摆脱这一命运。中国梦的实现离不开和平稳定的国际环境，同样中国也是和平稳定国际环境的重要力量。对此，习近平总书记强调，中国人是讲爱国主义的，同时我们也是具有国际视野和国际胸怀的。随着国力不断增强，中国将在力所能及范围内承担更多国际责任和义务，为人类和平与发展作出更大贡献。中国将坚定不移走和平发展道路。我们也希望世界各国都走和平发展道路，国与国之间、不同文明之间平等交流、相互借鉴、共同进步，齐心协力推动建设持久和平、共同繁荣的和谐世界。② 这意味着新时代弘扬爱国主义建设要有更加广阔的胸怀和全球视野，积极维护国际和平与文明和谐。

坚持立足民族，维护国家发展主体性。经济全球化是世界经济发展的必然趋势，但是经济全球化不等于政治、文化一体化。虽然经济全球化，各个民族国家的交流日益紧密，但是国家仍然是各民族存在发展的最高组织，国家仍然是国际交往的最重要主体，国家利益也是最高的利益。所谓政治、经济、文化一体化，无非是推行霸权主义的幌子，实际上是损害其他国家的主权和尊严。世界是丰富多彩的，正因为多样的文明造就了世界的繁荣昌盛。因此，新时代弘扬爱国主义既要充分利用经济全球化的历史机遇发展自己，做世界和平的建设者、全球发展的贡献者和国际秩序的维护者，同时也要保持清醒的头脑，坚决维护国家主权和尊严，坚定走中国特色社会主义道路。

---

① 习近平 . 习近平谈治国理政 [M]. 北京：外文出版社，2014：330.

② 习近平 . 坚定不移走和平发展道路　坚定不移促进世界和平与发展 [OL/EB]. http://cpc. people.com.cn/n/2013/0319/c64094-20842963.html.

论礼的新时代特征

陈琦①

（浙江旅游职业学院，浙江杭州）

【摘要】礼诞生于古代阶级社会，影响了中国几千年，是中国传统文化的重要组成部分，也是以德治国思想的重要来源，存在其自身的合理性和局限性。本文结合新时代的特点，对礼文化进行"扬弃"，从国家治理的角度来阐释新时代背景下礼的时代要求，讨论了在新时代条件下礼应当具备的时代特征：一是必须以马克思主义为指导；二是必须体现社会主义核心价值观；三是必须体现和弘扬优秀传统文化；四是必须体现社会主义法制和规则意识；五是必须体现人类文明的某些共同"普世价值"。

【关键词】礼；新时代；特征

习近平总书记指出："礼仪是宣示价值观、教化人民的有效方式""要建立和规范一些礼仪制度，组织开展形式多样的纪念庆典活动，传播主流价值，增强人们的认同感和归属感"。②礼不仅是一种行为准则，而且是人类社会文明发展的重要标志，成为人际关系和谐、社会和谐的重要保障。同时，礼的实现要靠具体实践，不能空洞地停留在表面形式上。这为我们在新时代研究礼的价值提供了根本的思想引领。

礼是中华优秀传统文化的重要组成部分，礼仪作为礼的重要的表现形式，是中国民族精神的重要体现，是中华文化最为精华的组成部分之一。关于礼的问题，古圣先贤颇有研究。儒家先圣孔子有云"不学礼，无以立"，荀子曰"人无礼不生，事无礼不成，国家无礼不宁"。古人将礼上升到立学、立身、立家、立国的高度。

---

① 作者简介：陈琦（1979—　），男，讲师，研究方向为思政教育。
② 王树祥.积极推进礼仪教育（新知新觉）[N].人民日报，2020–12–08（09）.

关于礼的研究，学者们普遍认为，礼是中国传统文化的核心，"是中国传统文化区别于西方文化的特质"，"是整个中国人世界里一切习俗行为的准则"①。所以，在古代，在礼的研究上一方面注重从文化的角度阐释礼的内涵，如礼仪制度、礼仪规范、礼仪程序以及礼仪所表达的内涵等等；另一方面从礼学变迁的角度来研究其变化发展，如从先秦时期一直到清朝，主要是围绕"论经证义"，带有典型的经世致用的色彩。新中国成立后，一段时间内由于"文化大革命"时期的影响，礼被视为文化糟粕而成为研究的禁区，直到改革开放以后礼又重新被捡拾起来，一些学者取其精华，去其糟粕，取得了一定的成果。

近年来，党中央将高校思想政治工作提高到一个新的高度，部分学者从育人的角度对礼进行了一些研究。一是从微观的方面进行阐释，其立足点是着眼于礼仪教育和礼仪文化；二是从加强高校校园文化建设，传承和弘扬中华优秀传统文化的角度挖掘礼仪育人的内涵；三是对传统文化中的礼进行阐释，将礼与社会主义核心价值观结合在一起，融入高校思政建设内容。

因此，本文从国家治理的角度来阐释新时代背景下礼的时代特征，讨论了在新的时代条件下礼的特征：一是坚持以马克思主义为指导；二是体现社会主义核心价值观；三是体现和弘扬中华优秀传统文化；四是体现社会主义法制和规则意识；五是体现人类文明的某些共同价值。

一、礼的传统内涵及其局限性

《礼记》有云："夫礼者，所以定亲疏，决嫌疑，别同异，明是非也。"又云："亲亲之杀，尊贤之等，礼所生也"。汉代大儒董仲舒亦云：礼者"序尊卑、贵贱、大小之位，而差外内远近新故之级者也。"长久以来，儒家思想被视为维护封建统治秩序的金科玉律，主张人与人之间有尊卑、贵贱、长幼、亲疏之别，所以，他们主张个体之间因为自己身份和地位的区别在行为规范上有所区别，这种所谓的规范就成了礼，体现了礼的阶级性。

毋庸置疑，礼在中华民族的传统文化中占有极其重要的地位，总体来说，主要包含以下几层含义：一是礼制，它回答了"为什么要建立礼"的问题。自西周时期周公作礼以治天下以来，礼制已经融入政治制度之中，成为规范政治行为与社会生活的规则和制度，其中心是宗法社会的等级制度和家族制度，建立"君君臣

---

①闵丽.道教神性论及其对中国传统文化的影响 [J]. 中国宗教，2008（7）.

臣""父父子子"以及夫妻之间、朋友之间的等级秩序，以家族等级制度为基础，以社会等级制度为延伸的正统礼制。二是礼义，它回答了具体某个礼义的内涵问题，礼义是一种价值解释体系，属于伦理道德的范畴，表现在对礼的道义释义或者理论进行总结。三是礼仪，回答了如何施行具体的礼的问题。礼仪是在人际交往之中或者在特定的场合所体现的身份等级的仪式和行为规范，用仪式来表达尊卑长幼等社会价值观念，是一种在特定的等级观念条件下的尊重人的表达方式，是中国传统文化中的显性表达的重要内容。四是指个人层面，侧重于个人的道德修养，它回答了个人应当如何行礼的问题。强调人的道德修养要与当时的社会主流意识相契合，遵循孝悌忠信、礼义廉耻、君君臣臣、父父子子等最基本的主流价值，与正统的儒家思想相符合。

传统的礼是产生在古代的阶级社会土壤之中的，与阶级社会的生产力发展相适应，主要是维护阶级社会的生产关系，必然留下了阶级社会的烙印，如"三纲五常""存天理，灭人欲""三从四德"等内容，成为扼杀人性、桎梏思想的罪恶之源。在阶级社会，历代统治者往往将这些礼制度化，使其成为钳制老百姓思想，维护自身统治利益的工具，而自己却不受约束，正所谓"满嘴仁义道德，一肚子男盗女娼"，阶级制度下的礼在很大程度上成了伪礼。这些是与社会主义生产资料公有制的经济基础不相适应的，与社会主义核心价值观和社会主义精神文明建设不相容的，与建设社会主义先进文化，打造文化强国，建立"文化自信"，实现中国式现代化的宏伟目标背道而驰的。总体来说，主要表现在以下几个方面：一是传统的礼主张存天理而灭人欲，限制了个人自由；二是宣扬尊卑贵贱，维护社会等级制度，加强了社会上的歧视和不公平；三是由于传统礼制的惯性作用，这种与社会主义核心价值观不符的社会制度和习惯将会存在很长一段时间，不利于先进文化的传播，阻碍社会主义新风尚的建立；四是礼作为一种文化传统，深深植根于人们的内心，形成了某部分人的共同的心理素质，成为了这些人约定俗成的行为规范。

因此，我们必须要坚持马克思主义的辩证唯物主义和历史唯物主义的基本原理，与时俱进，在新的时代条件下将礼的研究置于中华民族伟大复兴中国梦的历史大背景之下，赋予礼新的时代内涵，使礼与新时代的生产力和生产关系相适应，与发展社会主义先进文化，建设文化强国，实现中国式现代化相契合。

二、研究礼的新时代特征的意义

（一）是深入推进以德治国方略的必然要求

依法治国与以德治国是治理国家的两种重要方略，其中的德与礼从来都是相辅相成、不可分割的。德属于内在修养要求，而礼属于外在行为规范，德与礼互为里表，互相统一。同时，道德与法律一起构成了维护社会秩序的重要方面。"道德是内心的法律，法律是成文的道德"，道德首先是作为一种价值判断，它既考虑人的行为的社会后果，更关注人的内心，是人在特定的社会经济基础下依据自身的利益和社会文化、文明素质杂糅汇合而成的思想观念和动机，主观色彩比较浓厚。它通过人的内心的自觉遵守来调控社会秩序，在不同的经济基础和社会制度下，都会形成一种主流的道德文化以维护社会稳定、维持社会精神支柱的延迟作用。通俗地说，每种社会制度下，统治阶级都会通过道德文化的社会作用，塑造与该社会制度相一致的人，从而维护社会的和谐与稳定。道德能起到这种作用的关键在于它是属于精神的组成部分，可以通过语言文字、人的行为规范以及其他载体，影响周围的环境，从而将个人意识演变为社会意识，并逐步沉淀下来，从而逐步形成一种相对稳定的道德文化环境。人在这种稳定的道德环境之下，为了生存和发展必须要自觉地接受和服从这种道德文化环境，从而约束自己的行为习惯，自觉地按照这种道德文化所规范和要求的去行动。所以，主体道德文化的一个重要的作用在于培养当时社会的民众对现行的社会制度的归属感和认同感。在当今社会，德治已经与社会主义法治精神相互融合贯通，成为法治文明中的应有内容，对于提升个人素质，促进社会和谐、维护社会稳定方面具有重要意义。

以马克思为代表的无产阶级革命家对道德在治国理政中的作用十分重视，马克思将道德视为更高层次的治国方式，他认为国家教育的重要任务就是使每个社会成员"把个人的目的变成大家的目的，把粗野的本能变成道德的意向，把天然的独立性变成精神的自由"[①]。我们党将以德治国作为治理国家的基本方略，就是意图通过以道德说服力和劝导力提高社会成员的思想认识和道德觉悟，将道德规范和法律规范互相结合，统一发挥作用，全面提高全民族的思想道德素质，并将此作为社会主义道德建设的基本任务。就是要"积极建立适应社会主义市场经济发展的社会主义思想道德体系，并使之成为全体人民普遍认同和自觉遵守的规范"[②]。所以，我们

① 马克思恩格斯选集（第 2 卷）[M]．北京：人民出版社，1995：31–35.
② 以德治国 [EB/OL].[2008–04–20]. http://baike.baidu.com/view/20462.html.

在新时代对礼进行研究具有重要意义。

（二）是植根中国传统文化，推进国家治理体系和治理能力现代化的必然要求

中国自古以来就是举世闻名的礼仪之邦，以礼治国在古代中国的治理体系中占据着重要的地位，历史源远流长。早在西周时期，周公以"礼乐"为制，以"德"为核心，建立了一整套庞大而复杂的礼制系统，礼成为调整人际关系，区分尊卑贵贱的重要规范，开辟了"礼仪之邦"的时代先河。孔子在《论语·为政》中提出"道之以德，齐之以礼，有耻且格"，意思是用道德引导百姓，用礼制去同化他们，百姓不仅会有羞耻之心，而且有归服之心。有别于单纯的用法制来管理百姓，而仅仅起到控制的作用，却不能收服百姓的心。在儒家思想统治封建社会的几千年里，历代统治者都或多或少地继承和发扬了儒家的这种思想，形成了"德主刑辅"的封建正统治国理念，推行"为政以德""平政爱民"，在治理国家的过程中，注重体恤百姓、体察民情、施行仁政。这种做法从根本上来说还是为了缓和阶级矛盾，维护封建统治阶级的利益，实现封建统治的长治久安。

习近平总书记在党的二十大报告中指出："只有把马克思主义基本原理同中国具体实际相结合、同中华优秀传统文化相结合，坚持运用辩证唯物主义和历史唯物主义，才能正确回答时代和实践提出的重大问题，才能始终保持马克思主义的蓬勃生机和旺盛活力"。[①]在新时代推进国家治理体系和治理能力现代化，最终实现中国式现代化，必须植根于中国悠久的历史传统文化之中，否则就是根基不稳，成为无源之水、无本之木，中国梦的实现就是竹篮打水一场空，成为镜中水月，空中楼阁。

党的十八大以来，中国特色社会主义建设正式进入了新时代。我们今天治国理政的社会基础、性质、特点都发生了根本性的变化，今天开展现代化建设不是在沙漠上植树，必须要有深厚的土壤和根基，五千年的历史文化传统就是我们的根，就是我们的魂。历史是一面镜子，忘记历史就意味着背叛了历史，背叛了祖宗，就会让人分不清是非、看不到未来。历史让我们找到方向感，让我们明白我们的根在哪里，明白从"哪里来"，要往"哪里去"，才能找到初心，只有循着我们的根，才能找得着方向，不迷来时路，只有不忘初心，才能牢记使命，方得始终。因此，推进国家治理体系和治理能力现代化，最终实现中国式现代化和中华民族伟大复兴，必须要深深植根于中国五千年以来的传统文化土壤和根基之中，在中国传统礼文化

---

①习近平.高举中国特色社会主义伟大旗帜 为全面建设社会主义现代化国家而团结奋斗[N].人民日报，2022-10-25.

的基础上，将传统的礼融入现代道德之中，实施以德治国的基本方略，大力加强全民族的思想道德素质和科学文化素质建设，确立社会主义道德建设在推进国家治理体系和治理能力现代化过程中的历史地位和重要价值，是我们推进国家治理体系和治理能力现代化的逻辑必然。

（三）是打造共同的理想信念、凝聚全民共识、树立文化自信，实现中国式现代化和中华民族伟大复兴的中国梦的必然要求

理想信念是一个国家和民族的精神支柱，如果缺少了这一支柱，这个国家或者民族就等于是没有灵魂。邓小平也说："根据我长期从事政治和军事活动的经验，我认为，最重要的是人的团结，要团结就要有共同的理想和坚定的信念。我们过去几十年艰苦奋斗，就是靠用坚定的信念把人民团结起来，为人民自己的利益而奋斗。没有这样的信念，就没有凝聚力。没有这样的信念，就没有一切。"① 以习近平同志为核心的党中央提出了要实现中华民族伟大复兴的中国梦的奋斗目标，以中国梦来凝聚全民族的共识，使中国梦成为全国人民的共同的理想信念和奋斗目标。党的二十大报告指出：全面建设社会主义现代化国家，必须坚持中国特色社会主义文化发展道路，增强文化自信，围绕举旗帜、聚民心、育新人、兴文化、展形象建设社会主义文化强国，发展面向现代化、面向世界、面向未来的，民族的科学的大众的社会主义文化，激发全民族文化创新创造活力，增强实现中华民族伟大复兴的精神力量。"中国梦"就是实现国家富强、民族复兴、人民幸福、社会和谐之梦。中国梦不仅表现在雄厚的物质文明上，更体现在发达的精神文明和兴盛的文化上。"文化自信是支撑道路自信、理论自信、制度自信的基础，是更基本、更深沉、更持久的力量"②，也是把我国建设成社会主义文化强国和实现中华民族伟大复兴的内在要求。党的二十大报告关于文化自信的论述将中华文明与中国梦结合在一起，具有强烈的时代感和现实感，引领我们在实现中国梦的道路上更加自信地传承优秀传统文化，激励我们将这种文化自信发扬光大。

毫无疑问，古代礼是中华优秀传统文化的重要组成部分，是中华民族共同心理素质和民族精神的重要来源，加强对礼的研究，是我们坚定文化自信，实现文化强国的必然要求，对我们最终实现中国式现代化，实现中华民族伟大复兴中国梦具有极强的现实意义和深远的历史意义。

①邓小平.邓小平文选（第3卷）[M].北京：人民出版社，1994：245.
②王学斌.推进文化自信自强　建设社会主义文化强国[J].旗帜，2023（5）.

三、礼的新时代特征

（一）坚持以马克思主义为指导

礼作为一种表达社会价值和文化意义的方式，在我们的日常生活中变得越来越重要。新时代的礼必须要坚持马克思主义的指导，才能体现出真正的社会进步和文化底蕴。首先，新时代礼必须坚持马克思主义的立场和观点。马克思主义是放眼世界的理论体系，它对社会进步和人类命运的探讨具有深刻的启示意义。只有坚持马克思主义的观点，才能体现出人民群众的利益和需要，从而让每个人都能够感受到社会的关爱和尊重。其次，新时代的礼必须具有马克思主义的精神内涵。马克思主义是以人为本的理论，它毫不掩饰地呼吁保护和尊重每个人的尊严和权利。在新时代的礼的实践中，我们必须始终坚持马克思主义的人本主义精神，为每个人提供平等和公正的礼遇，让每个人都感受到尊重和关怀。最后，新时代的礼必须具有马克思主义的社会责任感。马克思主义认为，人类的文明和进步必须建立在全人类的共同利益和共同行动之上。因此，新时代的礼必须具有马克思主义的社会责任感，为社会做出自己的贡献。只有这样，新时代的礼才能真正体现出社会的进步和文化的内涵。新时代的礼是每个人都应该具备的基本素养，是社会文明进步和社会和谐的重要表现形式。让我们在新时代的征程中，始终保持马克思主义的立场和观点，为人民群众做出更大的贡献。

习近平新时代中国特色社会主义思想是中华文化和中国精神的时代精华，实现了马克思主义中国化时代化新的飞跃。在新时代，坚持马克思主义对礼的指导就必须坚持习近平新时代中国特色社会主义思想的指导。习近平新时代中国特色社会主义思想是以人民为中心的发展思想，强调建设一个充满创新活力和充满机遇的美好世界。这种思想对于推进礼的建设发挥了重要的指导作用。

首先，习近平新时代中国特色社会主义思想鼓励人们展现尊敬与爱心。礼作为一种尊重和关怀的表现方式，能够使人与人之间的关系更加融洽。在新时代，我们需要加强对礼的意识培养，尤其是要注重教育青年人，让他们明白礼是体现自己与他人尊重与爱心的重要方式。其次，习近平新时代中国特色社会主义思想提倡人与自然和谐共处。礼能体现人对自然的敬畏之情，促进人与自然的和谐发展。例如，普及"文明旅游"的概念与做法，一方面可以增加旅游的文化内涵，另一方面也可以降低游客对自然资源的破坏，让旅游更加可持续。此外，习近平新时代中国特色社会主义思想倡导"五位一体"发展，即经济建设、政治建设、文化建设、社会建设和生态文明建设。礼对于这五大建设领域都起到重要的作用。例如，在经济建设中，礼可以促进企业之间、企业与客户之间的合作关系，增加信任与可持续性；在政治建设方面，礼可以加强公民的宪法意识和法治观念，维护国家政治安全；在文化建设中，礼可以促进文化传承，丰富人们的精神生活；在社会建设中，礼可以推动社会公德、职业道德建设，增强社会责任感；在生态文明建设中，礼可以促进人与自然的和谐共处，保护生态环境。

因此，必须在习近平新时代中国特色社会主义思想的指导下，进一步强化新时代礼建设的重要性，让礼成为推进社会发展和营造美好社会环境的重要手段，推进各项建设事业的发展。在这个过程中，我们需要通过大力宣传、普及礼的知识、加强教育培训以及加强制度建设等方面，逐步培养全体公民的礼的意识，让我们的生活更加文明、更加美好。

（二）体现社会主义核心价值观

社会主义核心价值观是社会主义核心价值体系的内核，体现社会主义核心价值体系的根本性质和基本特征，反映社会主义核心价值体系的丰富内涵和实践要求，是社会主义核心价值体系的高度凝练和集中表达。富强、民主、文明、和谐、自由、平等、公正、法治、爱国、敬业、诚信、友善，是社会主义核心价值观的基本内容，也是体现社会主义道德观和价值观的基本指导思想，它是现代社会文明价值的集中体现。

从传统文化来看，礼一向是强烈体现社会秩序和阶层等级的。而现代社会，应该以人为本，以平等、自由和公正的社会价值观为核心，来推动现代礼的文化的发展。首先，礼的建设要体现社会主义核心价值观，需关注人与人之间的互动。社会主义核心价值观，强调人与人之间的和谐关系，关注个人利益与集体利益的统一。礼在此方面也有着重要的作用，它不仅仅是人们交往、互动的一种方式，它还能够直接影响人与人之间的关系。诸如问候、告别、祝福、感谢等，使人们彼此之间更具信任感，更有共同语言，有助于促进和谐发展。其次，礼的规范也应该体现公平正义的社会价值观。礼的规范应该是基于公平正义原则的。礼的规范，不应该是一种奢侈豪华的展现，而是应该更多体现实用和公正原则。礼规范合理化，有利于公正公平的社会发展，也有利于社会的未来的长久发展。再次，礼的建设也应该强调环保及可持续发展的社会价值观。礼文化也不能忽视环境保护，应该通过礼的规范引导，让人们懂得保护环境的重要性。社会主义核心价值观也强调可持续发展，礼的建设则应该通过诸如减少浪费、节约资源等规范，让人们更好地节约资源及环境。

综上所述，礼的建设要体现社会主义核心价值观，需要将人与人之间和谐关系、公平正义原则及环保和可持续发展等社会价值观充分纳入进来。礼既是一种文化传承，也是社会发展的重要组成部分，在社会发展中，礼的建设应该有改革创新的理念，吸收一些新技术及新思想，以适应新时代的需求，让社会主义核心价值观更好地得到体现。

（三）体现和弘扬中华优秀传统文化

中华优秀传统文化是中国历史上的瑰宝，是几千年来中华民族不断创造发展的文化精华。礼作为中国传统文化的重要组成部分，一直被视为在社会生活中调和人际关系、增进社会和谐的基石。中华优秀传统文化的精髓之一就在于其广泛的礼仪体系，它是一种凝聚历史和道德传统的契约，传承着智慧和道德的精华，对于我们今天的社会生活有着不可缺少的作用。

首先，礼从思维方式和价值观念上指引人们正确的行为准则。在礼仪系统下，人与人之间需要互相尊重、理解和谅解，有一个明确的等级和秩序，如长幼之别、上下尊卑的关系，这些关系虽然表面看起来客观而生硬，实则反映了尊重、理解、接受和和谐的思想，有助于增强人们的道德修养和价值观念，促进社会的稳定与和谐。

其次，传承和弘扬优秀的礼文化对人们的品德修养和精神面貌的提升有着重要的作用。我国的礼自古以来就表达着一种理性、优雅、舒缓的感性情感。秉承下来的礼也是中华民族文化底蕴的表达，礼的传承不仅仅是文化的传承，更包括道德素质的提高。当人们的思想行为与这些传统美德相伴随时，就会形成感恩、勤俭、敬老和孝顺等优秀品质，它们将促进心态的升华，凝聚民族的文化力量，成为为社会和民族的整体发展增添生气和活力的源泉。

最后，礼的体系是富有哲学思考和文化内涵的产物，它有着广泛的社会和历史意义。对于社会的和谐发展，礼的贡献巨大。礼的观念在日常生活中发挥着很多的作用，它通过父母与子女、师生之间、上下级之间的互动，促进群体与个体之间关系的和谐与共融，给社会注入正能量，引导社会积极进步。同时礼的体系所传承的历史文化更具有文化的传承和保护作用，加强了人与文化历史之间的沟通，反映了一个国家和民族的凝聚力。

综上所述，礼作为中华优秀传统文化的一部分，贯穿在我们的家庭和社会生活的始终。通过对礼文化深入挖掘和传承，我们可以不断拓展和丰富我们的文化内涵，增强我们的文化自信，提升国民的道德和精神层次。同时，自觉地以礼规范自己的言行举止，传承和发扬礼文化，让互相尊重、理解、接纳、支持成为我们社会共同的价值观，实现个人的成长和社会的和谐稳定。

（四）体现社会主义法治和规则意识

社会主义的礼是建立在生产资料公有制的基础上的，是与社会主义的生产关系相适应的，其本质是尊重他人、和谐相处。而法制和规则是维护社会秩序和公正的基石，也是保障每个人权利和自由的根本保障。因此，在体现社会主义礼的时候，必须遵循法律和规则的框架，这样才能在尊重他人的基础上保持社会的公平与公正。同时，遵循法律和规则也是对个人行为负责的表现，只有实现对自己行为的规范和约束，才能真正体现个人对社会的责任和使命感。因此，只有当礼与法治、规则紧密相连时，社会才能实现最大的效益，彼此之间才能实现和谐与进步，这也是社会主义礼必须体现法治和规则的重要原因。

因此，礼也是一种体现法治和规则意识的表现。遵循法律和规则是我们每个人的义务和责任，而良好的礼仪也需要在法律和规则范围内实施。比如，在公共场合，我们应该保持安静，不大声喧哗；在马路上，我们应该遵守交通规则，不乱闯红灯；在商务洽谈过程中，我们应该说话礼貌、尊重对方，不使用不当的言语或姿态。通过遵守礼仪，我们不仅可以提高自己的修养和素质，还可以增强法制和规则意识，为建设和谐社会和美好生活做出贡献。

（五）体现人类文明命运共同体

人类的普世价值是指在跨越不同文化、宗教和地域差异的基础上能得到广泛认同的一些基本思想和价值观。如尊重人权、多元文化、平等和公正、和平和谅解、保护自然环境等等，这些价值反映了人类社会共同的抱负和目标，是所有人共同追求的美好生活目标。

礼作为人们日常生活中表达自己和与他人交流的方式，不仅仅体现了不同文化的独特特点，更应该体现人类文明的普世价值。这是因为，人类文明的普世价值是指跨越不同文化及宗教差异的价值观念，是所有人应视为共同目标并尽力实践的价值观念。人类文明的普世价值主张独立、平等、公正、自由、和谐、尊严、多元等等原则，这些原则是跨越时空限制，与社会、文化和宗教无关。当礼反映了这些普世价值时，它能够增进各种不同文化间的理解和尊重，缓解文化冲突和对立。温和、礼貌、尊重、体贴和关爱等方面的社交礼不仅能够建立个人间的良好关系，也能够体现出人类文明普遍的道德准则。此外，礼还可以在不同文化间起到了桥梁的作用，通过各种方式交流文化，促进文明间的相互理解和融合，增进各国之间的友谊和互信。因此，礼的普世价值体现在了它的文化包容性、互利性、平等性、尊重心态等方面，有利于促进各国、各地区、各族群之间的和谐发展。

四、结语

无论是在历史上还是在现代社会，礼都始终是一种深厚的文化遗产。研究礼为我们提供了一个更广阔的视角，减少了我们对其他文化差异的误解和偏见，使我们更加开放、理性地看待和借鉴其他文化的价值与经验，也为人类社会提供了宝贵的文化遗产和历史记忆。同时，更有利于我们在坚定文化自信的基础上，坚守中华文化立场，更好地提炼展示中华文明的精神标识和文化精髓，加快构建中国话语和中国叙事体系，讲好中国故事、传播好中国声音，深化文明交流互鉴，推动中华文化更好走向世界。随着时代的变迁和社会的进步，我们应该更加珍视和传承这些文化遗产，让它们融入我们的现代生活中，更好地发挥它们在文化交流、和谐共处和个人修养等方面的作用。

同时，中国的礼文化已经历了几千年的漫长过程，而且还必将随着社会的变迁和发展而更新和演变，成为中华民族独有的文化传承和智慧表达方式，成为老百姓日常生活不可或缺的一部分。国家也要顺势而为，要在"扬弃"的基础上取其精华去其糟粕，融入时代精神和社会主义核心价值观，通过各种方式的活动和宣传，加强人民对礼文化的认识和理解，进一步推动中国礼文化的传承和发展，成为国家治理体系和治理能力现代化的重要助力，推进实现中国式现代化和中华民族伟大复兴的伟大使命。

中国式现代化劳动教育的历史嬗变和价值重塑 ①

王霞 ②

（浙江旅游职业学院，马克思主义学院）

【摘要】劳动教育在现代化演进过程中，历经概念初创期、曲折探索期、丰富拓展期和创新飞跃期四个时期。不同时期，劳动教育在目标、内容和实践方面呈现不同的发展样态，但均以中国推进现代化的思考和实践为主线螺旋上升式地展开。劳动教育在助力人的现代化、夯实劳动基础、弘扬劳动精神、养成生态思维和谋幸福求大同这五方面与党的二十大报告中关于中国式现代化的内涵特征紧密契合，进一步深化和完善了中国式现代化的理论和实践。

【关键词】中国式现代化；劳动教育；演进历程

劳动教育在中国现代化的进程中，经过了历史的积淀和时代的洗礼，这一过程既是推动从教育救国、教育立国、教育强国到教育兴国的不懈奋斗的过程，也是不断优化回答"培养什么样的人、怎么培养人和为谁培养人"三个灵魂考问的路径选择，最终形成了与当前社会发展相适应的、具有中国特色的劳动教育成果。

一、中国式现代化劳动教育的历史嬗变

（一）概念初创期：带领工农群众不断奋斗的救国之路（建党初期—1949 年）

1. 目标指向——培养投身阶级斗争的共产主义革命者

随着 1919 年五四运动的爆发，马克思主义同中国工人运动深度结合，逐渐成为中国共产党的指导思想，一个伟大的马克思主义政党也由此应运而生。中国共

---

①基金项目：本文系浙江旅游职业学院校级常规课题"新质生产力理论融入大中小学思政课一体化建设研究"（2024CGYB08）的研究成果。

②作者简介：王霞，女，汉族，讲师，主要从事思想政治教育、劳动教育研究。

产党历来认识到工农群众在社会生产和革命中发挥着中流砥柱的作用，正如《先驱》上所写："中国共产党人的骨子里就是劳动者，劳动者是未来社会的主人翁。"①为领导工农群众不断奋斗，探求救国救民道路，中国共产党不仅注重满足工农群众的生产和生活需求，而且将劳动教育作为凝聚力量、开启民智和唤醒工人阶级意识的基本途径和手段，进而培养了一大批具有斗争精神投身阶级斗争的共产主义革命者。

2. 内容倾向——以革命宣传为载体开展工农群众教育

建党初期至1949年，为了实现救国的目的，无数爱国仁人志士不遗余力地通过革命教育和革命宣传四处奔走启迪民智、开拓思想。在《新青年》上发表的《庶民的胜利》一文中，李大钊曾深刻指出，未来的世界必将成为劳动者的世界。他敏锐地意识到劳动者教育的重要性，并号召通过提高农民文化和生产能力来提高民众的思想政治觉悟。1921年，毛泽东和何叔衡共同创建了湖南自修大学，《入学须知》中强调："大学为破除文弱之习惯，图脑力与体力之平衡发展，求知识与劳力两阶级之接近……"②中华苏维埃时期，中国共产党提出要将教育与生产劳动相联系，即广大工农群众在接受教育的基础上，参与生产劳动。这种以革命宣传为载体开展工农群众教育的方式，反映了劳动教育在内容方面的深化。

3. 实践方向——凝聚阶级力量推进新民主主义革命斗争

中国共产党成立初期到新中国成立，劳动教育的实践方向主要集中在"教劳"思想的运用。中国共产党呼吁并激励广大青年积极参与生产劳动，并将这一实践活动纳入教育计划中。这样在引导工农群众积极参与生产的同时，坚持将提高群众文化水平作为同等重要的任务，培养和壮大了工人革命力量，进而为推进新民主主义革命凝聚了阶级力量。

总的来说，这一时期劳动教育，以探求"救国之路"为主线，迫于革命斗争的需要承担起培养工农群众革命意志、提高群众文化水平和发展生产力等多方面的职责。体现为既重视工农群众接受教育的权利，突出"教育性"，又强调生产劳动的必要性，突出"劳动性"，两方面居于同等重要地位。虽只是将"劳动"和"教育"简单进行结合，但与传统耕读文化中的"劳动教育"比较来看，该时期的劳动

---

① 王天民，闫智敏．中国共产党百年劳动教育的主题演进与逻辑遵循 [J]．山东行政学院学报，2021（10）：1-8.

② 湖南省图书馆．湖南革命史料选辑——新时代 [M]．长沙：湖南人民出版社，1980：88.

教育已经开始步入现代化体系的探索之中，具有明显的国家本位特色。

（二）曲折探索期：推进社会主义全面建设的立国之本（1949—1978年）

1. 目标指向——培养建设社会主义新中国的劳动者

新中国成立后，社会不断发展，主要矛盾逐渐从广大人民群众同帝国主义、封建主义、官僚资本主义之间的矛盾转变为人民对于建立先进工业国的需求同农业国的现实之间的矛盾，社会的重点工作任务也随之而发生了变化。劳动教育作为配合实现这一时期社会任务的主要教育手段，一方面，劳动人民通过学习新技术可以更好地发展和提升自我来维持稳定的生活；另一方面，大量劳动者将劳动能力转换为劳动产品，并通过提高社会生产效率，加快推动社会发展的进程，建设社会主义新中国，呈现新的育人特点。

2. 内容倾向——"教育与生产劳动相结合"实施劳动教育

社会主义建设期间，中国共产党的主要任务是带领全体劳动人民进行新中国的社会主义建设。1958年，中央发布了《关于教育工作的指示》，指出教育为无产阶级政治而服务，教育需要与生产劳动相结合。劳动教育的内容倾向于将教育与生产劳动相结合，开启"边学习边劳动"的教育模式，让劳动人民有了边生产劳动，边学习政治文化的机会。但进入"大跃进"时期后，阶级斗争不断被扩大，人们将勤工俭学异化为勤工"减"学，甚至以"工"代"学"，"下乡劳动教育"错误地被作为一种惩罚方式或思想改造的手段。

3. 实践方向——以生产实践为主推动社会主义全面建设

致力于培养建设新中国的劳动者，中国共产党组织并开展了丰富多样的劳动教育实践活动。一方面，鼓励知识青年上山下乡，参加农村生产实践，不仅使知识青年得到锻炼和提升自身劳动能力的机会，而且也缓解了中小学升学和毕业生的就业压力，为促进农村社会主义现代化建设做出了重要贡献。另一方面，设立专门的培训学校。为使学员能够在固定的学习场所接受专业的教育或培训，创办了中等技术学校、农民技术学校和农村中学等多种类型的培训院校，为消除文盲、提升劳动人民的职业技能、培养劳动技术人才奠定了一定基础。

总体而言，在这一时期，知识分子不断地劳动化，工农群众不断地知识化。以生产实践为主要内容的劳动教育注入新的活力，为社会注入了新的动力。尽管受社会政治环境的影响，呈现较为强烈的政治性，但劳动教育始终坚持"教育与生产劳动相结合"，以培养兼具理论知识和实践能力的社会主义建设人才为主要内容，既是阶级斗争的工具，也作为解决升学、就业、教育经费等问题的手段，为推进社会主义全面建设迈出坚实的一步，具有典型的社会本位取向。

（三）丰富拓展期：促进社会主义建设的强国之基（1978—2012年）

1. 目标指向——培养助力社会主义现代化建设的人才

1978年党的十一届三中全会召开之后，全党把工作重点任务逐渐集中到建设社会主义现代化上来。劳动教育的目标也得到相应的重视和改革。在全国教育工作会议上，邓小平同志对教育与生产劳动相结合的地位和作用进行了详细阐述，同时对推进教育实现"四个现代化"进行了全面的规划和部署。1993年，中央发布了《中国教育改革和发展纲要》，文件再次强调了教育与生产劳动相结合的重要性，其目的在于培养各级各类人才，以此助力推动社会主义现代化建设。

2. 内容倾向——回归劳动价值本真强化现代化素质教育

改革开放后期，全国推行素质教育，作为德育培养的重要内容，劳动教育的内涵也得到了重塑和深化，从满足国家政治的需求转向关注人的现代化和全面发展。此外，劳动技术教育作为一种重要的综合素质教育，被列为学生综合素质发展不可或缺的必修课程之一。作为一种全新的育人途径和方式，要求学生在树立正确的劳动观和劳动情感的同时，培养与社会生活相适应的职业精神和具备一定的择业、创业能力，从而解决学生创新能力不足等问题。可见，在现代化素质教育的背景下，劳动教育扮演着愈发重要的角色。它着眼于培养学生的实践动手能力、价值观和社会责任感，传递劳动的本质与意义。这种教育形式强调回归劳动价值本真，注重培养学生通过劳动体验来加强自我认同和自我价值的感受，为提供更丰富的、更具有现代化特色的素质教育提供了充分的支持和保障。

3. 实践方向——拓展社会实践促进社会主义现代化建设

应社会主义现代化建设发展的要求，劳动教育在实践方向有了更丰富的表达，拓展为与社会实践相结合的实施路径。1993年，中央明确提出要坚持"教育同社会实践、生产劳动相结合"。鼓励号召学生发挥主动性，积极参与社会志愿服务和公益事业等。随后1999年中央发布的《关于深化教育改革全面推进素质教育的决定》，也强调了"加强劳动技术教育与社会实践"。此后，劳动教育不再被局限为促进社会进步的手段，反观社会历史发展和文化品格延续的需要，开始转向关注人的全面发展。通过不断丰富的社会实践提高劳动者自身素质与能力的价值取向逐渐被重视起来。可见，社会实践在劳动教育的进程中愈发受到重视，也昭示着此后劳动教育从目标到实施，都要面向综合素质这一价值取向进行变革和发展。

总的来说，在中国式现代化视域下，劳动教育在强化素质教育的同时，也在不断探索如何更好地融入现代化教育体系。在这个过程中，对于劳动教育的重要价值和作用已经有了越来越多的理性认识，其发展空间不再受制于经济和政治因素，开始转向关注劳动者作为自由生命体需求的底层逻辑。体现出其回归劳动教育价值本真的特点，为国家现代化建设尤其是人的现代化而服务的本质。

（四）创新飞跃期：实现中华民族伟大复兴的兴国之要（2012 年—至今）

1. 目标指向——培育担当民族复兴大任的"时代新人"

经过长期不懈的努力，中国共产党领导全体劳动人民进入了中国特色社会主义新时代。这个新时代，既是奋斗者的时代，也是劳动者的时代。作为中国教育现代化体系中的重要组成部分，劳动教育对于培养学生的劳动精神、技能水平和价值观念具有直接而决定性的影响。在这一时期，劳动教育方针适应了时代的需求，从以往培养传统体力劳动者的方式，转向了培养具备体面劳动和创新能力的劳动者，旨在培养为人民服务、为社会主义现代化发展服务、能够承担起民族复兴伟大使命的新时代人才。

2. 内容倾向——重视人之本位巩固劳动教育

党的十八大以来，劳动教育与德、智、体、美居于同等重要地位，共同形成"五育并举"的教育方针。这进一步明确了劳动教育的本质核心就是"人"，重视人的主观能动性，促进人的全面发展，不断向人的本真回归。劳动教育提倡辛勤劳动、诚实劳动和创造性劳动，通过创设一系列有利于人自由、自觉的劳动实践场所，从"完整的人"的角度使人的生理、心理和思维方式等方面与世界发生全景式链接，使人的劳动成果与自身的生命活动、兴趣爱好和个性特点统一起来。强调一切劳动，无论是体力劳动，还是脑力劳动，都应该被尊重和鼓励，既突出了劳动教育的"劳动性"，又彰显了"教育性"，进一步凸显了劳动教育重视人之本位的特点。

3. 实践方向——坚持"教劳统一"推进中华民族伟大复兴

新时代劳动教育真正把握劳动教育的实质，坚持"教劳统一"推进中华民族伟大复兴的过程中，注重劳动性与教育性协调统一，既注重劳动教育的思想引领，又重视劳动教育的实践创造能力，使学生在劳动教育中既获得劳动能力的增长，又可以获得劳动智慧的提升。首先，劳动教育是在系统传授劳动知识与技能技术的基础上，有目的、有计划、有组织地让学生参加日常生活、生产和服务性劳动，通过实践锻炼、磨炼意志，培养出自立、自强的劳动意识和迎难而上、艰苦朴素的劳动素养；其次，评选劳模和大国工匠，将尊重劳动、崇尚劳动、热爱劳动的社会风气以一种润物细无声的形式沁润于人的心中，进而在全社会中弘扬劳动创造精神；再次，整合各区域劳动教育资源，共建共享劳动教育基地，鼓励学生直接参与劳动实践、职业体验，以及创新创业等活动。深入理解"空谈误国、实干兴邦""幸福是靠奋斗出来的"道理，感悟人类文明进步"创造精神"的力量，锤炼敢于"啃硬骨头"的坚毅品格和敢于"涉险滩"的无畏勇气。新时代劳动教育基于人之本位，进一步深化和完善了教育理论和实践。

二、中国式现代化劳动教育的价值重塑

（一）助力人的现代化：实现人口规模巨大的现代化

党的二十大报告中提出，中国式现代化的其中一个特征是实现人口规模巨大的现代化。中国作为世界上最大的发展中国家，人口规模庞大是最基本的国情。自改革开放以来，教育领域通过思想纠正和意识觉醒不断肯定了"教劳结合是培养人的重要途径"的主张。[①] 在进入新时代后，劳动教育不仅注重培养学生的劳动知识和技能，更加重视培养学生的劳动价值观和道德情操，提升人的科学文化素质、丰富人的精神世界、培养高尚道德情操，其价值功能的拓展是建立在对人的现代性重新审视的基础上。事实证明，中国式现代化的核心是人的现代化。一方面，人作为社会活动的主体，"人的现代化"既受制于现代化整体发展水平，也决定着现代化的进程方向。另一方面，现代化最终呈现为人的素质、思维方式和思想观念等方面的全面提升，要求人们在这些方面要跟上甚至超越现代化的步伐。由此可见，劳动教育的目标是培养符合中国现代化建设需要的人才，核心是"人的现代化"，其实质上是致力于提升个人价值，实现个人自由全面发展，进而推动社会主义现代化，实现我国人口规模巨大的现代化。

（二）夯实劳动基础：实现全体人民共同富裕的现代化

党的二十大报告中提出，中国式现代化的其中一个特征是实现全体人民共同富裕的现代化。人类的劳动不仅仅是一种获取生活物资、满足生存需要的本能，更

---

① 罗生全，杨柳.中国劳动教育发展100年[J].西南大学学报（社会科学版），2021（4）：129-141.

具有一种创造的本能，推动社会进步的重要力量。中国人一直以勤劳著称，勤劳创造财富，也一直是中华民族热爱劳动、艰苦奋斗的光荣传统。加强劳动教育，将这一优秀传统传承下去，具体体现在以下三方面：第一，培育正确的劳动观。习近平总书记提出新时代劳动观：即崇尚劳动、热爱劳动、辛勤劳动和诚实劳动，这是劳动教育的核心目标。让受教育者明白劳动是创造财富的必要手段，既是生存之本、生活之本，也是社会不断进步的根本动力。同时理解我国所追求的共同富裕是高水平的富裕，人人参与、人人尽力、人人享有的富裕，谁都不能搭便车，不能不劳而获的劳动创造观。第二，培养良好的习惯。劳动教育不能只停留在理论宣讲过程上，更需要体现在行动实践中。从个体的独立性劳动到团体的协作性劳动，从自我服务的劳动到为社会服务的劳动，从日常生活的各种劳动，到各行各业的生产劳动，都要自觉地培养辛勤、诚实、创造性的劳动习惯。第三，培植健全的劳动素养。劳动本身并没有高低贵贱之分，任何职业都应该是光荣的，值得被尊重的。高素养的劳动者队伍是劳动教育推进高质量发展实现人民共同富裕的"必需品"，劳动教育以培养一批批素质高、能力强、敢担当的劳动者为目标，为实现全体劳动人民共同富裕的现代化夯实劳动基础。

（三）弘扬劳动精神：实现物质文明与精神文明相协调的现代化

党的二十大报告中提出，中国式现代化的其中一个特征是物质文明和精神文明相协调的现代化。人们通过劳动实践改造自然，创造生产生活所需的物质和文化财富，这既包括物质文明，也包括精神文明，是人类认识世界、改造世界过程中凝结出的智慧结晶。也就是说，人类的发展进步都离不开人们的辛勤劳动实践。我国历来高度重视劳动教育所孕育的劳动精神，从"大禹治水、神农尝百草"到"神舟飞天、嫦娥揽月、天宫遨游"，在这些孕育着人类文明新形态的劳动实践中，体现出崇尚、热爱、辛勤和诚实劳动的劳动精神，也真实地反映了我国劳动人民对劳动的尊重和对劳动精神的认同。在迈进物质富足和精神富有的新时代，在追求自然人全面发展的基础上，需要继续发扬劳动精神，实现物质文明和精神文明相互协调的现代化。

（四）养成生态思维：实现人与自然和谐共生的现代化

党的二十大报告中提出，中国式现代化的其中一个特征是人与自然和谐共生的现代化。人类和自然是相互联系、相互依存的生态系统的重要组成部分，同属于一个生命共同体，人类的进步与发展离不开大自然。这里的"自然"，即人们根据自身所需改变了的自然界。从这个维度来看，劳动正是作为人与自然进行物质转换、社会互动和文化建构的根本途径。通过理论教育和实践锻炼相结合的劳动教育，人们能够逐渐形成勤劳、努力工作的习惯和正确的劳动态度。这不仅可以促进人们更好地认识和理解人与自然之间的关系，并掌握与自然和谐相处的能力，还可以更深入地了解劳动对象，并通过实际参与劳动实践，将主观观念转化为客观存在的现实。我国劳动教育继承传统文化中劳动将"天人合一"人与自然相合相应的思想，同时发展了马克思主义劳动观，强调要在尊重自然、顺应自然、保护自然中，创造一种以生态文明为特征的人与自然和谐共生的新路。因此，在中国式现代化的视域下，劳动教育不仅需要创新劳动教育形态、丰富劳动教育内涵，实现生产与技术、知识与价值、信息与文化、时间与空间等劳动要素的耦合，更要突出劳动教育的"生态思维"，摒弃西方现代化人类对自然资源进行掠夺和破坏的旧思维，致力于培育"生态新人"，实现人与自然和谐共生的现代化。

（五）谋幸福求大同：走和平发展道路的现代化

党的二十大报告中提出，中国式现代化的其中一个特征是走和平发展道路的现代化。这是一条没有通过战争、殖民、掠夺等暴力途径，而是靠全体劳动人民辛勤劳动创造财富的现代化新道路。一方面，推崇尊重劳动、辛勤劳动的精神，强调通过可持续发展的劳动实践创造财富和价值，致力于通过劳动创造不断助力更多人实现全面发展，为社会创造物质和精神财富；另一方面，把马克思主义劳动幸福观与"勤劳、智慧、勇敢"的中国优秀劳动文化相结合，综合运用劳动幸福观把握时代、引领时代。坚持造福劳动者，坚持发展为了人民、依靠人民、用劳动创造的财富反哺造福全体劳动人民甚至是全人类。因此，劳动教育需要最大限度地发挥劳动者积极效应，服务社会，扎扎实实地开展起来、发展下去，是中国共产党人保持初心使命，始终以人民的幸福、民族的复兴，以及世界的和平与发展为目标不懈努力，走和平发展道路现代化的根本途径。

三、结语

中国式现代化劳动教育是一个不断追求现代化、拥抱现代化、开发现代化的历史进程，但无不以中国推进现代化的思考和所面临的挑战为主线曲折展开。现代化已成为中国劳动教育发展的主要推动力，并逐渐转化为一种价值标准，用于审视和规范劳动教育的发展方向。同时，劳动教育有着过程性的发展形态，留有现代化在教育领域的印记，见证了中国式现代化在不同历史时期的变迁。也进一步深化和完善了中国式现代化的理论和实践，为不断建构符合我国自身实际的现代化发展提供了理论支撑和价值辩护。

网络民粹主义对大学生政治认同的影响与治理路径①

李阳华②

（浙江警官职业学院，马克思主义学院）

【摘要】网络民粹主义既具有传统民粹主义反体制、反精英、反权威的特征，也带有其独特的话语逻辑和话语策略。网络民粹主义思潮严重冲击了大学生的政治认同，有效防范和化解其消极影响，对于国家的社会稳定和民主发展有着重要的理论和实践意义。

【关键词】民粹主义；网络民粹主义；政治认同

一、网络民粹主义的内涵和特征

民粹主义自产生以后，便在全球范围内不断滋长、蔓延。正如吉塔·约内西库和恩格斯·格尔纳所说，"一个幽灵，民粹主义的幽灵，在全世界游荡。"③民粹主义具有极其复杂的内涵，在不同历史时期、不同国家，民粹主义的表现形式也各不相同，但强调平民大众的价值始终是其核心口号。作为一种政治思潮，民粹主义奉行人民至上，认为平民大众是任何政治统治合法性的基础；作为一种社会运动，民粹主义通常贬低、否定精英的作用，认为只有平民大众才是推动历史前进的决定性力量，并主张依靠平民大众对社会进行激烈的变革。作为一种行动策略，民粹主义反对代议制民主，崇尚直接民主，以人民的创制权等民粹主义话语激发平民大众

①基金项目：本文为浙江警官职业学院2021年度高校思想政治工作专项课题"网络民粹主义对大学生政治认同的影响研究"的阶段性研究成果。

②作者简介：李阳华，男，浙江警官职业学院公共基础部，副教授，主要从事马克思主义理论和思想政治教育。

③［德］扬—维尔纳·米勒.什么是民粹主义[M].钱静远，译.南京：译林出版社，2020：9.

的政治参与热情，并以此作为对平民大众实行控制和操纵的手段。相较于文化、经济、传媒领域的民粹主义，政治领域的民粹化搅动大众政治情绪，左右各国政治走向的趋势日益明显。

近年来，经济全球化遭遇逆流，世界经济陷入持续低迷，一些国家出现了严重的贫富分化，导致社会撕裂、政治极化、民粹主义泛滥。民粹主义的崛起长远改变了世界各国社会和政治形势。在拉美，左翼民粹主义推崇社会平等，反对资本主义和全球化。民粹主义政党激进的政治变革和强硬的执政风格加剧了社会分化和政治极化，破坏了民主政治的多元化基础。在欧洲，右翼民粹主义强调本土认同和族群认同，反对外来移民，在政治上以"民主分解器"的角色瓦解欧洲共识、颠覆欧洲政坛，进一步加剧了西方民主的整体性危机。在美国，2016年特朗普当选总统是民粹主义发展的分水岭，自此以来逐渐成为影响美国政治走向不可忽略的力量。在亚洲，文化民粹主义大行其道，排外情绪高涨，导致社会分裂、政治极化和强人政治的回归。在非洲，排外民粹主义已经成为了一种危险的新兴趋势。一些国家政治和经济政策日趋极端化，社会层面出现了严重的"排外""仇外"的情绪。民粹式动员和街头政治严重冲击非洲国家的政治稳定。可以预料的是，作为民主政治的一种极端形式，民粹主义未来在全世界的影响仍将持续。

当代民粹主义延续了民粹主义的一贯传统，又突出以下四个特征。一是反精英反体制。批评现有政治体制和精英文化，是民粹主义运动和民粹主义政党不变的主题。民粹主义思潮的反精英特征体现在对政治人物、经济精英和知识分子的批判和敌视上。在民粹主义者的言词中，充满了对知识分子、政府官员、社会精英的诋毁、偏见和不信任。他们似乎对社会平等有一种天然的追求，本能地反对一切政治权威、社会精英和文化霸权。由此，对精英所组成的政府、议会制定通过的制度、政策和法律充满蔑视。二是非理性和极端化。底层或者说草根是民粹主义的社会基础，为了迎合大多数底层群众的口味和利益，民粹主义采取"简单化政治"的立场，鼓吹各种极端化和非理性的主张，夸大社会危机，人为制造群体对立。在民粹主义者看来，在现实生活中，只有那些吸人眼球、触动心理、引发共情的话题才能获得大众广泛关注。为此，民粹主义不惜采取极端、偏激甚至暴力性的言词和方式来制造话题吸引关注、集聚民众。三是批判性和抗争性。"民粹主义在本质上是被统治者反对统治者的基本政治反应，这种政治反应充满着批判精神与反抗意识。"①
民粹主义的批判性不只局限在政治领域，同时还包含了经济、社会和文化等领域，
而且在不同地区民粹主义批判的指向也不同。民粹主义利用底层大众在社会发展过
程中积累起来的"经济上的不安全感、政治上的不公平感、或者身份认同和文化价
值上的危机感"②，批判现行体制并鼓动平民大众在政治、经济、文化等方面提出广
泛而又激烈的变革诉求。四是泛道德化。民粹主义者采用道德主义的思维方式，遵
循一种非理性的直接行动逻辑。它以道德制高点自居，肆意嘲讽一切社会精英。在
民粹主义者看来，人民都是纯洁而有道德的，而与之对立的精英都是腐败的和不道
德的。民粹主义挥舞着道德的大棒，用贪官、奸商、"叫兽"、"砖家"标签化、妖
魔化精英阶层，并以此激发、煽动民众的愤怒和非理性情绪，意在掀起波涛汹涌的
舆情，裹挟民意对抗政府。

随着互联网时代的到来，民粹主义的发展和表现形式都出现了新特征，网络
民粹主义成为当前中国民粹主义的主要形态。从本质上来讲，网络民粹主义仍然是
民粹主义，具有传统民粹主义反精英、反体制、反权威等非理性的特征。但是，网
络民粹主义更带有互联网时代的特殊印记。其一，与传统的民粹主义相比，网络民
粹主义具有虚拟性、匿名性、集聚性，并且自带放大效应，容易极端化与激进化。
其二，网络民粹主义拥有自成体系的话语逻辑和结构，在制造议题、网络传播过程
中往往采取独特的话语策略。其常见手段包括扣帽子、低俗恶搞、谩骂恐吓、人肉
搜索。其三，与一般的民粹主义相似，网络民粹主义采用"非黑即白"的二元对立
的观点看待社会问题。仇富、仇官成为其政治话语口号的常见关键词，他们大肆宣
扬无商不奸、无官不贪、官商勾结等极端观念，导致仇富仇官、反权力反市场等极
端情绪，在网络环境中肆意宣泄，并逐渐在网民的狂欢中发酵成与主流意识形态相
对抗的非理性、极端化思潮。

二、网络民粹主义对大学生政治认同的消极影响

政治认同是人们在政治生活中对所属政治体系的情感归属，反映着社会成员
对政治体系的态度和行为倾向。政治认同的形成是政治体系保持稳定和持续的基
础。在政治认同的构造中，政治制度、政治文化和经济发展都起着重要的作用，但

---

① 林红 . 民粹主义——概念、理论与实证 [M]. 北京：中央编译出版社，2007：41.
② 林红 . 当代民粹主义思潮的孕育、生成与有效应对 [J]. 学术前沿，2019（17）.

情感心理因素的影响也不容忽视。由于人的情感心理具有易变性，必然会带来政治认同的强弱转换，甚至政治认同的完全消失。在现实政治生活中，人们对其所属政治体系的认同并不是一成不变，政治认同既会发生变迁和转移，也会消解或消失。一旦公民的政治认同受到外部因素的影响而消解或消失，就会出现政治认同危机。政治认同危机的出现必然动摇政治体系的稳定，引发社会秩序的紊乱，甚至可能导致政治动荡。因此，提高政治认同对任何政治体系的稳定和有效运转都是不可缺少的关键环节。一般而言，政治认同的对象主要包括政治制度、政治文化、政治人物、政府权威。当代中国的政治认同则主要体现在对中国特色社会主义的制度认同，对马克思主义指导思想的意识形态认同，对党的长期执政地位和政府权威、绩效的认同，等等。大学生作为担当民族复兴大任的时代新人，其政治认同状况直接关系到党的执政地位、国家的政治稳定和社会主义事业的兴衰。研究并分析影响大学生政治认同的因素，具有非常重大的现实意义。

　　网络民粹主义的参与主体是活跃在网络空间的众多网民。据统计，截至 2023 年 6 月，我国网民规模达 10.79 亿，互联网普及率达 76.4%。[①] 其中具有大学学历的人数占据极高的比重，尤其是在校大学生几乎都是网络空间的常客。互联网技术的发展和广泛应用丰富了大学生的生活，拓展了求知的渠道，客观上也助长了网络民粹主义的萌发和传播。当代大学生网络民粹主义倾向表现为思维判断简单化、认知行为偏激化、理想信念淡薄化。[②] 尤为令人忧虑的是，民粹主义的反体制、反精英、反权威的话语已经影响到大学生群体的政治价值观，对大学生的政治认同产生了强烈的冲击。

　　网络民粹主义的反体制特征削弱了大学生群体对社会主义制度的认同。民粹主义鼓动反抗主流的政治体制、社会秩序和意识形态，带有天然的反体制特征。纵观历史，不难发现几乎所有的民粹主义都把颠覆现有体制作为其主要目标。网络民粹主义利用特定的话语逻辑，用抽象化的语词标签化富人、官员和知识分子，极力渲染这些群体的负面形象，将个案歪曲为普遍现象，从而将矛头直接指向现行政治制度体系。在当前中国，网络民粹主义的反体制的具体指向是国家的政策和政府的决策。他们利用简单化甚至极端的话语，煽动网民的对立情绪，激发人们对变革的

---

①中华人民共和国国家互联网信息办公室 [EB/OL]. http://www.cac.gov.cn/202308/30/c_16950 52264832531.htm.

②高卫国．当代大学生网络民粹主义倾向应对思考 [J]．江苏高教，2018（4）.

期待；他们利用现实生活中的矛盾和问题，极力贬低和批判改革开放和市场经济政策。譬如，有人以权力腐败、贫富差距、社会不公等现象质疑政府的权威；"网络民粹主义故意放大体制症结、肆意夸大社会问题的严重性，加重大学生对政府的不信任，诱导他们更加愿意相信社会的黑暗面。"① 还有人认为现行政治、经济、文化制度和政府制定的相关政策只代表少数精英阶层的利益，普通群众的利益得不到保障，因此主张推动激进的政治变革，对政治稳定和社会秩序造成严重的冲击。

网络民粹主义消解了大学生对马克思主义指导思想的认同。习近平总书记强调："马克思主义是我们立党立国的根本指导思想。背离或放弃马克思主义，我们党就会失去灵魂、迷失方向。"② 如果一个国家的主流意识形态不能得到普遍的认同，那么其地位必然产生动摇，进而危及政治安全、制度安全。互联网技术的进步为信息传播和意见表达提供了平台，但也导致各种非马克思主义思潮在网络空间的肆意传播，严重侵蚀了主流意识形态的阵地，互联网已经成为舆论斗争的主战场。网络民粹主义打着"人民""民主"的冠冕口号，对一些涉及民生问题的热点事件进行民粹化表达，具有极大的迷惑性和欺骗性。不仅如此，网络民粹主义还经常有意无意歪曲马克思主义指导思想，并且采取历史虚无主义立场，否认革命先烈的历史贡献，通过虚构所谓的历史细节和历史真相，编造、发布没有事实依据的文章，歪曲党史国史，恶意攻击党的领导和社会主义制度。大学生群体缺少社会阅历，加上辨别力不足，特别容易受到网络民粹主义的蛊惑。在网络民粹主义思潮的影响下，一部分大学生采取一种批判的、怀疑的眼光看待马克思主义；还有部分大学生被网络民粹主义否定一切的极端话语所吸引，进而质疑马克思主义信仰的真理性、科学性、先进性。网络民粹主义削弱甚至消解大学生对马克思主义指导思想的认同，对于巩固马克思主义立党立国的指导地位构成了严重的挑战。

网络民粹主义加剧了大学生对政府的信任危机，弱化了大学生对政府权威和绩效的政治认同。作为网民的一种情绪和意见宣泄的场域，网络民粹主义一开始就表现出反权威的倾向。其非理性、极端化、简单化的特征与政府决策、社会治理的理性化、规范化、科学性存在明显的对立。网络民粹主义者以弱势群体代言人的身份自居，对政府的政策冷嘲热讽、掀起网络舆情对政府施压，严重影响政府的政策制定过程。网络民粹主义倡导"道德化政治"，以抽象的道德情怀绑架法制，并且

---

① 李晓霞. 新常态下谨防网络民粹主义在大学生中的渗透 [J]. 北京青年研究，2016（4）.
② 习近平. 习近平谈治国理政（第2卷）[M]. 北京：外文出版社，2017：33.

-48-

借由一些突发公共事件，公然抹黑政府和现行的社会制度，质疑国家的政策和措施。譬如，在对外关系方面，网络民粹主义以"爱国""排外"为口号，对国家外交政策、贸易政策横加指责；在国内政策方面，民粹主义也是立场先行，批判、怀疑一切。网络民粹主义利用部分网民对其生活现状和所处境遇不满的心理，鼓动、诱导网民在互联网上向政府施压和抗议，表面上看是在为"弱势群体"代言，实质上是在故意歪曲、丑化的政府形象，损害政府公信力。受此影响，一些大学生自觉或不自觉地卷入民粹主义所营造的巨大能量场之中，在互联网平台上也时常发表一些极端言论。这不仅反映了当代大学生缺乏对事实真相的了解和理性的价值判断，而且反映出当代大学生对政府的公信力及其权威的认同在弱化。

三、网络民粹主义的防范与治理路径

民粹主义既是一种周期性复发的社会政治现象，也是一种超越制度差异而全球存在的反主流政治思潮。每当一个国家经济社会处于转型期，社会体制的失调、社会秩序的失范、社会资源的失衡就会导致人民不满情绪高涨，此时民粹主义的因子就会发酵。民粹主义对社会不公的关注、揭露、抗议和批判固然对全面深化改革和社会主义制度的完善有着一定推动作用，但"民粹主义的极端化、非理性情绪的扩散，又可能导致撕裂社会、腐蚀政权合法性的严重后果"①。当前，网络民粹主义借助于互联网力量已经呈现由虚拟世界向现实生活渗透的趋势。对此我们绝不能听之任之，必须要采取一定的策略对其加以防范和疏导。大学生群体既是网络新媒体的受众，也是改善网络生态的重要力量。要想消解网络民粹主义对大学生的消极影响，就要对网络民粹主义及其传播特征进行深入的剖析和研究，把青年工作作为战略性工作来抓，从多方面对大学生加以教育引导，合力打造一个和谐、理性、包容的互联网空间，构建高质量的网络生态文明。

加强对大学生的思想政治教育，"用党的科学理论武装青年，用党的初心使命感召青年"，用马克思主义来占领高校意识形态阵地。互联网技术的发展在给人类社会带来重大发展机遇的同时，也给意识形态安全带来了前所未有的挑战。各种意识形态在网络空间交融、交锋，使意识形态管理工作变得更为复杂而艰难。面对互联网上以民粹主义为代表的各种非马克思主义思潮的渗透与传播，高校的思想政治

---

① 李凌凌 . 网络民粹主义：风险与治理 [M]. 郑州：郑州大学出版社，2019：153.

教育承担着重要的历史使命。"做好学校思想政治工作，既要管好课堂，也要管好课外，既要管好网下，也要管好网上。"①大学生群体政治价值观的塑造和整合成功与否，直接关系到我国当前和以后的政权稳固、社会稳定以及经济发展。因此，高校要用马克思主义引领校园文化建设，占领校园意识形态的高地。一方面，可以在校报校刊、官网、宣传栏、公众号等媒体载体及时提供真实客观、观点鲜明的信息内容，图文并茂地向大学生宣传马克思主义和国家的大政方针。通过各种形式的宣传教育提高青年大学生的政治素质和文化素养，由此增进青年大学生思维的深度和政治认知和辨别能力，避免青年学生受到网络民粹主义极端化和简单化话语逻辑的影响。另一方面，积极鼓励大学生参与社会实践，在实践中理解和践行马克思主义理论的基本精神。通过参与支教、普法、社会调研考察等社会实践活动，青年大学生能够学会更理性、更成熟地看待经济社会发展中的各种问题，高度认同中国特色社会主义的道路、制度、理论和文化，并且能够利用所知所学，正面发声、理性思辨，澄清是非、伸张正义。

开展逻辑学训练和法治教育，培养大学生的理性精神和法治思维。理性精神，指的是人们在价值选择以及重大事件面前，能够从实际出发，不被个人或他人情绪和偏见所左右。从哲学的角度来看，理性就是人类运用理智的能力。相对于感性而言，理性是一种在审慎思考的基础上，通过符合逻辑的推理和具有说服力的论据，论证论点并推导结论的思考方式。独立而又理性的思考、判断能力是应对从众压力、不盲从、不被民粹主义话语误导、裹挟的不可或缺的素质。通过开设逻辑学课程，大学生在掌握概念、判断、推理、假说、论证等逻辑学基本知识之后，就可以运用它们指导自己的思维，从而对充斥在民粹主义话语逻辑和"二元对立"、非此即彼的简单化政治策略中的各种非理性因子，有着更为理性的判断和自觉的抵制能力。法治思维指的是以法治精神为导向，以法律原则、法律方法思考和处理问题的思维模式。通过法治教育，大学生掌握了基本法律知识，养成尊重法律的习惯，能够提升法治素养和法治思维能力。网络民粹主义在传播、扩散过程中动辄逾越法治底线，反对现行体制，意图"舆论治国"，对社会秩序、司法公正和法律权威造成严重的影响。以法治约束和纾解网络民粹主义情绪是建设法治社会的基本要求，培养具备理性精神和法治思维的网民是从根本上治理民粹主义冲动的利器。

---

① 习近平 . 论坚持党对一切工作的领导 [M]. 北京：中央文献出版社，2019：279.

构建健全、完善的网络监管机制，提高网络综合治理能力，引导大学生理性上网。当前网络空间异常复杂，"有些人企图让互联网成为当代中国最大的变量"，尤其是充斥其中的大量杂音噪音、负面言论对青年人的影响很大。习近平指出："我们要本着对社会负责、对人民负责的态度，依法加强网络空间治理。"① 加强网络空间的治理，最关键的是把握网络民粹主义的传播特征。在"后真相时代"，社会热点事件产生、传播、扩散过程中，绝大多数参与其中的大学生网民往往并不了解事件的真相，他们要么出于从众心理附和别人，要么凭个人的臆想或喜好加以评论，甚至发表一些过激的言论。这些过激的、极端的言论使事件的传播偏离原来的轨道，直至持续发酵到无法控制的地步。针对这一特点，监管部门首先要借助自身影响力，及时发布符合事实的信息，引导大学生尊重事件真相、理性思考，避免在网络空间推波助澜。其次要强化对网络传播平台的监管，尤其是在社会舆情出现之后，监管、宣传部门要积极介入，引导舆论的正确走向。通过专门的网络信息监管机构，对网络舆情进行跟踪和分析，从信息源头把控、阻断不良信息的传播渠道。通过多措并举，完善网络监管机制，把民粹主义在网络空间的传播和不良影响控制到最低限度，使网络空间真正成为弘扬社会主义核心价值观、繁荣中国特色社会主义文化，引导大学生健康成长的红色阵地。

---

① 习近平. 论党的宣传思想工作 [M]. 北京：中央文献出版社，2020：196.

中华优秀传统文化融入高职院校"大思政课"的逻辑与原则①

王泓②

（浙江旅游职业学院，马克思主义学院）

【摘要】中华优秀传统文化是坚定文化自信的重要支撑点，是开展思想政治教育的重要资源库。"大思政课"是新时代思想政治教育的升级创新。中华优秀传统文化与"大思政课"在价值观念、内容意蕴、育人目标和教育模式方面存在逻辑关系，是实现融合的重要前提。高职院校具有德技并修和实践育人的教育特征，推进中华优秀传统文化融入"大思政课"，需要遵循中华优秀传统文化在教育领域的传承发展原则，也要遵循"四个相统一"的实践原则。

【关键词】中华优秀传统文化；"大思政课"；逻辑关系；融合原则

党的二十大报告指出，把马克思主义基本原理同中国具体实际相结合、同中华优秀传统文化相结合。③中共中央办公厅、国务院办公厅印发《关于实施中华优秀传统文化传承发展工程的意见》指出，把中华优秀传统文化全方位融入思想道德教育、文化知识教育、艺术体育教育、社会实践教育各环节，贯穿于启蒙教育、基础教育、职业教育、高等教育、继续教育各领域。可见，高职院校的思想政治教育不仅担负传承发展中华优秀传统文化的实践重任，更是在教育领域具体落实"两个结合"重大理论观点的重要阵地。习近平总书记在 2021 年 3 月全国两会期间正式提出"大思政课"概念，为新时代思政课改革创新提供了根本遵循和前进方向。2022 年 8 月，教育部等十部门印发《全面推进"大思政课"建设的工作方案》，涵

---

①基金项目：浙江省教育厅一般科研项目"基于生态文明教育的旅游院校'大思政课'教学模式研究"（Y202352188），主持人王泓。

②作者简介：王泓（1984— ），女，讲师，主要从事思想政治教育教学研究。

③习近平.高举中国特色社会主义伟大旗帜 为全面建设社会主义现代化国家而团结奋斗 [N].人民日报，2022-10-26（01）.

盖中华优秀传统文化的模块和内容。"大思政课"不但具有"大格局",而且拥有"大历史观"和"大实践观"的本质意蕴。高职院校具有德技并修和实践育人的教育特征,在新时代教育体系中发挥重要作用,中华优秀传统文化融入高职院校"大思政课",是思政课改革创新和"大思政课"建设需要积极面对的现实问题之一,推进融合实践需要明晰二者的逻辑关系,需要遵循一定的原则。

一、中华优秀传统文化与"大思政课"的逻辑关系

中华优秀传统文化与"大思政课"之间存在着某些内在的逻辑关系,这是实现二者融合的重要前提。

(一)价值观念的高度契合

党的二十大报告强调,以社会主义核心价值观为引领,发展社会主义先进文化,弘扬革命文化,传承中华优秀传统文化,满足人民日益增长的精神文化需求。[①]社会主义核心价值观是社会主义核心价值体系的内核,基本内容包括:倡导富强、民主、文明、和谐;倡导自由、平等、公正、法治;倡导爱国、敬业、诚信、友善。其中富强、民主、文明、和谐体现了社会主义核心价值观在发展目标上的规定,是立足国家层面提出的要求;自由、平等、公正、法治体现了社会主义核心价值观在价值导向上的规定,是立足社会层面提出的要求;爱国、敬业、诚信、友善体现了社会主义核心价值观在道德准则上的规定,是立足公民个人层面提出的要求,表现出社会主义价值追求和公民道德行为的本质属性。社会主义核心价值观是"大思政课"的核心教育内容,同时三个层面的具体要求也为"大思政课"指明了育人方向,彰显"以人为本"的教育理念和"立德树人"的根本任务,在教育实践中尊重和重视个人的发展需求。

中华优秀传统文化作为中华民族历经五千余年的演化而汇聚沉淀形成的优秀民族文化,是中华文明的结晶,其中蕴含着崇德善仁、贵和持中、进取包容、谦敬礼让、忠公重义、求真务实等丰富的价值观念,而天下为公、民为邦本、为政以德、革故鼎新、任人唯贤、天人合一、自强不息、厚德载物、讲信修睦、亲仁善邻等宇宙观、天下观、社会观、道德观以及修身齐家治国平天下等文化精髓,也涵盖个人、社会、国家三个层面的内容,这些都与社会主义核心价值观存在高度契合之

①习近平.高举中国特色社会主义伟大旗帜　为全面建设社会主义现代化国家而团结奋斗[N].人民日报,2022-10-26(01).

处。社会主义核心价值观是习近平文化思想的价值观意蕴，通过创造性转化与创新性发展，实现了对中华优秀传统文化、革命文化、社会主义先进文化的传承与弘扬。"大思政课"倡导社会主义核心价值观，重在塑造学生的世界观、人生观、价值观，引导学生在激荡的世界中站稳立场、把稳方向，坚定走中国式现代化道路。中华优秀传统文化的价值观念与社会主义核心价值观具有契合性，印证了中华优秀传统文化与"大思政课"在价值观念上的高度契合。

（二）内容意蕴的相通相合

中华优秀传统文化与"大思政课"在许多内容意蕴上存在相通之处，举两个例子说明。

一是中华优秀传统文化中朴素的唯物辩证思想与"大思政课"中科学的世界观教育存在相通之处。世界观教育包括辩证唯物主义两个方面的内容。辩证唯物主义以世界的物质同一性为基础，以辩证法为方法论，以对立统一、质量互变与否定之否定三大规律为主干，坚持人类社会由简单到复杂、由低级到高级的螺旋式上升和波浪式前进的历史辩证法。历史唯物主义则揭示了人类社会发展变化的终极原因是经济因素，并由此强调了社会存在对社会意识的决定作用，物质生产对社会发展的基础作用，以及人的实践对社会发展的推动作用。中华优秀传统文化一贯重视"经世致用"，着眼于从物质生产条件以及民心向背的角度来思考历史的兴衰更替，着眼于从人民的物质生活出发来研究社会的道德与文明。春秋时期管仲提出"仓廪实则知礼节，衣食足则知荣辱"的观点，认为社会物质条件是人民群众精神生活的基础前提。孔子提出"庶之、富之、教之"的思想则说明人口的繁衍、财富的增加、生活的富足和道德教化的成效是递进决定关系。由此可以看出，中华优秀传统文化中的观点与历史唯物主义的观点有着相通之处。此外，中华优秀传统文化中蕴藏着朴素的辩证法思想。道家学派的创始人老子提出了"万物负阴而抱阳，冲气以为和"的观点，意即任何事物都有对立的两个方面，即"阴""阳"二气，相互作用统一为"和"。儒家经典《周易》中"一阴一阳谓之道""刚柔相推而生变化"等观点意在强调阴阳、刚柔的相互作用对于事物发展变化的推动作用。中华优秀传统文化中的朴素的唯物辩证法思想，与辩证唯物主义和历史唯物主义之间在价值定位和思想倾向上存在着相通之处。

二是中华优秀传统文化中的"大同思想"与"大思政课"中的理想教育存在相通关系。"大思政课"中的理想教育是以共产主义理想为核心的教育。在马克思对于共产主义社会的描述里，没有私有制、没有阶级，没有国家；财产社会公有，人人地位平等；大家各尽所能，各取所需；人性得以充分发展。中华优秀传统文化中，早在第一部诗歌总集《诗经》中就有人们追求公平、幸福的"乐土""乐国""乐郊"的描述；两千多年前的孔子在《礼记·礼运》中描绘出一个更加具体而美好的大同世界：人人平等，亲密无间，人尽其才，物尽其用，个人与社会浑然一体；近代康有为的《大同书》展望了未来的大同盛世，并对青年毛泽东产生重要影响，以至于后者在 1917 年提出"大同者，吾人之鹄也"；孙中山也曾认为未来的共产主义"就是孔子希望的大同世界"。中华优秀传统文化中的"大同思想"与"大思政课"教育内容中的共产主义理想存在一定程度的相似之处，正是这种相似性，使中国先进的知识分子更容易理解和接受马克思主义的共产主义理想，从而促进了马克思主义在中国的传播。

（三）育人目标的趋同一致

"大思政课"的育人目标是培养担当民族复兴大任的时代新人、德智体美劳全面发展的社会主义建设者和接班人。对于育人重要性，习近平总书记指出："育新人，就是要坚持立德树人、以文化人，建设社会主义精神文明、培育和践行社会主义核心价值观，提高人民思想觉悟、道德水准、文明素养，培育能够担当民族复兴大任的时代新人。"① 对于如何培养社会主义建设者和接班人，习近平总书记强调："一是要在坚定理想信念上下功夫"，"二是要在厚植爱国主义情怀上下功夫"，"三是要在加强品德修养上下功夫"，"四是要在增长知识见识上下功夫"，"五是要在培养奋斗精神上下功夫"，"六是要在增强综合素质上下功夫"。② 合格的人才不仅要具有坚定的理想信念、高尚的道德修养和过硬的综合素质，还能让自己的人生规划与国家民族的发展同频共振、同向同行，实现"小我"与"大我"的同呼吸共命运。

自古以来，中华优秀传统文化不仅教化人具有高尚的人格、崇高的德行，还主张能够成就"治国平天下"的大业。孔子讲要"修己以敬""修己以安人""修己以安百姓"，这是圣贤之人的人生境界。中华民族的发展史不乏身怀远大理想抱负、以"天下兴亡匹夫有责"为使命的先贤达人。文天祥曾在《过零丁洋》中展现"人生自古谁无死，留取丹心照汗青"的爱国精神，范仲淹曾在《岳阳楼记》中抒

---

① 习近平.举旗帜聚民心育新人兴文化展形象 更好完成新形势下宣传思想工作使命任务[J].党建，2018（09）：5.

② 习近平.举旗帜聚民心育新人兴文化展形象 更好完成新形势下宣传思想工作使命任务[J].党建，2018（09）：5.

发"先天下之忧而忧，后天下之乐而乐"的家国情怀，谭嗣同也曾在《狱中题壁》中表达"我自横刀向天笑，去留肝胆两昆仑"的豪情气魄。实现人生大理想要从自身做起和当下做起，所以孟子说"穷则独善其身，达则兼善天下"，注重个人修为，才能追求更高的人生目标，求取张载在《横渠四句》所描绘的"为天地立心，为生民立命，为往圣继绝学，为万世开太平"。《礼记·大学》有云："古之欲明明德于天下者，先治其国；欲治其国者，先齐其家；欲齐其家者，先修其身。""修身齐家"才能"治国平天下"。在个人、家庭、国家的关系中，中华优秀传统文化拥有广阔的胸怀，不仅强调个人修身，还与爱国主义、天下意识紧密联系在一起，彰显出中华优秀传统文化在育人目标上的价值取向。

中华优秀传统文化具有育人功能，其与"大思政课"在育人目标上趋同，具有一致性，都肩负着立德树人的重要使命，都鲜明地指向培养堪当历史重任、艰苦奋斗、胸怀天下的民族栋梁之材，只是社会背景不同，具体表达也有所不同，在中华优秀传统文化中表达为"君子""圣贤"，在现阶段的思想政治教育中表达为"全面发展的接班人""担当民族复兴大任的时代新人"。

（四）教育模式的互补互融

思政课的教育方法主要有理论教育法、比较教育法、典型教育法、自我教育法、实践教育法等，这些方法强调以理服人，追求受教育者个体的自觉领悟和内心的认同。如典型教育法，是把正面或反面的典型事例作为示范，提高受教育者的思想认识；自我教育法是指受教育者主动提高思想认识和道德水平，对错误的思想和行为进行自觉校正，主动开展自我认识、自我监督和自我评价；实践教育法是通过社会实践对人进行教育，不断提高思想觉悟水平和认识能力，以达到教育目标。再如理论教育法，是通过基本原理、思想观念的传授，对受教育者进行马克思主义理论系统的宣传教育，通过理论研讨、学习培训等对受教育者进行说理教育，用真正的道理让受教育者信服，但在模式上难免有说教灌输的弊端，影响教育效果。

中华优秀传统文化在教育方法上强调"以文化人"，意在唤起自身内在的觉醒，以理服人，所以中华优秀传统文化中有"修身养性""言传身教""一日三省吾身""知行合一"等言辞。中华优秀传统文化重视师长、家长对学生及家庭晚辈的示范作用，强调身教的重要性。如近代民族英雄左宗棠十分看重家长、兄长的榜样作用，在家书中常嘱托长子做好弟妹之榜样，担负"家督"之责任。《颜氏家训》有言："自上而行于下者也，自先而施于后者也。是以父不慈则子不孝，兄不友则弟不恭，夫不义则妇不顺矣。"认为家庭教育是由上而下推行，前人影响后人，父母、兄长等起着表率作用。中华优秀传统文化重视社会上贤人的教育感召力。孔子在《论语·里仁》中讲道："见贤思齐焉，见不贤而内自省也。"强调以他人的优点为镜，提醒自己学习进步，以他人的过失为鉴，避免自己犯同样错误，这是中华优秀传统文化中提升个人道德修养的重要方法。中华优秀传统文化还包括"慎独""自省"等修身方法，靠自身的内驱力和定力，通过自我审视、自我评定、自我约束达到提高修养和自我完善的目的，强调修身的自觉性，实现真正的内化于心。中华优秀传统文化也讲求"知行合一"，不仅内心认识到事物的道理，还要在行动上践行，让思想意念、道德意识转化为实际行动，把"知"和"行"统一起来，才能达到"善"，内心与行动不能截然分开。

由此可见，中华优秀传统文化中提倡的某些教育方法与"大思政课"的教育方法有融通之处，如"见贤思齐""言传身教"与典型教育法、"慎独""自省"与自我教育法、"知行合一"与实践教育法等，在一定程度上存在相似和融通的地方。此外，中华优秀传统文化讲求"以文化人"，用真挚的情感让对方产生共鸣、心悦诚服，除了与理论教育法有相似之处外，也是对理论灌输、生硬说教的合理补充。

二、中华优秀传统文化融入高职院校"大思政课"的原则

中华优秀传统文化与"大思政课"具有同向同行的初心使命和价值目标，前者可为后者的"大格局"和"大理念"提供优质的资源和素材，后者亦可为前者的传承发展提供适宜的平台与方法。中华优秀传统文化走进高职校园，可以搭乘"大思政课"的"大平台"和"快车道"，推进中华优秀传统文化与"大思政课"的融合实践，落实具体的实践路径和保障措施，理应遵循一定的原则。

（一）中华优秀传统文化在教育领域的传承发展原则

首先是坚持马克思主义的正确指导方向。习近平总书记曾强调坚持马克思主义指导思想的重要意义，他指出："要坚持马克思主义的方法，坚持古为今用、推陈出新，有鉴别地加以对待，有扬弃地予以继承。既不能片面地讲厚古薄今，也不能片面地讲厚今薄古，而是要本着科学的态度，继承和弘扬中华优秀传统文化，努力用中华民族创造的一切精神财富来以文化人、以文育人。"① 中华优秀传统文化融入高职院校"大思政课"，必须坚持马克思主义指导思想，正确把握中华优秀传统

---

① 推动社会主义文化繁荣兴盛 [N]. 人民日报，2019-08-06（06）.

文化与"大思政课"的内在逻辑关系，正确理解中华优秀传统文化在现阶段"大思政课"建设中的应有地位。此外，也要正视中华优秀传统文化的支援性资源作用，不能本末倒置。

其次是坚持新时代弘扬中华优秀传统文化的指导方针。2014年2月24日，习近平总书记在主持十八届中央政治局第十三次集体学习时，明确指出了新形势下中国共产党对待传统文化的基本态度和指导方针："弘扬中华优秀传统文化，要处理好继承和创造性发展的关系，重点做好创造性转化和创新性发展。"①其中，创造性转化，就是要按照时代特点和要求，对那些至今仍有借鉴价值的内涵和陈旧的表现形式加以改造，赋予其新的时代内涵和现代表达形式，激活其生命力；创新性发展，就是要按照时代的新进步新发展，对中华优秀传统文化的内涵加以补充、拓展、完善，增强其影响力和感召力。中华优秀传统文化融入高职院校"大思政课"必须坚持此项指导方针，在具体的教育实践中，不仅要关注中华优秀传统文化的传承，更要关注其发展创新以及时代价值的有效发挥。

再次是遵循党的教育方针，符合学生认知规律和有效教学原则。我国现阶段的教育方针是："教育必须为社会主义现代化建设服务、为人民服务，必须与生产劳动和社会实践相结合，培养德智体美劳全面发展的社会主义建设者和接班人。"②中华优秀传统文化融入高职院校"大思政课"必须遵循党的教育方针，融合实践理应契合"为社会主义现代化建设服务、为人民服务"的教育宗旨，契合与生产劳动和社会实践相结合的实现模式，契合培养德智体美劳全面发展的社会主义建设者和接班人的教育目标，这里也涵盖满足立德树人根本任务的需要。此外，融合实践理应符合高职阶段学生的认知规律，以学生为本，贴近学生的生活实际和思想实际，善于调动学生的积极性和主动性，理应顺应高职院校的人才培养计划，符合有效教学原则，适度融合、有机融合、自然和谐，杜绝生搬硬套、盲目复制、本末倒置。

最后是符合"三全育人"的综合改革要求。"三全育人"即全员育人、全程育人、全方位育人，综合改革的总体目标是以习近平新时代中国特色社会主义思想为指导，坚持和加强党对高校的全面领导，紧紧围绕立德树人根本任务，充分发挥中国特色社会主义教育的育人优势，以理想信念教育为核心，以社会主义核心价值观为引领，以全面提高人才培养能力为关键，切实提高工作亲和力和针对性，强化基

①推动社会主义文化繁荣兴盛 [N]. 人民日报，2019-08-06（06）.
②培养德智体美劳全面发展的社会主义建设者和接班人 [N]. 人民日报，2024-09-01（01）.

础、突出重点、建立规范、落实责任，一体化构建内容完善、标准健全、运行科学、保障有力、成效显著的高校思想政治工作体系，使思想政治工作体系贯通学科体系、教学体系、教材体系、管理体系，形成全员全过程全方位育人格局。中华优秀传统文化融入"大思政课"，是落实立德树人根本任务的有效途径，理应重视把立德树人根本任务融入思想道德教育、文化知识教育、社会实践教育各环节，把思想政治工作贯穿教育教学全过程，把思想价值引领贯穿教育教学全过程和各环节。

（二）中华优秀传统文化与"大思政课"的融合实践原则

首先是坚持继承与发展相统一，这是侧重于态度方法而言。继承的前提是分清精华与糟粕，发展的方法是实现转化和创新，在中华优秀传统文化融入"大思政课"的实践过程中，既要继承中华优秀传统文化，使用其精华丰富发展马克思主义理论、丰富发展社会主义文化，又要以马克思主义的科学方法，结合时代发展需要，对中华优秀传统文化进行创造性转化和创新性发展，赋予其新的生命活力和时代价值。

其次是坚持理论与实践相统一，这是侧重于融合模式而言。理论是实践的先导，实践是理论的来源，在中华优秀传统文化融入"大思政课"的实践过程中，需要实现理论与实践的辩证统一，不能仅停留在理论论证其重要性的阶段，更要落实到具体的"大思政课"建设实践和思政课改革创新实践中，不仅要实现教材体系、课程内容、教学设计等理论层面上的融合，也要实现课堂教学、线上教学、实践教学等实践层面上的融合。

再次是坚持显性与隐性相统一，这是侧重于教育特点而言。"大思政课"建设本就需要显性教育与隐性教育的有机结合和相互补充，中华优秀传统文化融入高职院校"大思政课"必须积极响应显性与隐性相统一的要求，针对高职院校的学情特点，充分把握高职学生的心理特征与行为习惯，不仅要在以传统课堂为主的显性教育和以环境文化、网络空间等为代表的隐性教育中实现融合，更要实现在显性教育与隐性教育的结合补充中实现融合，进而选择最合适的教育方法，发挥出中华优秀传统文化对于思想政治教育的价值作用。

最后是坚持民族与世界相统一，这是侧重于教育影响力而言。"民族维度"与"世界维度"的结合体现于"大思政课"的"大格局"，也是新时代传承发展中华优秀传统文化的新要求。中华优秀传统文化的时代价值，既要符合现代社会发展实际，也要顺应世界文明发展大势。中华优秀传统文化融入"大思政课"，彰显民族特质，坚定文化自信，有益于社会主义文化建设，有益于全面建设现代化国家的新征程，有益于实现中华民族伟大复兴中国梦。此外，在教育的国际化进程中，讲好中国故事、传播中国价值、弘扬中国精神，向世界传播中华优秀传统文化，既能提升中华文化的国际吸引力和影响力，也可以促进中华文化融入世界文化体系，为世界贡献丰富优质的中国智慧，彰显中华优秀文化的全球关怀和世界价值。

中华优秀传统文化融入高职院校"大思政课"，是在教育领域对于"两个结合"重大理论观点的有效落实，也是思政课改革创新和"大思政课"建设的现实需要。推进中华优秀传统文化融入高职院校"大思政课"，需要遵循中华优秀传统文化在教育领域的传承发展原则，也要遵循"四个相统一"的实践原则。此外，理应结合自身实际，在传统课堂、新兴渠道、校内活动、校外实践、实习实训、校园文化等方面探索实践模式，还需要学校高度重视，强化顶层设计，党政联动全面保障，三全育人协同推进，师资建设强效重保，信息技术强力引领，各方资源全力支撑，动态考核闭环优化，切实提升实践效果，创建较为完善的教育体系，培育文化自觉和文化自信，培养一批德才兼备的"心怀国之大者"，坚定不移地投身于社会主义现代化强国建设，共同实现中华民族伟大复兴的中国梦。

教学创新

JIAOXUE CHUANGXIN

党史教育融入高职院校思政课实践教学路径探析

——以广州科技贸易职业学院为例①

余青云②

（广州科技贸易职业学院，马克思主义学院）

【摘要】融党史教育于高职院校思政课教学，不仅是加强高职院校学生党史教育的应然之举，更是新时代背景下高职院校办好思想政治理论课的内在要求和改革创新思政课的应有之义。本文深入分析了融党史教育于高职院校思政课教学的现实意义，以及高职院校尤其是广东高职院校在开展党史教育融入思政课面临的困境，最后提出以实践教学活动推动党史教育融入高职院校思政课教学的解决路径，把党史中蕴含的丰富的思政课教育资源转化为育人效能，进而有效推动高职院校思政课教学及党史教育取得实效。

【关键词】党史教育；思政课；实践教学

我国高校人才培养必须始终围绕立德树人的根本目标，将青年学生培养成为能够担当民族复兴大任的时代新人，而思想政治理论课是高校落实立德树人极为重要的抓手和关键的着力点，如何更好地发挥高校思想政治理论课的育人实效，是新时代背景下高校思政课的重要任务。党的十八大以来，习近平总书记多次强调党史学习的重要性，"党的历史是最生动的教科书"③，党史中蕴含着丰富的思想政治理论课教学资源，对于帮助青年大学生汲取丰富的营养和精神力量具有重要意义。以党史学习为契机，融党史教育于高职院校思政课教学，不仅是加强高校大学生党史

---

① 课题项目：本文系 2023 年度广州科技贸易职业学院校级科研项目"高职院校党史教育常态化长效化实践路径研究"的阶段性成果（2023ZX01）。

② 作者简介：余青云，女，广州科技贸易职业学院，助教，主要从事思想政治教育研究。

③ 习近平. 在党史学习教育动员大会上的讲话 [J]. 求是，2021（7）.

教育的应然之举，更是新时代背景下高校办好思想政治理论课的内在要求和改革创新思想政治理论课的应有之义。

一、党史教育融入高职院校思政课的现实意义

（一）贯彻落实党中央党史学习教育要求的应然之举

自 1921 年成立以来，中国共产党在百年伟大历程中形成了过硬的政治品格，铸就了深厚而庞大的精神谱系，积蓄了宝贵和丰富的历史经验，不仅是马克思主义在中国化过程中众多重大创新理论成果形成与发展的实践之基，更是我党取得辉煌成就的精神之源。因此，总结好、学习好我们党的成功经验，发扬好、承继好我们党的优良精神，具有重大的现实意义。

习近平总书记在 2021 年 2 月的党史学习教育动员大会上的讲话强调："要抓好青少年学习教育，着力讲好党的故事、革命的故事、英雄的故事，厚植爱党、爱国、爱社会主义的情感，让红色基因、革命薪火代代传承"①。将党史教育有机融入高职院校思政课教学，不失为当前高职院校贯彻落实习近平总书记关于深入开展党史学习教育总要求的一种长效途径选择。

党史教育与思政课的有机融合，不仅能够加深高职院校学生对中国共产党的百年历史发展脉络的厘清和把握，而且能够让理论基础相对薄弱的高职院校学生对中国共产党在百年间取得的辉煌成就及马克思主义在中国化进程中取得的一系列重大创新理论成果有更加透彻的理解和学习，进而对中国共产党有更深的体会、感悟和认同。

（二）丰富和发展高职院校思政课教学的理论需要

思想政治理论课是高校落实立德树人极为重要的抓手和关键的着力点，但此前高职院校思想政治理论课教学普遍存在着课堂上学生学习兴趣不浓、积极性不高、主动性欠缺、教学效果不佳等现状。究其主要原因，高职院校思政课教材《思想道德与法治》与《毛泽东思想和中国特色社会主义理论体系概论》主要侧重于概念的解释和重大理论内容及历史地位的阐述，缺乏足够史料支撑的理论形成的历史背景、具体过程和历史细节。总之，抽象性、理论性强，具体性弱，对于理论知识相对薄弱的高职院校学生来说，势必加大了高职学生学懂学通的难度。

---

① 习近平 . 在党史学习教育动员大会上的讲话 [J]. 求是，2021（7）.

"党的历史是最生动、最有说服力的教科书"①，百年党史波澜壮阔，无数著名的历史人物、重大党史事件无不为枯涩的思想政治理论课提供了最鲜活、最生动的思政课教学素材。将党史知识有机融入高职院校思政课教学之中，不仅可以让学生对党在百年奋斗历程中取得的光辉成就有更加深入透彻的了解，而且可以通过红色党史故事、党的英雄人物事迹、革命的故事等详尽讲解，把抽象的理论转化为有史料支撑的、有理有据、有血有肉、有温度、有情怀的生动鲜活的思想政治理论课，进而增强学生的学习兴趣和主动性、积极性，提升思政课的教学实效。

（三）树立正确党史观，抵御历史虚无主义的现实需要

近年来，在网络上出现了一些歪曲事实，诋毁党的领袖、丑化英雄人物、否定民族精神等恶劣现象，历史虚无主义泛滥给青年学生群体带来严重负面影响。一些历来为中国人民所熟知敬爱的先烈英雄，在网络上遭到恶意抹黑，而"新生代"大学生成长于互联网迅速发展的时代，习惯于从网络上获取信息，社会阅历尚浅且对各种思潮缺乏准确辨析能力，容易受历史虚无主义的迷惑。因此，我们要将党史教育融入高职院校思政课，帮助学生学会辨析网络上的历史虚无主义思潮，引导其树立正确的党史观。

党的历史是最好的教科书，也是最好的营养剂和清醒剂。重温党的百年历史不仅能够受到党的初心使命、理想信念、价值追求、精神品质的生动教育，增强青年学生对中国共产党及红色文化精神的认同，而且有助于引领广大青年学生立大志、明大德、成大才、担大任，争当一名以实现中华民族伟大复兴为己任的时代新人。

二、党史教育融入高职院校思政课面临的主要困境

（一）高职院校思政课程开设有差别

目前，国家规定的高职院校思想政治理论课主要包括"毛泽东思想和中国特色社会主义理论体系概论""思想道德与法治"等课程，尚未将"中国近现代史纲要"或"中国共产党党史"课程纳入既有课程设置，而党的历史是现今思想政治理论课开展的基础和底色，是中国共产党众多重大理论得以形成与发展的实践基础和深厚土壤，缺乏党史教育为基础的思想政治理论课教学也就必将因缺乏史料支撑而导致解释力和说服力不足，进而沦为空洞的理论说教，难以激发学生的学习兴趣和

---

① 习近平. 在党史学习教育动员大会上的讲话 [J]. 求是，2021（7）.

积极性、主动性。

由于高职院校并未开设"中国近现代史纲要"或"中国共产党党史"课程，由此使得部分高职学生对中国近现代史相关知识欠缺，进而对学习理解"概论"课造成一定的困难。"概论"课主要讲授中国共产党的理论创新发展史，也就是马克思主义中国化的三个重大理论成果，抽象性、理论性强，忽视通过具体史料、历史背景支撑，厘清党的重大创新理论成果形成与马克思主义中国化的历史进程之间的密切关系，导致学生在思政课理论学习中因中国近现代史知识或党史知识匮乏而产生一知半解、似懂非懂、囫囵吞枣的现象，进而影响学生对"概论课"理论精髓的把握。

"思想道德与法治"课侧重对正确人生观、世界观、价值观理论内容的相关阐述，如果缺乏党史教育的融入，缺乏从无数革命先烈、英雄人物身上所展现出来的那些坚定的理想与信念、不变的初心与使命、巨大的力量和勇气，如果缺乏这些宝贵的理想信念、价值追求、精神品质的滋养，那该如何对当代大学生进行有的熏陶和思想政治教育，帮助其筑牢思想之基呢？

由此可见，加强党史教育，融党史教育于高职院校思政课教学，是当前高职院校丰富和发展思政课教学，提高思政课教学实效的迫切的现实需要。

（二）高职院校学生学情有差异

总体来说，现阶段广东高职院校学生理工科学生偏多、自学能力不高、思政理论基础相对薄弱。近年来，广东高职院校在开展专业培养方面开始逐步推行校企合作、顶岗实习等实践性教学环节，通过对标行业、对标岗位，提高学生专业动手能力和岗位从业能力。从教学实效来看，理论实践一体化的教学方法更适合高职学生。而思想政治理论课理论性、抽象性强具体性弱，传统教学方法主要采用理论灌输为主，经过多年教学实践验证，学生实际接受效果较差。

（三）思政课教学与党史教育轻重倒置

党史教育与思政课教学之间存在着相融共通的关系，两者除了在教育内容上相统一、相印证、相支撑，在教学目标上也是共通、共塑、共促；但思政课日常教学实践中，如果掌握不好两者之间的主次关系，不免会出现"跑偏"现象。

这种现象主要表现在：一是党史教育与思政课教学缺乏有效融合，存在两张皮的现象。即在思想政治理论课教学中所选取的相关党史素材缺乏针对性和典型性，没能彰显党史教育深化思政课理论学习的目的和初衷，没有在二者之间架起一座相印证、相支撑的桥梁。二是把思想政治理论课上成了党史课，整堂思政课都围绕着相关的党史事件、历史人物和事迹来进行展开，忽视思政课程理论学习的重点，偏离了思政课教学目标及要求。

因此，分清党史教育和思想政治理论课教学的主次位置，实现二者的有机深度融合，是当前思政课教学需要注意的客观现实问题。

三、党史教育融入高职院校思政课的实践教学路径

党史教育融入高职院校思政课教学，既是高职院校学生课程设置和学情所需，又是增强思政课教学实效的现实之举。开展形式多样、内容丰富的实践教学活动辅助思政课课堂理论教学，不仅有助于提高学生学习兴趣、提升学习效果，而且有利于加深高职学生对中国共产党的认同。

（一）课堂实践教学

习近平总书记曾指出，"办好思想政治理论课关键在教师，关键在发挥教师的积极性、主动性、创造性"[①]，思政课教师是高职院校思政课教学的主导者，是影响融党史教育于思政课教学实效的关键性因素。因此，在思政课教学中，思政课教师首先要找准教材内容切入点融入党史教育，组织学生开展与课堂教学内容相契合的课堂实践教学活动。

以"思想道德与法治"课为例，在第一章"树立正确的人生目的"这一小节教学中，可以组织学生课前收集资料，课上分组讲述中共一大十三位代表由于各自不同的人生目的，最终走上不同的人生道路，进而让高职学生理解人生目的在人生道路中的重要性。在第二章"理想信念的重要性"这一小节的教学中，可以通过竞赛的方式，比一比哪一小组讲述的红色典型故事更丰富，不仅能提升学生的课堂参与度，调动学生的积极性，而且能够让学生领会到坚定理想信念是克服前进道路上无数艰难险阻最终取得成功的保证。

以"概论"课程为例，前四章均为毛泽东思想的相关教学内容，可以开展毛泽东诗词与重大历史事件相关联的课堂实践教学活动，课前组织学生收集毛泽东诗词，并要求学生梳理其相对应涉及的中国新民主主义革命时期以及社会主义建设时期的重大历史事件，并制作与教学内容相结合的 PPT 课件，以便学生在课堂上展

---

① 习近平. 思政课是落实立德树人根本任务的关键课程 [J]. 求是，2020（17）：4-16.

示，进而加深学生对党史知识和课堂相关教学内容的学习。

除此之外，学校大力支持建立了党史 VR 体验馆等，通过信息技术，全国著名的红色教育资源都可以在党史 VR 体验馆内虚拟呈现，营造体验式、沉浸式和互动式的学习环境，使学生在身临其境的过程中接受党史教育和思想政治教育洗礼。

（二）课外实践教学

课外，思政课教师可以联合学生社团、团委、学工部等组织开展丰富多彩的课外实践活动。例如广州科技贸易职业学院思政教师依托学生社团——星火学社开展思政课实践教学活动，通过举办"传承岭南红色文化，弘扬爱国主义精神"活动，指导学生挖掘岭南红色人物、革命烈士、英雄人物，整理印刷成岭南红色人物故事图片展（海报），同时选拔评选出优秀学生担任"红色故事传承人"对图片展进行解说，让学校师生在红色故事和生动的党史中受到了深刻的思政教育洗礼。

开展"读书分享会""电影中的法治精神分享会""模拟法庭"等活动，使同学们更好地把思政课堂中所学知识应用于实践。以"抗疫"为主题，"共战疫，书传情"家书诵读推广；以宣扬"院士精神"为主题的"院士精神"微视频解说大赛、"传承院士精神，厚植国家情怀"主题征文大赛；以"学党史"为主题：与广州市辛亥革命纪念馆联合举办线上线下"走读辛亥革命史"活动、"学习百年党史，争做有为青年"自媒体党史学习素材推广大赛、"党心民情"送党史理论下乡活动，等等。结合校园文化活动举办红歌比赛、红色文艺汇演、红色经典诵读、党史知识竞赛等活动。活动均以青年学生聚焦的内容为切入点，采取学生乐于接受的方式进行思想上的引导，在学生中宣传马克思主义理论中国化的最新成果，巩固学校思想政治教育成果，增强青年学生对核心价值观的情感认同，增强其学习的内在动力，学生反响良好。多项活动得到人民网、广州日报、羊城晚报、南方网等多家媒体的宣传报道，思政教育收效显著。

除了上述丰富多彩的课外实践活动，广州科技贸易职业学院思政教师还深入挖掘本土红色教育资源，充分利用各类博物馆、红色教育基地、红色纪念馆等多种教育资源，提高课外实践教学活动的针对性和实效性。例如，2022 年，学校与江门市博物馆开展校馆协同育人实践："坚定党的领导　凝聚中国力量　团结一起向未来——以'侨'为'桥'的校馆协同育人侨乡文化展"，融通思政课程与课程思政，开展思政课教师与会展专业课教师合作引导学生参与实践教学尝试，利用高校育人平台，激活侨乡博物馆文物资源，以侨乡文化专题报告会、侨乡文化展等形式开展"概论"课实践教学，以期帮助学生更好地感悟五邑华侨的爱国爱乡精神等传统美德，理解侨乡历史文化对凝聚港澳台同胞和海外华侨华人力量的重大意义。展现侨乡文化的时代价值，以团结、凝聚港澳台同胞和海外华侨华人力量，共同致力于中华民族伟大复兴的美好未来。

2023年，学校马克思主义学院携手韶山毛泽东同志纪念馆举办了"毛泽东家风——纪念毛泽东同志诞辰130周年专题展览"，举办此次展览既是学校对毛主席的深切缅怀和纪念，也是学校加强党员干部作风建设、推动优秀传统文化浸润校园、完善大思政育人格局、全面推进"大思政课"建设的重要实践。为期两个月的"毛泽东家风展"深度融入学校的思政教学及党建工作，并组织开展打卡"家风地标"、征集"家风故事"等现场教学活动，寓教于展，多维度感悟老一辈革命家在家风家教建设上不失原则却又充满温情的多个瞬间，此次展览不仅可以让师生更加直观地感受毛泽东同志的人格魅力、优秀作风与治家之道，更能激励广大师生传承优秀家风，赓续红色血脉，凝心聚力为实现中华民族伟大复兴贡献科贸力量。

（三）通过开展课程思政，强化思政育人和党史学习效果

加强思政教育与专业课的融合，在所有课程全面推进课程思政，将思政元素贯彻到课程标准制定、课程设计、课程评价等课程建设各方面，围绕以爱国、爱党、爱社会主义为主线，坚定学生理想信念，突出职业理想和职业道德教育、"工匠精神"培养，结合专业特点和课程性质，找准育人角度，系统整理和分析每门课程的思政元素和思政教育融入点，有针对性做好课程标准制定和课程设计工作。

以广州科技贸易职业学院为例，在城市轨道交通专业类学生专业课学习过程中，通过梳理改革开放以来我国城市轨道交通技术的发展以及重大装备的国产化成果，与中国共产党领导下的社会主义制度优越性结合起来开展教学。让学生提升专业素养的同时融入红色精神。在学生专业实践训练过程中，让"安全重于泰山""工匠精神""爱国、爱党、敬业"等精神贯穿整个环节。专业与思政的深度融合，进一步强化了思政教育和党史教育，让学生深刻领悟发展好中国关键在于党的领导。

四、结语

中国共产党波澜壮阔的百年党史，蕴含着丰富的思政教育资源，具有深刻的历史教育价值，是高职院校开展思想政治教育的优质资源，对青年大学生的成长成

才具有深远意义。在我国经济快速发展、国际地位迅猛提升的当下，西方敌对势力加大了对我国意识形态领域的渗透和冲击，思政教育与党史教育深度融入已成为刻不容缓的育人使命和时代教育课题。因此，高职院校要积极响应党中央的号召，融党史教育于思政课教学之中，把党史中所蕴含的磅礴力量转化为育人效能，帮助新时代青年大学生在党史和思政教育的结合中，坚定理想信念、践行初心使命，真正成长为以实现中华民族伟大复兴为己任的时代新人。

融合学生职业核心素养培育的高职思政理论课教学可行性分析

——以学前教育专业学生为例①

张敏华②

（上海行健职业学院，马克思主义学院）

【摘要】传统观点认为，学生职业核心素养的培育与专业课联系紧密，而与公共基础课关系不大，但仔细分析研究可以发现，融合学生职业核心素养培育的高职思政理论课教学具有可行性。这既是高职思政理论课因材施教，提升教学针对性和实效性的重要突破口，也是高职思政理论课走深走实，实现高质量发展的关键一招。以学前教育专业学生为例，宏观上，思政理论课教学内容的整体性、广博性，能够给高职学生提供宽广而清晰的视野、科学的方法，使学前教育专业学生对自身职业要求和职业发展有宏观的理解。微观上，思政理论课与高职学前教育专业学生职业核心素养在职业理念、师德师风、专业能力三个维度的多个要点上有契合之处。但需要注意的是，融合学生职业核心素养培育的高职思政理论课教学依然要坚持育人主渠道作用，发挥马克思主义理论的学科支撑优势，在本课程内容教学中去增强高职思政理论课教学的针对性和实效性，避免高职思想理论课教学变形、走样，这是融合学生职业核心素养培育的高职思政理论课教学可行性的重要保障。

【关键词】思政理论课；职业核心素养；学前教育；可行性

因材施教是教育的重要原则和理念，也是教育科学研究的永恒主题。新时代的思政理论课教学要取得实效，那就必然要针对具体的教学对象，注重因材施教，

---

①课题项目：2023 年全国职业教育师资培养培训重点建设基地（上海商学院）课题"指向学前教育专业学生职业核心素养培育的高职思政理论课教学研究"（编号：GP2023K-20）。

②作者简介：张敏华（1981—　　），女，上海行健职业学院马克思主义学院思政理论课教师，讲师，主要研究方向为思想政治理论教育。

这是推动新时代思政理论课教学改革创新,推动高质量发展的关键一招。就高职思政理论课而言,它面对的教学对象是高职学生,他们理论基础相对薄弱,更关注自己的职业发展和职业技能提升,对思政理论课缺乏兴趣和学习的动力。如果能够在实现思政理论课"统一性"的教学目标和任务的基础上,又结合高职院校各专业学生职业特点和人才培养目标,因地制宜、因材施教,那就能够提升高职学生的学习兴趣和学习主动性,这是增强高职思政理论课教学针对性和实效性的必然要求。而要实现这种因材施教,融合学生职业核心素养培育的高职思政理论课教学就是重要的突破口。

"核心素养"一词在 1997 年国际经合组织(OECD)和欧盟理事会的研究报告中首次提出。2014 年 3 月,我国教育部印发的《关于全面深化课程改革落实立德树人根本任务的意见》,则从国家层面正式提出核心素养概念,即"学生应具备的适应终身发展和社会发展需要的必备品格和关键能力"①。职业核心素养隶属于学生发展核心素养的范畴,在学生发展核心素养基本要点的基础上,应该还要凸显"直接与职业环境和岗位能力相对接,关涉个体的社会适应性、岗位竞争力和职业发展性等"②。

由于高职院校重视对学生的职业技能教育,高职学生也更重视自己的职业能力提升,所以高职教育总体上重视学生职业核心素养的培育,在高职人才培养目标和计划中都把学生职业核心素养的培育作为重点。但传统观点认为,学生职业核心素养的培育与专业课联系紧密,而与公共基础课关系不大。所以,从目前的研究来看,融合学生职业核心素养提升的课程建设研究大多集中在专业课程上,有少数研究结合了语文和英语的课程建设,而融合学生职业核心素养培育的高职思政理论课教学研究很难见到。那能否架起高职思政理论课与学生职业核心素养培育之间的桥梁呢?融合学生职业核心素养培育的高职思政理论课教学是否可行呢?笔者将以学前教育专业学生为例,进行详细的可行性研究分析,期待为深入研究融合学前教育专业学生职业核心素养培育的高职思政理论课教学方式方法奠定基础,也为融合其他专业学生职业核心素养培育,进行类似的思政理论课教学探索、建设和改革提供

①教育部关于全面深化课程改革落实立德树人根本任务的意见.教基二〔2014〕4 号:2014-03-30.

②张志军,郭莹.高职学生职业核心素养培育路径探究[J].中国职业技术教育,2017(4):52-56,65.

一些启示。

一、"思政＋专业"：提升高职思政理论课教学的针对性和实效性

融合学生职业核心素养培育的高职思政理论课教学之所以可行，首先体现在新时代思政理论课的课程建设和改革要求上。新时代的高职思政理论课要提升教学的针对性和实效性，需要融合高职学生的职业核心素养培育。

思政理论课是大学生必修的公共课，是落实立德树人根本任务的关键课程，它具有思想性、政治性、理论性，致力于培养学生的思想道德素质、法治素养，引导学生认识把握国情和国际国内形势政策，学习马克思主义中国化的理论成果，学会运用马克思主义的立场、观点、方法分析、思考、解决问题，进而使学生能够坚定"四个自信"，积极投身中国特色社会主义事业的建设和发展中去。当然，马克思主义从来就不是僵死的教条，思政理论课教学也应该随着时代的发展而不断创新发展。对于如何做好新时代的高校思想政治工作，习近平总书记在 2016 年的全国高校思想政治工作会议上强调指出："要因事而化、因时而进、因势而新。要遵循思想政治工作规律，遵循教书育人规律，遵循学生成长规律，不断提高工作能力和水平。要用好课堂教学这个主渠道，思想政治理论课要坚持在改进中加强，提升思想政治教育亲和力和针对性，满足学生成长发展需求和期待。"[①] 而在 2019 年学校思想政治理论课教师座谈会上的讲话中，习近平总书记更是就推动思政理论课改革创新，增强思政理论课思想性、理论性、亲和力、针对性的问题，提出了"八个统一"的要求。由此可见，新时代思政理论课教学必须致力于提升教学的针对性和实效性，必须结合学生实际，立足学生的成长成才。高职思政理论课面对高职学生群体，在教学改革和建设中，也要注重"统一性和多样性的统一"，既要实现本课程"统一性"的教学目标和任务，又必须结合高职院校实际，结合各专业学生特点和人才培养目标，因地制宜、因材施教。"思政＋专业"，简言之，就是在思政理论课教学中结合学生的专业来进行教学，使抽象的理论具体可感，从而实现"知、信、行"的统一，使思想政治理论内容真正成为学生实践的价值指引，这也是现在思政理论课分众式教学的重要体现。高职思政理论课教学尤其需要研究针对各专业学生行之有效的课程教学模式和教学方法，并在凸显思想性、政治性、理论性的同时，

---

①习近平.把思想政治工作贯穿教育教学全过程 开创我国高等教育事业发展新局面 [N].人民日报，2016-12-09.

结合学生职业特点和要求，凸显专业性和实践性。努力培养学生运用所学理论理性思考、分析、解决问题的能力，使学生在把握国家大政方针和社会发展趋势的基础上，能够具备社会和职业发展所需的基本素养，既能成为国家和社会发展所需的职业人才，又能在国家和社会发展的平台上实现自身的职业发展。

二、融合学生职业核心素养培育：推动高职思政理论课教学走深走实

融合学生职业核心素养培育的高职思政理论课教学之所以可行，还体现在思政理论课教学和学生职业核心素养培育在育人目标上的相通性，两者都致力于学生的成长成才。融合学生职业核心素养培育，根据高职学生不同专业特点，探索高职思政理论课教学因材施教的方式方法，这是推动高职思政理论课教学走深走实，提升高职学生学习获得感，有助其成长成才的重要一招。

从人的教育的视角来看，学生职业核心素养的培育关涉学生的社会适应性、岗位竞争力和职业发展性，需要致力于学生职业上的全面、协调、可持续和高质量的发展。而"思想政治工作从根本上说是做人的工作，必须围绕学生、关照学生、服务学生，不断提高学生思想水平、政治觉悟、道德品质、文化素养，让学生成为德才兼备、全面发展的人才"[①]。可见，两者都要抓住人这个主体展开工作。马克思主义强调人是现实的、具体的人，都是处在一定的社会关系中从事社会实践活动的人。新时代的思政理论课教学要取得实效，那就必然要针对具体的教学对象，注重因材施教。而面对高职学生群体，高职思政理论课教学要真正调动起学生学习的积极性、主动性，进而让思政理论课更好地在高职学生中"入脑""入心""入行"，就需要关照他们的职业核心素养培育。新时代的高职思政理论课教学要向高质量发展，就需要聚焦高职学生职业核心素养的提升和职业发展要求，有针对性地进行思政理论课教学，这样才能使思想政治理论深入人心，落到实处、达到实效，产生事半功倍的效果。

从两者育人的内涵上看，思政理论课教学的很多内容与高职学生职业核心素养的内容有着天然的联系。传统的观点认为，职业核心素养的培育与专业课联系紧密，而与公共基础课关系不大。但事实上，高职教育毕竟有别于简单的技能培训，

①习近平.把思想政治工作贯穿教育教学全过程　开创我国高等教育事业发展新局面[N].人民日报，2016-12-09.

不能简单地从工具主义的角度去培养人，而是依然要发挥高职教育体系的整体效能，发挥公共基础课对学生职业核心素养的培育作用。思政理论课作为高职教育中重要的公共基础课，是立德树人的关键课程，是对大学生进行思想政治教育的主渠道，关系着高职学生的成长成才，本身就与学生的职业核心素养培育有着天然的联系。思政理论课在高职学生职业道德、法纪意识、人与社会关系处理、理性思维的培养等方面都能起到重要的作用，有助于高职学生将来更好地适应职业环境和岗位要求，获得更进一步的职业发展。

三、高职思政理论课教学与学前教育专业学生职业核心素养培育

新时代高职思政理论课的课程建设和改革要求，思政理论课教学和学生职业核心素养培育育人目标上的相通性，都使得融合学生职业核心素养培育的高职思政理论课教学具有可行性。那具体到学生专业上看，思政理论课教学与高职学生的职业核心素养培育是否有更具体的契合之处呢？下面就以高职学前教育专业学生为例，来具体分析一下高职思政理论课教学与学前教育专业学生职业核心素养培育之间的契合之处。

就宏观而言，思政理论课教学内容的整体性、广博性，能够给高职学生提供宽广而清晰的视野、科学的方法，能够使学生立足于国家社会发展的大背景下，进行职业的规划和职业核心素养的培育，更有助于高职学生真正成长成才。百年大计，教育为本，教育兴则国兴，教育强则国强。建设教育强国是中华民族伟大复兴的基础工程，而教师队伍建设在新时代教育高质量发展中具有基础性作用，这就需要培养造就一支党和人民满意的教师队伍。学前教育专业学生作为未来的幼儿教师，他们的职业核心素养实际上也就是成长为合格、专业的幼儿教师的职业核心素养。作为我国社会主义教育的一部分，学前教育同样要明确"培养什么人、怎样培养人、为谁培养人"的问题。而且在新时代，教育高质量发展的要求，"幼有善育"的高标准，也对学前教育专业教师提出了更高的要求。学前教育专业学生的职业核心素养培育和职业规划必然要置于我国新时代教育强国背景下去思考。思政理论课本身就会在理论教学中引导学生理解把握中国特色社会主义的发展、国内国际的发展趋势和我国各领域各方面的方针政策，引导学生端正思想认识，培养理性思维、法治思维，投身社会主义现代化强国建设和实现中华民族伟大复兴的实践。面对学前教育专业的高职思政理论课教学可以在此基础上，尤其引导学生关注理解新时代

教育强国的发展、习近平关于教育和教师的一系列重要论述、回应人民对高质量教育的期待等方面内容，从而使学前教育专业的学生对自身职业要求和职业发展有宏观的认识和理解，以成为党和人民满意的教师，致力于实现"幼有善育"的目标来进行职业规划和职业核心素养培育。

就微观而言，思政理论课与高职学前教育专业学生职业核心素养在很多层面和基本要点上有契合之处。2016年9月，中国学生发展核心素养研究成果发布，将学生发展核心素养分为文化基础、自主发展、社会参与3个方面，综合表现为人文底蕴、科学精神、学会学习、健康生活、责任担当、实践创新六大素养，具体细化为理性思维、社会责任、国家认同等18个基本要点。①学前教育专业学生应具备的职业核心素养除了这些以外，还要具体凸显学前教育专业和职业发展所需的一些素质和能力。2012年，教育部颁布了《幼儿园教师专业标准（试行）》，从专业理念与师德、专业知识和专业能力三个维度，14个方面62点内容上，对合格幼儿园教师专业素质提出了基本要求，这就为学前教育专业学生职业发展提供了重要引领。2018年11月，教育部又颁布了《新时代幼儿园教师职业行为10项准则》，从坚定政治方向、自觉爱国守法、传播优秀文化、潜心培幼育人等十个方面明确了新时代幼儿园教师的从业准则。为了推动学前教育高质量发展，实现"幼有善育"，2022年，上海市教育委员会发布了关于《上海市学前教育与托育服务发展"十四五"规划》的通知，明确了倡导与践行"幼儿发展优先"理念、加强师德师风建设等建设要求；2023年，上海市又实施了《上海市学前教育与托育服务条例》，其中第五章从业人员部分，也从热爱工作、尊重、爱护和平等对待儿童，遵循儿童发展规律，潜心培幼育人，不断提高专业素养和职业技能等方面对学前教育和托育行业从业人员提出了要求，而在之后的第四十三条中，又明确了不得聘用的情形。这些实际上都对新时代幼儿教师的就业和职业发展提出了更高的要求。总体而言，除去专业知识方面的学前教育职业核心素养外，在专业理念与师德、专业能力这两个方面，思政理论课教学与高职学前教育专业学生职业核心素养培育还是有很多契合之处，可以去搭建两者之间的桥梁，具体可以体现在以下三个维度上。

首先，职业理念的维度。这里面有两大学前教育专业学生职业核心素养的内容与思政理论课教学密切联系，一是学生对学前教育职业的理解和认知；二是学生对以幼儿为本的教育理念的坚持。一方面，面对高职学前教育专业的学生，思政理

---

① 核心素养研究课题组. 中国学生发展核心素养 [J]. 中国教育学刊，2016（10）：1-3.

论课教学可以在新时代、中国梦、中国式现代化、人与社会关系、习近平关于教育的重要论述、教育民生问题等内容上，深化学前教育专业学生对新时代学前教育发展和要求的理解，使学生充分认识到学前教育职业的发展既是实现教育强国和中国式现代化的重要环节，又是致力于教育民生发展改善的重要内容，从而强化自己的使命担当。另一方面，学前教育依然是致力于人的教育，"以幼儿为本"是学前教育专业从业者的核心理念。高职思政理论课教学可以基于马克思主义及马克思主义中国化的理论成果，使学前教育专业学生深刻理解"以幼儿为本"理念的重要性。马克思主义从"现实的人"出发，认为"人的本质是一切社会关系的总和"①，致力于人的自由解放和全面发展，由此，"以人为本"成为了我国教育的立足点和重要原则。而新时代的学前教育要符合教育高质量发展的要求，要满足人民对"幼有善育"的期待，那就必然要"以幼儿为本"，致力于幼儿的健康成长和全面发展。只有真正理解了这些，学前教育专业学生才能将"以幼儿为本"的理念真正内化，使之成为自己自觉教育行为和职业发展的重要指导原则。

其次，师德师风的维度。理想信念和使命担当、道德品质、法纪安全观念是这一维度中的三大要素。要成为合格的幼儿园教师，学前教育专业的学生必须要有坚定的理想信念，认清自己的使命担当。正如习近平总书记所说："我们的教育是为人民服务、为中国特色社会主义服务、为改革开放和社会主义现代化建设服务的，党和人民需要培养的是社会主义事业建设者和接班人。好老师的理想信念应该以这一要求为基准。"②所以，学前教育专业的学生，要坚定政治方向，要坚持党的教育方针并把它贯彻到将来教育管理的全过程，履行好培幼育人的使命和职责，就更需要强化思政理论课学习，在加深对中国特色社会主义的思想认同、理论认同、情感认同中，进一步坚定自己的理想信念，努力培养社会主义事业的合格建设者和可靠接班人。学高为师、身正为范，"合格的老师首先应该是道德上的合格者，好老师首先应该是以德施教、以德立身的楷模"③。作为师范生，学前教育专业的学生同样也需要具备良好的道德品质。幼儿模仿力强，一旦幼儿园教师的言行出现偏差，就立刻会像镜子一样映照出来。在教育部颁布的《新时代幼儿园教师职业行为十项准则》中提到的关爱幼儿、公平诚信、廉洁自律等内容都是对幼儿园教师道德

①马克思恩格斯文集（第1卷）[M]. 北京：人民出版社，2009：501.
②习近平. 在同北京师范大学师生代表座谈时的讲话[N]. 人民日报，2014-09-10.
③习近平. 在同北京师范大学师生代表座谈时的讲话[N]. 人民日报，2014-09-10.

品质的要求。而高职思政理论课就有培育和践行社会主义核心价值观、社会公德、职业道德、家庭美德、个人品德、服务人民、奉献社会等社会主义思想道德建设的教学内容，可以在面对学前教育专业学生的高职思政理论课中自然融入他们的职业素养要求因材施教。当然，理念是行动的先导。能否真正关爱幼儿，服务于幼儿，致力于幼儿的身心发展，除了道德素养的提升，根本上还要使学前教育专业的学生树立起为人民服务的理念，这就需要高职思政理论课帮助学生深刻理解马克思主义的人民性，明确党和国家的人民立场。马克思曾说过："理论只要说服人，就能掌握群众，而理论只要彻底，就能说服人。"① 要帮助学生从根本上树立为人民服务的理念，还是要靠思政理论课的理论透视，这是专业课和课程思政所无法达到的效果。法纪安全观念也是学前教育专业学生必备的职业核心素养，幼儿安全教育和幼儿安全维护、幼儿良好行为习惯和纪律意识的养成都有赖于幼儿教师。有别于课程思政和教师专业法律法规教育，高职思政理论课法治素养教育和总体国家安全观教育等相关内容，可以帮助学前教育专业学生树立起系统的法纪安全意识，更有助于学前教育专业学生在职业上的可持续发展。

再次，专业能力的维度。从《幼儿园教师专业标准（试行）》来看，学前教育专业学生专业能力标准方面，除了有一些日常保教的专业技能外，还有一些专业能力是与思政理论课教学相融通的，比如沟通与合作的能力、反思与发展的能力。思政理论课能够在教学中帮助学生树立起正确的"三观"，帮助学生学会运用马克思主义的立场、观点和方法理性思考、分析、解决问题，这对于学前教育专业学生沟通和合作能力的增强、探索创新能力的提升都有根本性的意义和作用。

四、原则的把握：可行性的重要保障

融合学生职业核心素养培育的高职思政理论课教学要真正成为可能，并发挥实效，还要基于思政理论课课程特点，把握原则，避免高职思想理论课教学变形、走样，这是融合学生职业核心素养培育的高职思政理论课教学可行性的重要保障。例如，融合学前教育专业学生职业核心素养培育的高职思政理论课教学，要在思政理论课课程要求和教育教学目标达成的基础上进行相关改革和建设，不能使高职思政理论课变成学前教育专业学生的专业课，也要与课程思政相区别。尽管思政理论课和课程思政在育人目标上有一致性，但必然要把握各自的学科特性和课程定位，

---

① 马克思恩格斯文集（第 1 卷）[M]. 北京：人民出版社，2009：11.

发挥各自的优势，这样才能同向同行，协同致力于学生的成长成才。基于这样的原则，融合学生职业核心素养培育的高职思政理论课教学，应处理好一些"变"与"不变"的关系。课程定位、学科支撑、课程内容依然要明确坚持，做到"不变"，而表达方式、选取的案例、教学方式方法可以与学生专业相结合，在融合学生职业核心素养培育的思政理论课教学中，使学生更好地理解相关理论内容，最终实现知信行的统一。以学前教育专业为例，融合学前教育专业学生职业核心素养培育的高职思政理论课教学，绝不是简单地迎合学生专业去改变思政理论课的教学内容，不能以大量教育学、心理学或是幼儿发展的内容代替思政理论课的教学内容；也绝不是要求高职思政理论课教师，要去对标学前教育专业学生所有的职业核心素养来进行教学设计。

正如前文所述，高职思政理论课教师是要基于思政理论课的教学内容和目标，去寻找与高职学前教育专业学生职业核心素养培育的契合点，找到增强高职思政理论课教学针对性、实效性和亲和力的突破点。此外，高职思政理论课教师还应注意，不能因为融合学生职业核心素养培育，就削弱高职思政理论课教学的思想性和理论性。不少人认为，高职学生理论基础薄弱，理论学习兴趣和动力不足，所以，就会在高职思政理论课教学中简单地迎合学生，弱化思政理论课教学的思想性、理论性，甚至把思政理论课教学庸俗化娱乐化，这实际上是削足适履，看似课堂热闹，但思政理论课教学的实效性无法保障。思政理论课以马克思主义理论为学科支撑，事实上，只有充分发挥这一理论支撑的优势，才能使理论深入人心，才能从根本上使学生认识和认同自己职业核心素养的内容，并落实于行动。

以学前教育专业为例，学生的职业核心素养中要求"以幼儿为本"，服务于幼儿的健康、安全和全面的发展，如果高职思政理论课在面向学前教育专业学生的教学中，能够以深刻的理论透视，使学生真正认识到马克思主义的人民性，我国人民至上的价值理念和为人民服务的崇高理想，就能避免"以幼儿为本"沦为一个口号，而是在深层次上构筑起高职学前教育专业学生的这一职业核心素养，使他们真正在这一职业核心素养上达到知信行的统一，有助于其未来的职业发展。这种显性、深入的理论教育是必要的，也必然要在思政理论课教学这一育人主渠道上去实现。专业课虽然也有育人功能，但其更多的是隐性思政教育，在系统性和深入性上，还是有限的。所以，融合学生职业核心素养培育的高职思政理论课教学依然要坚持育人主渠道作用，发挥马克思主义理论的学科支撑优势，在本课程内容教学中去增强高职思政理论课教学的针对性和实效性。

五、结语

综上所述，新时代高职思政理论课要提升教学的针对性和实效性，必然要融合高职学生的职业核心素养培育，根据高职学生不同专业特点，探索高职思政理论课教学因材施教的方式方法，这是推动高职思政理论课教学走深走实，提升高职学生学习获得感，有助其成长成才的重要一招。以高职学前教育专业学生为例，就宏观而言，思政理论课教学内容的整体性、广博性，能够给高职学生提供宽广而清晰的视野、科学的方法。引导高职学前教育学生关注理解新时代教育强国的发展、习近平关于教育和教师的一系列重要论述、回应人民对高质量教育的期待等方面内容，能使学前教育专业学生对自身职业要求和职业发展有宏观的认识和理解，以成为党和人民满意的教师，致力于实现"幼有善育"的目标来进行职业规划和职业核心素养培育。就微观而言，思政理论课与高职学前教育专业学生职业核心素养在职业理念、师德师风、专业能力三个维度的多个要点上有契合之处。这些使得融合学生职业核心素养培育的高职思政理论课教学具有可行性。但需要注意的是，融合学生职业核心素养培育的高职思政理论课教学依然要坚持育人主渠道作用，发挥马克思主义理论的学科支撑优势，在本课程内容教学中去增强高职思政理论课教学的针对性和实效性，避免高职思想理论课教学变形、走样。这是融合学生职业核心素养培育的高职思政理论课教学可行性的重要保障。

校馆共建家门口的"大思政课"实践教学基地路径研究

——以"青山湖文化馆非遗传承实践教育基地"为例①

杨燕　王冬凤②

（江西现代职业技术学院，马克思主义学院）

【摘要】校馆共建家门口的"大思政课"实践教学基地能够有力助推高校思政课实践教学改革，推进"大思政课"工作格局的形成发展。要建好用好"家门口的'大思政课'实践教学基地"校馆双方可以从建立长效沟通机制，共同搭建合作平台，共同推进项目合作等路径出发，切实发挥好家门口的"大思政课"实践教学基地育人功效，提升高校思政课实践教学效果。

【关键词】大思政课；实践教学；校馆共建

为了深入贯彻落实习近平总书记关于"大思政课"的重要指示，2022年8月教育部等十部门印发了《全面推进"大思政课"建设的工作方案》（下称《方案》），《方案》明确指出了要"利用现有基地（场馆），分专题设立一批'大思政课'实践教学基地"，要"建好用好'大思政课'实践教学基地"。由此可见，校馆共建"大思政课"实践教学基地已经成为当前高校思政实践课教学改革必然趋势。顺应高校思政实践课教学改革的趋势，江西现代职业技术学院马克思主义学院与南昌市青山湖区文化馆于2023年3月达成了战略合作框架协议，构建起了校馆合作的基本框架。战略合作框架协议达成后，校馆双方即刻着手联合申报了家门口的"大思政课"实践教学基地项目——"青山湖文化馆非遗传承实践教育基地"，该项目已经

————————

①基金项目：江西省高校人文社会科学研究项目："校馆共建家门口的'大思政课'实践教学基地研究与实践——以'青山湖文化馆非遗传承实践教育基地'为例"（SZZX23145）。

②作者简介：杨燕，江西现代职业技术学院马克思主义学院院长，教授。王冬凤，江西现代职业技术学院专职教师，讲师。

于 2023 年 6 月通过江西省教育厅审批并予以省级立项。本文以"青山湖文化馆非遗传承实践教育基地"为例，研究探讨校馆共建家门口的"大思政课"实践教学基地重要意义及其实现路径。

一、校馆共建家门口的"大思政课"实践教学基地重要意义

"大思政课"是我国高校思想政治理论课未来发展的基本方向，也是落实立德树人根本任务关键课程的实践创新[①]。校馆共建家门口的"大思政课"实践教学基地无论是对高校思政课教学改革创新，还是对推进"大思政课"工作格局的形成发展，抑或是对坚定高校学生的文化自信等都具有重要的意义。

（一）有助于推进构建"大思政课"工作格局

党的二十大报告中明确指出："加快构建新发展格局，着力推动高质量发展。"[②]对于思政课来讲，要构建高校思政课新发展格局，推进高校思政课的高质量发展，就是要着眼于构建有广度、有厚度、有深度、有关注度的"大思政课"。而构建这样的"大思政课"是一项系统工程，光依靠高校教师闭门造车是难以实现的。高校思政课还必须要走出去，引进来，充分调动社会各方的力量和资源参与进来。

校馆共建家门口的"大思政课"实践教学基地可以充分调动文化馆的人力、物力、场地等物质资源，为高校思政课建设搭建更为广阔的平台，扩展思政课建设的广度；可以充分挖掘文化馆的优秀传统文化（特别是非遗文化）、革命文化等历史文化资源，夯实思政课建设的厚度与深度；还可以调动双方的新闻媒体资源，多渠道多形式宣传高校思政课建设实践和建设成果，提高社会对高校思政课关注度。

"青山湖文化馆非遗传承实践教育基地"建设之初，学校就与文化馆达签订了战略合作框架协议，协议中明确了双方在思政合作、培训合作、非遗文化项目合作等方面的细则条例，建立起了长期、战略性合作伙伴关系。根据协议内容校馆双方还制订了具体的工作计划，包括学校定期组织师生到青山湖区文化馆开展学习参观活动和研学活动，青山湖区文化馆宣讲送课送展进校园，邀请非遗传承人参与学校教育教学和研究，开展"非遗研学游"，开发"非遗课程"，等等。校馆双方协议的

① 刘卫东，金海鹰．"大思政课"理念下高校思政课实践教学内涵厘清与运行机制创新 [J]．长春师范大学学报，2024（3）．
② 习近平．高举中国特色社会主义伟大旗帜 为全面建设社会主义现代化国家而团结奋斗——在中国共产党第二十次全国代表大会上的报告 [R]．新华社，2022-10-25．

达成，工作计划的有序开展可以充分调动文化馆的物质和文化资源参与到高校思政教育教学工作中，将有助于将高校思政教育的影响力拓展到社会，有力推动构建"大思政课"工作格局。

（二）有助于推进高校思政课实践教学改革

习近平总书记强调："要高度重视思政课的实践性，把思政小课堂同社会大课堂结合起来，在理论和实践的结合中，教育引导学生把人生抱负落实到脚踏实地的实际行动中来。"[①]高校思政课要切实落实立德树人的根本任务，除了精耕校内思政小课堂之外，还要坚持走出去，拓展社会大课堂，实现高校思政教育的理实相融。

校馆共建家门口的"大思政课"实践教学基地恰好解决了高校思政课实践教学一直以来存在的缺乏渠道、场地，内容枯燥，形式单一等问题，有助于推进高校思政课实践教学走深走实、见行见效。以"青山湖文化馆非遗传承实践教育基地"为例，青山湖文化馆大楼占地面积8.6亩，建筑面积5600平方米，使用面积4500平方米，室外活动场地使用面积达1000余平方米，馆内设有多功能小剧场、非物质文化遗产展示厅、展览厅、讲座厅、舞蹈排练厅、合唱排练厅、戏剧排练室、钢琴演奏室等多个活动培训场所，可以有效弥补高校思政课实践课场景单一，场地不够的问题。该馆各级非遗名录囊括了传统音乐、舞蹈、美术、手工、民俗等方面，涵盖了生产生活、文化艺术、手工技艺、风俗习惯等各个领域，依托丰厚的非遗文化资源，高校思政课实践课内容可以更加丰富。文化馆还有着举办各类文化教育传播活动的有益经验，例如开展音乐思政课、音乐党课、非遗手工制作、非遗传承人进校园等活动，丰富高校思政课实践教学的形式。

通过校馆合作共建家门口的"大思政课"实践教学基地，把思政课实践教育教学活动延伸到思政课堂内外，延伸到校园内外，丰富思政课实践教学的内容与形式，让高校思政课实践教学有声有色，出彩出新，提升高校思政实践课育人实效。

（三）有助于弘扬中华优秀传统文化

习近平总书记强调："中华民族几千年来形成了博大精深的优秀传统文化，我们党带领人民在革命、建设、改革过程中锻造的革命文化和社会主义先进文化，为

①习近平.思政课是落实立德树人根本任务的关键课程[M].北京：人民出版社，2020：20.

思政课建设提供了深厚力量。"①

一方面高校思政课要从中华优秀传统文化中汲取养分。中华优秀传统文化所承载的思想价值观念与高校思政课教育教学内容具有一致性,今天我们思政课所传导的思想价值观念很多在中华优秀传统文化中都能找到其渊源。例如今天我们大力倡导和弘扬社会主义核心价值观的内容早在春秋战国时期诸子百家就已经提出了相关的主张;今天我们所要弘扬的工匠精神,在中国传统技艺、传统美术、传统建筑等各个方面也能找到其精神根源。高校思政课要达成教育教学目标,让教育教学内容更具说服力必须要立足于中华优秀传统文化这一丰厚土壤,以"认识老中国,建设新中国"的基本思路让学生明白思政课所传导的思想价值观念从哪里来,又要到哪里去。青山湖区有省级非遗名录4项,市级名录19项,区级名录38项,省级非遗代表性传承人2人,市级非遗代表性传承人18人,区级非遗代表性传承人38人,省级非遗传播3个,非遗文化资源可谓相当的丰富。通过校馆共建家门口的"大思政课"实践教学基地,可以充分将这些非遗资源融入高校思政课实践教学改革,增强高校思政课教育教学的文化底蕴。

另一方面高校思政课实践教学与文化馆非遗资源的有机融合有助于弘扬中华优秀传统文化,坚定文化自信。非物质文化遗产是中华优秀传统文化极其重要的组成部分,它凝结了中国古人的非凡智慧,也承载了中国人独有的精神品格,是激发民族文化自觉,凝聚民族文化自信的重要载体之一②。然而随着社会经济的快速发展,我国非物质文化遗产却面临着较为严峻的保护与传承危机。一些非物质文化遗产因找不到传承人,面临失传的风险;一些学生不知非遗为何物,或者只知其名不知其意,更无法理解非遗传承保护的重要意义;有的学生虽然对中国传统的技艺、绘画、建筑等有着浓厚的兴趣,但是却没有合适的途径去了解学习。高校思政课承担着培育担当民族复兴大任的时代新人重要责任,理应在非物质文化遗产保护与传承工作中发挥积极作用。通过校馆共建家门口的"大思政课"实践教学基地这一契机,高校思政教师与文化馆的工作人员通力合作,在师生群体中开展系列非遗文化传承与传播活动,从而让高校师生进一步走近非遗,认识非遗,传承非遗,保护非遗,也可以进一步激发师生对中华优秀传统文化的感知与认同,激发师生对中华民族文化的自豪感。

①习近平.习近平谈治国理政(第3卷)[M].北京:外文出版社,2020:329.
②刘文良,张午言.非遗传承与高校育人协同发展策略研究[J].大学教育科学,2022(2).

二、校馆共建家门口的"大思政课"实践教学基地路径研究

（一）校馆双方建立长效沟通机制，确保人员互联互通

有效地沟通是合作的前提，校馆共建家门口的"大思政课"实践教学基地必须建立起长效沟通机制，校馆双方人员长期保持互联互通的状态，双方的合作才能持续深入地开展。

家门口的"大思政课"实践教学基地，顾名思义，校馆双方在地理位置比较相近，这为双方建立长效沟通机制奠定了现实基础。以"青山湖文化馆非遗传承实践教育基地"为例，江西现代职业技术学院与青山湖区文化馆相距 4.2 公里，且有地铁和公交直达，无论双方工作人员互通往来，还是学校带批量学生前往文化馆参观学习都较为容易实现。校馆双方在申报基地之初的合作与互动为双方建立长效沟通机制奠定了人员基础。教育基地的成功申报是校馆双方人员共同努力的成果，尤其是前期校馆双方的领导就达成合作进行了多次会面与协商。

因此校馆双方建立长效沟通机制既有必要也有实现可能。未来要加强校馆双方合作的力度和深度，还应该要建立起双方人员定期沟通联系制度，通过会面、电话、线上线下会议等方式加强双方人员的沟通交流，强化校馆双方人员的合作意识；要建立双方高层定期交流协商机制，就校馆双方合作的内容进行顶层设计和方向把控；根据项目开展的需要，校馆双方还可以各自指定 1 名或者多名联络人，负责对接具体事宜。

（二）校馆双方共同搭建合作平台，实现资源优势互补

校馆双方相互促进、共同提升是建设好家门口的"大思政课"实践教学基地的关键所在①。一方面高校需要借助文化馆的历史文化资源优势和场地优势持续深入推进高校思政课实践教学改革，提升思政课实践课的育人实效；另一方面文化馆也要借助高校的师资优势、平台优势拓展文化馆文化育人的辐射面和影响力。而要实现双方的相互促进、共同提升就必须要对接双方的需求共同搭建合作平台，相互取长补短，实现资源优势互补。

第一，共同搭建思政合作平台。既是"大思政课"实践教学基地，首先就要凸显其思政育人功能，不论是高校还是文化馆都要充分调动各自的资源优势，多渠

---

① 赵程斌. "大思政课"视域下馆校合作教学的有效策略——以上海电信博物馆红色主题教育课为例 [J]. 现代教学，2022（6）.

道多维度推进协同育人，共同搭建思政合作"大平台"。例如，江西现代职业技术学院充分借助青山湖区文化馆的场地优势、丰厚历史文化资源优势定期组织师生到文化馆开展学习参观活动和研学活动；组织师生在重大节庆日到青山湖区文化馆开展党、团组织专题教育活动；将青山湖区文化馆场馆作为"一线课堂"教学点，开展体验式教学；将青山湖区文化馆所属培训场地和红色实践基地等作为教师培训、会议会务、红色教育等业务开展的定点单位；同时江西现代职业技术学院具有丰富的师资优势，为青山湖区文化馆提供一定的服务，如选派优秀的师资为青山湖区文化馆提供党建、思政类相关培训，开展政策宣讲；双方根据自身的特点和优势，开展课题研究，共同合作申报省级及以上教学或科研项目，共享研究成果。

第二，共同搭建培训合作平台。双方共建培训基地，组建"大师资"，实现培训资源的有效共享。江西现代职业技术学院在青山湖区文化馆设立"红色教育基地"，师资共享，共同开展红色培训工作；江西现代职业技术学院为青山湖区文化馆开展职工培训、职工学历提升等服务；青山湖区文化馆接纳江西现代职业技术学院专业教师开展顶岗锻炼，选派优秀讲解员和非遗传承人担任江西现代职业技术学院特聘教授或兼职教师。

第三，共同搭建项目合作平台。双方共同合作，推进地方特色文化发展，探索创新非遗传承人与非遗项目传播发展新模式与新路径，实现成果共享。充分利用学校优势和教师团队研究领域的多元化，在非遗项目申报、非遗人才培养、非遗保护和机制创新建设方面展开合作，共同培育非遗传承人与非遗项目，联合开展非遗与优秀传统文化、红色文化协同创新发展相关课题研究，推动非遗文创产品研发等工作，在合作中促进双方互利共赢。

（三）校馆双方依托"七个一"项目，拓展实践育人路径

为了用好、建好、宣传好这一家门口的思政基地，推进非物质文化遗产与高校思政协同育人，经校馆双方深入研究讨论，拟定了"七个一"项目建设任务。

一是举办一系列非遗进课堂活动。校馆双方重点围绕"走出去，引进来"的方式，多形式多渠道开展非遗进课堂活动。"走出去"，即学校组织师生走进青山湖文化馆开展非遗研学游，党、团组织专题教育等活动，让学生实地感受非遗文化，品味非遗文化；"引进来"，即青山湖区文化馆送课送展进校园，聘请青山湖区文化馆的党政领导、业务专家、劳动模范、能工巧匠等人员作为客座教授、兼职教师，发放聘书，定期开展现场教学和专题讲座；邀请非遗文化传承人进校园开展专题讲

座、开设非遗传承选修课程等活动，在校园内开展深入广泛的非遗文化宣传。

二是开展一堂非遗传承示范课堂。依托思想道德与法治、习近平新时代中国特色社会主义思想等主要思政课，选派优秀的教师结合课程中优秀传统文化传承、繁荣社会主义文化建设等内容进行教学设计，将区文化馆非物质文化遗产市级项目，省级非物质文化遗产保护名录融入课程教学当中，打造"传统文化艺术＋思政课堂教学非遗传承"示范课堂。

三是建设一个非遗文化传承社团。校馆双方依托学院已有社团建设基础，选派具有丰富带团经验的教师和文化馆工作人员共同申请创设一个非遗文化社团。一方面社团不定期请非遗传承人、能工巧匠、思政教师进社团讲课，传承学习非遗文化；另一方面社团通过校园展演，校内校外实践等多种途径宣传非遗文化，从而实现第一课堂与第二课堂同频共振。

四是形成一系列非遗品牌故事。学院教师与区文化馆的业务专家、劳动模范、能工巧匠等保持持续密切的沟通与协作，共同挖掘非遗文化传承人、非遗保护工作者、非遗工匠等在从事非遗传承保护过程中具有教育意义的事迹，将这些事迹融入思政课教育教学，融入校园文化，融入线上线下媒体宣传，打造系列非遗品牌故事，形成品牌效应。

五是拍摄一系列非遗文化传承短视频。通过大学生讲思政课、大学生微电影、一线课堂等项目活动，由教师发掘推荐一批优秀学生拍摄系列非遗文化传承短视频，以更为直观生动的方式宣传非遗文化。

六是推进一项教学改革。将青山湖文化馆优秀风俗文化、红色人物、红色故事、非遗文化等相关素材融入高校思政课实践教学，推动实践教学改革。结合高校思政课课程教学内容设实践教学主题，制定实践教学方案，每个学期组织学生走进实践教学基地开展实践教学。例如，在2023年9月为进一步贯彻落实学习贯彻习近平新时代中国特色社会主义思想主题教育要求，学院率领70余名师生前往文化馆开展实践教学，在青山湖文化馆演播厅内主讲了一堂别开生面，绘声绘色的音乐思政课。音乐思政课打破传统课堂形式，以歌穿史，以歌叙事，用音乐讲述党的光辉历程，用艺术的语言宣讲红色文化和榜样力量，让学生从"视""听""唱""悟"多维度、沉浸式学习党史、感悟精神，体悟使命，接受了一场深刻的思想洗礼。这堂别样的思政课创新了思政课实践教学模式，为深入推进实践教学改革提供了很好的范例。校馆双方还要致力于在教学改革实践的基础上，共同申报教学改革课题，将实践经验沉淀为理论知识，以理论知识推进实践探索。

七是制作一本非遗文化手册。每学期组织师生到青山湖区文化馆开展研学活动，深入了解与探究文化馆内的非遗项目，整理出相关的资料与影像资料，向社会推介。并且制定研学方案、拍摄研学照片、视频，撰写研学心得体会、撰写宣传报道，将这些资料整理成册，制作成非遗文化手册。制作完成的手册放在文化馆的展览区和学院的红色书屋供大家参观学习。

通过以上"七个一"项目的建设切实推进校馆双方携手并肩，共同努力，持续深入展开合作，共同把"青山湖文化馆非遗传承实践教育基地"建设好，把中华优秀传统文化传承好，把宝贵的革命精神弘扬好！

"大思政课"视域下高职院校思政课实践教学实施路径探究①

曾星星②

（浙江旅游职业学院，马克思主义学院）

【摘要】"大思政课"理念，为推进思政课创新发展提供了根本遵循。"大思政课"不仅仅强调思想政治理论课教学，更要突出思政课实践教学。思政课实践教学是高校思政课教学的重要组成部分，也是高校实现立德树人的重要途径。在"大思政课"视域下，由于教育环境的变化、学生心理生理呈现新的特点，思政课实践教学既面临机遇又面临许多困境。对此，基于高职院校的教育特点和学生发展特点，进一步探索思政课实践教学发展的实施路径，要从坚持"大思政课"理念、创新教学内容与形式、构建多维考核评价体系、强化有力运行保障机制等方面着手，提高思政课实践教学的实效性，切实发挥好思政课立德树人的作用。

【关键词】"大思政课"；高职院校；思政课；实践教学；路径

2021 年 3 月 6 日，习近平总书记在看望参加全国政协会议的医药卫生界、教育界委员时指出，"'大思政课'我们要善用之，一定要跟现实结合起来"，强调"思政课不仅应该在课堂上讲，也应该在社会生活中来讲"③。这一重要指示精神既为新时代思政课教学改革创新指明了方向，也凸显了将思政课实践活动置于时代大环境的要求。当前，国家发展正迈向新的阶段，对高职院校的要求也随之提高。高职院校肩负重任，既要培养高技能专门人才，又要加强引导学生具有良好的思想道

---

①基金项目：本文系 2024 年浙江旅游职业学院校级常规教改课题"'大思政课'视域下高职院校思政课实践教学改革探索与实践"（2024YB03）；本文系 2024 年浙江旅游职业学院校级课题"红色文化资源融入高职院校'大思政课'建设研究"（2024KYZD02）。

②作者简介：曾星星，女，浙江旅游职业学院，讲师，主要从事马克思主义中国化研究。

③"'大思政课'我们要善用之"（微镜头·习近平总书记两会"下团组"·两会现场观察）[N].人民日报，2021-03-07（01）.

德素质。如何在"大思政课"视域下做好高职院校思政课实践教学工作，提高思政课的实效性，是加强和改进思政课教学亟待研究和突破的课题。

一、"大思政课"视域下高职院校思政课实践教学面临的机遇

马克思说过："一切划时代的体系的真正的内容都是由于产生这些体系的那个时期的需要而形成起来的。"① 当今，随着国家政策文件的颁布、青年学生的需求以及"大思政课"建设，为高职院校思政课实践教学带来了良好的发展机遇。

（一）新时代国家政策支撑并引导实践教学发展

思政课是高校思想政治教育工作的主渠道，而实践教学是增强实践育人功能的重要抓手。为了更好地推动思政课高质量发展，党的十八大以来，党和政府高度重视思政课实践教学发展，不断加大实践教学的政策支持力度。近些年，国家颁布了一系列政策文件，指向了"大思政课"的"实践教学"，强调实践育人的重要性。如 2017 年教育部出台《高校思想政治工作质量提升工程实施纲要》，强调要切实构建实践育人在内的"十大"育人体系，要坚持理论教育与实践养成相结合②。2018年教育部发布《新时代高校思想政治理论课教学工作基本要求》，提出"开展本专科思想政治理论课实践教学"，鼓励灵活安排实践教学的学分③。2022年教育部等十部门联发《全面推进"大思政课"建设的工作方案》，提出全方位调动社会力量和整合多方资源，建"大课堂""大平台""大师资"，"构建实践教学工作体系"，并对如何开设专门的实践教学课以及组织校内外的实践活动做出了统筹部署④。随后，为落实这项工作方案，教育部等八部门联合公布了全国首批 453 个"大思政课"实践教学基地名单，强调各地各校要加强与基地的联系，打造服务"大思政课"实践教学的优质平台。当今职业教育也十分注重实践教学，如 2020 年教育部等九部门联合出台《职业教育提质培优行动计划（2020—2023 年）》，"鼓励引导校企共建德

---

① 马克思恩格斯全集（第 3 卷）[M]. 北京：人民出版社，1960：544.

② 中共教育部党组. 高校思想政治工作质量提升工程实施纲要 [EB/OL]. [2017-12-05]. http://www.moe.gov.cn/srcsite/A12/s7060/201712/t20171206_320698.html.

③ 教育部. 关于印发《新时代高校思想政治理论课教学工作基本要求》的通知 [Z]. 中华人民共和国教育部公报，2018（05）.

④ 教育部，国家发展改革委，工业和信息化部，等. 关于印发《全面推进"大思政课"建设的工作方案》的通知 [EB/OL]. [2022-07-25]. https://www.gov.cn/zhengce/zhengceku/2022-08/24/content_5706623.htm.

育实践基地""强化实践体验""加快构建中国特色职业教育的思想体系、话语体系、政策体系和实践体系"①。这一系列政策文件无不显现出对实践教学的重视，为实践教学工作提供明确的制度指引和政策保障，也充分体现了党和国家对思政课铸魂育人作用的殷切期望。实践是高职教育的基本特征，思政课实践教学意义重大。在政策文件的引领下，各高职院校将更加积极探索思政课实践教学，促进思政课实践教学向更实更好的方向发展。

（二）青年学生日益增长的需求也需要实践教学繁荣

"培养什么人、怎样培养人、为谁培养人"是教育要解决好的根本问题。高校思政课就关系到这个根本问题，因此要给高校思政课以高度重视。当前全球环境复杂多变，意识形态的争斗也愈演愈烈，各种文化思潮交融交锋。互联网的发展使得各种价值观念快速传播，青年学生由于明辨是非的能力还比较弱，容易受到他人言论的影响，导致理想信念不坚定，出现认知不清、困惑不已、停滞不前的现象，如果缺乏及时的引导，便会使得大学生容易走上邪路、歪路。因此，要教育引导学生，这就需要办好思政课。当今，大学生爱国情感强烈，获取时政热点信息的途径多，对政治关注度高，参与诉求强烈，思想观念更为多样化，知识获取能力强、视野广。大学生比较活跃、有主见、讲个性。在思政课上，有些学生甚至认为它是"洗脑课"，是一种强制性的意识形态灌输，对他们以后就业没有用。仅仅理论教学已经不太能带动学生参与性，满足大学生个性化发展的需求。思政课实践教学贴近学生、贴近实际，关注学生的个性需求，具有时代感、针对性、吸引力，更能吸引学生兴趣，满足学生成长发展需求。实践教学活动具有多样化，能让学生得到个性化发展和个性化满足。开展各种实践活动，有助于大学生更加深入地了解学科知识和加强对知识的实际应用，从而激发大学生学习的主动积极性。与此同时，在实践活动中也锻炼他们的问题解决能力，让他们更加有获得感、有自信、有动力。通过各种实践活动，也可以让学生深入了解社会的各个方面，体会工作和生活的艰苦，增强自身社会责任感，培养良好的品质。在高职院校里，学生的理论知识不强。高职学生相比理论教学，更喜爱实践教学。学生越来越关注社会实践，希望参与社会实践，对实践的需求越来越迫切。因为学生通过自己体验和深入实践，会对理论知识的理解更深刻，也能将课本上学到的知识运用到实际中。实践教学更能帮助他们

①教育部，等.关于印发《职业教育提质培优行动计划（2020—2023年）》的通知 [Z]. 中华人民共和国教育部公报，2020（11）.

学习效率的提高以及实践能力的强化，促进成长。青年学生对思政课需求日益增长，这便为实践教学的发展创造了良好的机遇。

（三）"大思政课"建设对实践教学发展有着正面影响

当前，思政课面临着改革创新的关键期。"大思政课"的提出为深化思政课改革创新指明了方向路径。目前思政课存在感染力不强、亲和度不足、学生兴趣不高等问题，弱化了学生对知识的渴求。高职院校学生普遍学习基础较差，对学习缺乏兴趣，就更别提思政课了。而受到新媒体的影响，他们的生活方式、学习手段等出现了新的变化。思政课理论教学传输效果不佳，教育的难度越来越高。人才资源在综合国力竞争中的作用愈加明显，而高职院校是培养高等技术应用型人才的院校，如何培养新型技术人才成为我国面临的一大难题。"大思政课"的提出，有助于破解难题。"大思政课"向高校思政课改革提出了明确的要求，要求对课程内容、形式、手段等各方面进行优化，打造有广度、有深度、有温度的思政课。高职院校思政课就在教学方法、内容等方面进行了一系列探索，以学生喜爱的方式传授理论知识，让他们能够主动参与学习。这推动了思政课理论教学发展，理论教学的加强也推动了实践教学进步。理论教学的发展帮助学生积累丰富的知识和培养正确的三观，为实践教学的开展奠定理论基础。"大思政课"坚持辩证思维联系观，强调课堂教学与实践教学相联系。"大思政课"本身蕴含实践思维，强调把思政课放到现实生活中来讲，组织多样化的实践教学。"大思政课"打通课堂与社会实践之间的壁垒，将思政课教学同社会实践紧密结合，引导学生在鲜活的社会生活中主动探索，深化理论认知。所以，现在"大思政课"建设，避免理论教学枯燥化、单一化，也防止实践教学的娱乐化、形式化，增强了学生的思政课程参与度，提升了学生的获得感，让学生能够将所学内容真正地内化于心外化于行。如今，在"大思政课"的背景下，思政课改革创新将能为实践教学发展提供借鉴，带来发展机遇。

二、"大思政课"视域下高职院校思政课实践教学面临的困境

当前高职院校践行"大思政课"的理念，思政课实践教学工作在不断推进。但其在全面覆盖学生、内容与形式、考评体系和保障机制等方面仍有亟待解决的问题。

（一）实践教学尚未实现全面覆盖学生

近年来，各高职院校受到各种条件的制约，导致思政课实践教学没有实现全面覆盖，不能够面向全体学生而展开。

首先，学校领导对思政课实践教学重视不够，没有将实践教学作为一项基础性的工作来抓。他们片面地追求高职学生高就业率，对思政课一般是说得重要，认真做的比较少，没有真正地落实下去。因此，在教学管理上，缺乏规范性。不少学校没有出台规范性的文件进行指导，没有将思政课实践教学真正纳入教学计划。有些即使把实践教学纳入人才培养计划，有制订实践教学计划和实施方案，但也只是流于形式而已。实践教学活动安排缺乏统一的组织和管理，实践教学都是由任课思政课教师自行安排，具有相当大的随意性。

其次，部分思政课教师对实践教学的重要性认识不到位。现在，由于高校思政课的课程教学任务较重，时间紧凑，科研任务繁重，一些思政课教师就直接不开展实践教学，或者简单地开展几次流于形式的实践教学活动。在组织实施上，缺乏持续性。

最后，高职学生参与思政课实践教学意愿不强烈。随着时代的发展，人们的就业、生活压力可谓逐年剧增，导致功利主义倾向出现。有些高职学生认为自己应多参加专业实践，提高专业技能，为将来从事相关职业打下基础。认为参加与专业无关的思政实践教学活动，对自己没有明显的实用性。还有部分学生习惯放逐自我，产生"躺平"心理，对参与任何实践活动都没有动力与激情。加之新媒体的出现，各种休闲娱乐方式层出不穷，高职学生自制力欠缺，极容易被这些影响，更愿意把时间分配在休闲娱乐上面。虽然，如今每年很多高职院校都会组织学生进行社会实践活动，然而这种活动只面向少部分人，对参与进来的学生有明确要求，一般都是甄选优秀学生进行社会实践，学生的普及性较低。高职院校学生以复合型技能人才培养为主，实践教学必须要覆盖到每一位学生。思政课实践教学要做到容纳所有学生，进行全面覆盖，任重而道远。

（二）实践教学内容与形式缺乏吸引力

思政课不能是"没有生命，干巴巴的"。教学内容与形式的精心设计是开展思政课实践教学的重要支撑。制约思政课实践教学效果主要在于以下：

一方面，内容设计不明确。现阶段不少高职院校没有较为完善的实践教学内容设计。一是没有按照理论教学内容来设置相应的实践教学内容，导致实践内容与课本理论知识相脱节。二是内容设计没有很强针对性。没有按照学生的需求不同来设计内容，从而使得实践教学活动存在着趋同化的现象，缺乏课程特色、校园特色、地方特色、个性化特色，无法引起高职学生的共鸣，调动他们的积极性。高职学生更多地在意自己的专业，热衷于求职需要，期望思政课能够与自身专业相结合，但一些高职院校在开展思政课实践教学活动时，没有充分考虑高职学生的自身需求和发展需要，没有结合高职学生的专业特点进行专题内容设计。三是内容设计缺乏系统性，没有协调各门思政课程之间的关系，没有分阶段、有所侧重，导致课程之间的衔接不足，各门课程实践内容出现交叉重复情况。四是内容设计缺乏时代性、创新性，没有融入让高职学生感兴趣和需要的时代元素，影响了学生对内容的新鲜感与获得感。

另一方面，活动形式单一化。由于条件所限，不少高职院校思政课实践教学活动形式较为固定且单一。思政课实践教学多在课堂内、校园内进行。课堂实践教学形式大多是课堂讨论、专题汇报、主题演讲等，校内实践教学形式主要是社团活动、校园讲座等。这些形式较为普遍，无新意、无特色，学生易产生厌倦心理。大部分高职院校并没有在思政课实践教学中引进虚拟仿真技术，无法吸引学生，难以调动学生积极性。校外的思政课实践载体也较为单一，实践基地单一化，难以满足青年学生的多元化需求。虽然如今社会上有众多的博物馆、革命历史纪念馆等等，但是与学校形成长期合作的场馆比较少。并且大多高职院校专有的校外实践基地数量也少，分布还不均，一定程度增加了实践教学实施的难度。而且有些参观学习的实践教学方式容易造成形式化问题，如为了完成教学任务走走过场。

（三）实践教学缺乏科学合理考评体系

缺乏科学合理的考核评价成为现阶段高职院校思政课实践教学开展中存在的一大问题，严重制约了高校实践育人效果。

首先，评价主体较单一。由于实践教学的考核不存在固定的答案，实践教学主要还是思政课教师单方面进行考评，考评的结果难免会受到教师个人的主观意志和偏好的影响，会有失评价结果的公平性和公正性。

其次，评价方式僵化，主要以学生的实践报告和实践成果为主要评价依据。这种终结性评价方式具有一定的片面性，因为在一定程度上忽视了活动本身的质量、教师的水平以及实践过程中学生的态度、行为等方面的评价。比如，校外实践教学，不少学校会采取撰写调查报告的方式敷衍解决。高职学生可能就不会亲自参加社会实践，直接通过网络下载相关资料等方式完成任务。这样的话，教师无法准确地判断学生的真实学习效果，导致评价的准确性难以保证，评价结果也不公正。

再次，评价标准不明确、不规范、不统一。评价的分值标准不明确，评价的指标模糊，没有考虑到学生在过程中的参与度、积极性、创新力等因素。在进一步细化的分值标准中，也没有对小组中每位成员的贡献度进行相应的量化。大多以打分为主进行量化评价，极少以描述为主进行质性评价，导致实践教学评价的可信度大大降低。甚至考核评价完成后没有及时有效地将评价结果反馈给相关主体，导致考核评价缺乏指导意义了。

最后，评价标准缺乏激励性与约束性。学校没有将教师的实践指导成绩与工资、职称、评优等挂钩，难以激起教师热情，导致出现教师被动指导、参与走过场的现象。甚至有些教师对实践教学活动开展不上心，敷衍了事，导致实践教学形式单一化。学校没有对学生采取惩罚措施，且奖励方式对学生激励作用不大，难以调动学生参与的主动性。这些让思政课实践教学的考核评价实效性大打折扣。

（四）实践教学缺乏有力完备保障机制

保障机制是高校顺利展开思政课实践教学活动的硬性条件。目前，高职院校思政课实践教学的保障机制并未完善。

一是人员保障机制不健全。办好思政课教学的关键在教师，但目前高职院校普遍存在实践教学教师的数量不足、素质不高和能力不强情况，严重制约了思政课实践教学的发展。思政课实践教学对教师的要求相对较高，教师除了要有丰富的理论知识做支撑，还要具备较强的实践教学能力。当前思政课教师的职业发展路径大多是"从校园到校园"，理论水平深厚，却缺乏社会阅历，缺乏实践锻炼[1]。学校也很少对思政教师进行专业的培训以及给他们锻炼机会，导致他们并不能胜任思政课实践课教学指导，难以把思政课实践教学真正落到实处。

二是安全制度保障不完善。现在高职院校思政课普遍都是大班教学。由于环境多变、学生数量多，教师对学生安全监督工作难以全面地开展。这种安全隐患问题的存在，阻止了校外实践教学活动的开展。

三是物质保障机制不完备。虽然教育部给高校划拨思政课实践教学专项经费，

---

① 李大健. 高校善用"大思政课"铸魂育人的三大保障 [J]. 思想教育研究，2022（09）：118-124.

但经费也只能让思政课教学单位勉强维持理论课教学和日常办公。所以，高职院校用于思政课实践教学的费用则是少之又少。很多高职院校面临着招生困难问题，根本无暇考虑发展问题。而在校外的实践教学要考虑到每位学生的衣食住行问题，集体经费所需资金过多，难以满足各种费用的开支。由于受到资金限制，不少高职院校思政课实践教学并未做到"走出去"，还是以校内为主。即使有校外实践教学活动，也只是让部分学生参与其中。经费不充分的问题，严重地影响着实践教学基地的建设、线上实践教学平台的建设。总之，实践教学相比于理论教学，涉及面更广，开展难度较大。如果人力、物力、财力跟不上，会直接影响到思政课实践教学开展。

三、"大思政课"视域下高职院校思政课实践教学的实施路径

思政课实践教学是一项复杂系统工程，在具体开展过程中仍凸显出诸多痛点、难点，需要直面问题、寻求破解之道。因此，我们有针对性地探求解决问题的有效路径，从而推动思政课高质量发展。

（一）坚持"大思政课"理念，扩大实践教学的有效覆盖

目前，一些高职院校思政课未得到应有重视，思政课的实践教学开展得参差不齐。高职院校要抓住"大思政课"建设的良好契机，始终坚持"大思政课"理念，扩大实践教学的有效覆盖。思政课实践教学的开展不能仅凭一人之力，而是需要校内各部门、思政课教师、学生等几方的通力合作。

首先，学校领导要提高思想认识，强化责任。"党是管党治党、办学治校、立德树人的核心主体。"[1]加强党委对思想政治工作的统一领导和整体部署，形成党委统一领导下，马克思主义学院积极协调，校团委、教务处、学工办等相关部门密切配合的思政课实践教学工作体系。党委要认真学习、贯彻落实好上级文件各项规定、要求，把思政课实践教学纳入到学校整体教学规划中。马克思主义学院要严格落实教育部规定的专科学分的要求，落实学校规章制度和实践教学工作细则等，精心设计思政课实践教学的教学计划与教学大纲，做好思政课实践教学的实施方案，避免千篇一律。定期召开实践教学交流会，总结教学中出现的情况和问题并备案，以完善思政课实践教学体系建设。其他部门要积极配合马克思主义学院实施实践教

---

[1] 骆郁廷，周耀杭.构建高校思想政治工作体系重在协同育人[J].思想教育研究，2022（06）：121-127.

学工作，推进思政课实践教学的制度化、规范化。

其次，思政课教师要学习新理念，充分认识到实践教学的关键作用。思想观念是行动的先导，思政课教师自身必须要解放思想，转变教学观念，转变对思政课实践教学的刻板认识，加强对实践教学的指导，避免出现将实践教学任务甩手给学生，让学生自己干的情况。教师不可自行随意安排，要严格按照制度规定。马克思主义学院应强化对思政课教师的动员培训，使他们具有正确的观念。

最后，大学生自身要转变观念，正视思政课实践教学。大学生要清楚认识到思政课实践教学活动对于实现自身发展的重要性，积极参与思政课实践教学活动。大学生要杜绝享乐主义的侵蚀，注重学习和实践，牢牢抓住在思政课实践教学中锻炼和完善自己的机会，将注意力放在全面提升自己上面。

（二）创新教学内容与形式，拓展实践教学的深度广度

教育部相关文件强调，"高校要紧扣思政课实践教学目标和要求，组织开展多样化的实践教学，在实践教学中提升学生的综合素质。"开展思政课实践教学，提高教学效果，就要创新教学内容与方式，组织多样的实践教学活动。

一方面，精心设计思政课实践教学内容。一是教学内容的选择必须与思政课课程紧密相关。围绕学生学情、教学目标、教材内容要求整合思政课实践教学，切实发挥思政课实践育人作用。二是将思政课实践教学与学生特点、专业特色、学校特色结合。在教学设计中，要因材施教，选取学生喜爱、感兴趣的内容。将思政课实践教学与专业课程实践活动、专业实习等实践内容相融合，让学生产生共鸣。比如在实践场地的安排时，对于文科生，可以搜寻一些伟人故居、革命历史纪念馆、博物馆等实地体验文化氛围。三是根据不同课程、年级将实践教学内容进行分层设计。四是思政课实践教学的内容要与时代发展要求结合。实践教学的内容要跟上时代要求、符合社会背景、反映民生民情。结合时代背景，与时俱进对教学内容进行补充和更新，增强实践教学内容的时代感。

另一方面，增加思政课实践教学的形式多样性。具体来说，深耕第一课堂，创新课内实践平台。结合课程特点和学校特色，创新实践教学方法。针对高职学生富有活力，充满朝气，不喜欢固定的模式和枯燥的课堂等个性特点和成长规律，教师可以在教学中根据不同教学内容和不同学段学情，开展时事追踪、案例点评、辩论赛等多种形式的实践活动，让学生主动参与教学中。打造第二课堂，丰富课外实践平台。思政课教师要以阅读实践、贯通赛创、社会调研、基地教育的"四轮并

驱"实践教学为抓手，打通"三全育人"体系，全面提高学生综合能力。采取校校合作、校地合作、校企合作等方式加强校外实践基地建设，加强与实践教学基地的联系。赋能网络课堂，创建虚拟实践平台。强抓数字资源建设，建设一系列重点项目，扩大优质资源共享，推动教育教学变革。如浙江旅游职业学院创建思政课实践教学资源平台，创建虚拟仿真平台，创建对外开放在线精品课程，创建思政课教学改革驾驶舱，激发了学生参与思政课实践教学活动的需要和兴趣，促进了思政课实践教学的提质增效。

（三）构建多维考核评价体系，优化实践教学的运用实效

在思政课实践教学的过程中，考核评价体系是衡量实践教学效果的重要手段。只有构建多维考核评价体系，做到合理考核、科学评价，才能更好地提高思政课实践教学的实效性。

一是建立多元主体考核评价体系。建立领导评、专家评、教师评、学生评的全方位评价体系。教师负责教学工作，是考核评价工作的中坚力量。思政课实践教学效果好坏主要在学生身上体现，学生也应该是主要的评价主体。为了降低评价结果的片面性，领导和专家也应是教学评价的重要力量。同时，要注意科学划分不同评价主体的评价比例，做到主次分明。

二是建立科学的考核评价方法体系。改变传统的单一结果性评价，注重实践活动的过程性评价，将过程性评价与结果性评价相结合。将定性评价与定量评价相结合，不仅要关注学生活动出勤率、实践报告分数、调研报告查重率等，还要注重学生实践能力的提升程度，学生在实践活动中的知识利用情况、价值观目标的树立和践行情况等。

三是建立科学的考核评价标准体系。评价标准要涵盖思政课实践教学的各个方面，如实践项目的设计、实践过程的管理、实践成果的展示等。评价标准要体现客观性、公正性和专业性，又要具有可操作性和可衡量性。主观评价时有客观细则作为参考，避免评价走形式。

四是设立合理的奖惩机制。用鼓励性政策激励优秀教师，思政课实践教学评判结果要与教师工资、职称、评优等挂钩。用约束性政策约束工作敷衍的教师，推动他们负责地开展实践教学。例如，对思政课实践教学组织不当的教师进行批评警告，减少课时，影响年终考核等处理。另外，可以完善相应的激励机制调动学生的主动性。可以向浙江旅游职业学院一样将荣誉证书、表彰等精神奖励与奖金、奖品等物质奖励相结合。但是，如果发现学生有抄袭剽窃、弄虚作假、代写报告等违规行为，学校要采取通报批评、取消相应成绩等处罚措施。

五是构建科学的考核评价反馈机制。要在考核评价完成后，将考核评价结果及时、全面、准确地反馈给相关主体。为此，可定期开展实践主体、实践单位对思政课实践教学满意度的测评，并及时跟进大学生、实践单位反馈的问题，有效提升思政课实践教学质量。

（四）强化有力运行保障机制，激发实践教学的内生动力

思政课实践教学必须有强大的保障才能顺利开展，有力的运行保障机制为思政课实践教学的有序开展提供可靠的后备力量。我们应该从以下几方面入手切实加强保障。

首先，加强实践教学师资保障。以职业认同聚化、管理模式优化、专业素质强化为目标，构建老中青、专兼职相结合的校内思政课实践教学教师团队，促进校内教师队伍的实践教学协同化。常言道，打铁还需自身硬。所以，要完善专业教师队伍的培训制度，组织教师参加实践教学专题培训，强化实践教学能力。如浙江旅游职业学院马克思主义学院就与安吉余村、湖州南浔长超村合作共建了"两山"理念思政课教师社会实践研修基地，依托浙江省丰富的生态文明教育资源，开展了高校思政课教师实践研修培训工作，明确了"高水准的社会考察基地"的功能定位。

其次，完善实践教学安全保障。社会实践活动必然涉及很多不确定性因素，例如交通、食宿等安全问题决定着教学活动能否顺利进行。因此，高职应采取讲课、宣传等方式对学生加强安全意识教育。可将社会实践教学活动的安全及应急管理外包给旅行社等第三方机构，与保险公司进行合作，购买出行保险。

最后，建立健全实践教学物质保障。经济基础决定上层建筑。高职院校应将思政课实践教学经费纳入学校经费预算，设置专项经费，全力保障实践教学活动的落实。毕竟实践教学所需投入较多，涉及范围较广。实践教学的教学资源的完善、师资队伍的培训、实践教学基地的建设、实践教学的差旅费用等等都需要经费保障。积极拓宽经费筹集渠道，加强与社会组织的产学研合作，引导社会育人主体提供资金投入。积极联合政府、企业开展思政课实践教学活动，形成由政府牵头，学校和企业主办的协同育人模式。与此同时，要严格管理思政课实践教学经费，保证不挪作他用。

　　总之，在"大思政课"视域下，高职院校思政课的发展迎来了大好机遇，但同时也面临诸多困境，思政课实践教学发展依然任重而道远。各高职院校应将思政课实践教学始终摆在突出的位置，持之以恒，常抓不懈，加大力度去探索，引导学生既读"有字之书"，也读"无字之书"，且读"心灵之书"，与新时代同频共振，持续推动思政课实践教学走深走实。

高校思政课讲好中国共产党人精神谱系的理与路①

曹慧群②

（浙江旅游职业学院，马克思主义学院）

【摘要】中国共产党人精神谱系是中国共产党团结带领人民在百年奋斗征程中所创造的宝贵精神财富，为高校思政课提供了丰富多样的教育教学资源。高校思政课讲好中国共产党人精神谱系有助于高校思政课提升教学效能，有助于大学生增强价值认同，有助于思政课教师提升综合素养。推动高校思政课讲好中国共产党人精神谱系，应讲"深"中国共产党人精神谱系的理论根基，讲"透"中国共产党人精神谱系的精髓要义，讲"活"中国共产党人精神谱系的经典故事。

【关键词】高校思政课；中国共产党人精神谱系

习近平总书记指出："在一百年的非凡奋斗历程中，一代又一代中国共产党人顽强拼搏、不懈奋斗，涌现了一大批视死如归的革命烈士、一大批顽强奋斗的英雄人物、一大批忘我奉献的先进模范"，③形成了一系列伟大精神，构筑起了中国共产党人的精神谱系，为我们立党兴党强党提供了丰厚滋养。高校思想政治理论课（以下简称"思政课"）是落实立德树人根本任务的关键课程，把中国共产党百年奋斗历程中熔铸成的中国共产党人精神谱系深度融入高校思政课，把中国共产党人精神谱系讲深、讲透、讲活，可以更好地发挥思政课沟通心灵、启智润心、激扬斗志的育人作用。

①基金项目：本文系 2023 年浙江省教育厅一般科研项目"中国共产党人精神谱系融入高职思政课教学研究"的成果（Y202352157）。

②作者简介：曹慧群（1989—　），女，讲师，研究方向为高校思想政治教育。

③习近平. 在党史学习教育动员大会上的讲话 [J]. 求是，2021（7）.

一、中国共产党人精神谱系的生成脉络与深刻内涵

中国共产党人精神谱系发生、内嵌并服务于中国共产党革命、建设和改革的生动实践中，连缀起一幅彰显恢宏精神伟力的脉络图景。回望百年奋斗历程，中国共产党团结带领人民发愤图强、锐意进取，紧扣不同历史时期的时代主题，形成了一系列丰富多样、内涵深刻的中国共产党人精神谱系。

1921—1949 年，中国共产党领导人民在新民主主义革命时期浴血奋战、百折不挠，完成开天辟地的救国大业。在这一时期，锻铸了以摆脱困境、浴火重生为特点的精神元素，形成了建党精神、井冈山精神、延安精神、长征精神、抗战精神等伟大精神（见表 1），引领着中华民族实现民族独立和人民解放。

表 1　新民主主义革命时期（1921—1949 年）

中国共产党人精神谱系	主要内涵
伟大建党精神	坚持真理、坚守理想，践行初心、担当使命，不怕牺牲、英勇斗争，对党忠诚、不负人民
井冈山精神	坚定信念、艰苦奋斗，实事求是、敢闯新路，依靠群众、勇于胜利
苏区精神	坚定信念、求真务实、一心为民、清正廉洁、艰苦奋斗、争创一流、无私奉献
长征精神	坚定理想信念、不惧艰险、英勇牺牲、独立自主、实事求是、顾全大局、密切联系群众、艰苦奋斗
延安精神	解放思想、实事求是、全心全意为人民服务、自力更生、艰苦奋斗
抗战精神	天下兴亡、匹夫有责、视死如归、宁死不屈、不畏强暴、血战到底、百折不挠、坚忍不拔
红岩精神	刚柔相济、锲而不舍、以诚相待、团结多数、善处逆境、宁难不苟
遵义会议精神	坚定信念、实事求是、独立自主、敢闯新路、民主团结
西柏坡精神	"两个务必"的创业精神，"两个敢于"的进取精神，"两个坚持"的民主精神，"两个善于"的科学精神
照金精神	不怕牺牲、顽强拼搏、独立自主、开拓进取、从实际出发、密切联系群众
东北抗联精神	勇赴国难、自觉担当、顽强苦斗、舍生取义、团结御侮
南泥湾精神	自力更生、艰苦奋斗
太行精神（吕梁精神）	不怕牺牲、不畏艰险、百折不挠、艰苦奋斗、万众一心、敢于胜利、英勇奋斗、无私奉献
大别山精神	坚守信念、胸怀全局、团结奋进、勇当前锋
沂蒙精神	军民水乳交融、生死与共
老区精神	艰苦奋斗、牺牲奉献、开拓进取
张思德精神	全心全意为人民服务

1949—1978 年，中国共产党领导人民在社会主义革命和建设时期自力更生、艰苦奋斗，完成了改天换地的兴国大业。在这一时期，孕育了以自力更生、艰辛探索为特点的精神元素，形成了抗美援朝精神、雷锋精神、红旗渠精神、"两弹一星"精神、北大荒精神等伟大精神（见表2），成为全面建设社会主义的强大精神动力。

表2 社会主义革命和建设时期（1949—1978 年）

中国共产党人精神谱系	主要内涵
抗美援朝精神	爱国主义精神、革命英雄主义精神、革命乐观主义精神、革命忠诚精神、国际主义精神
"两弹一星"精神	热爱祖国、无私奉献，自力更生、艰苦奋斗，大力协同、勇于登攀
雷锋精神	热爱党、热爱祖国、热爱社会主义的崇高理想和坚定信念、服务人民、助人为乐的奉献精神、干一行爱一行、专一行精一行的敬业精神、锐意进取、自强不息的创新精神、艰苦奋斗、勤俭节约的创业精神
红旗渠精神	自力更生、艰苦创业、团结协作、无私奉献
"两路"精神	一不怕苦、二不怕死，顽强拼搏、甘当路石，军民一家、民族团结
北大荒精神	艰苦奋斗、勇于开拓、顾全大局、无私奉献
焦裕禄精神	亲民爱民、艰苦奋斗、科学求实、迎难而上、无私奉献
大庆精神（铁人精神）	爱国、创业、求实、奉献
塞罕坝精神	牢记使命、艰苦创业、绿色发展
老西藏精神	特别能吃苦、特别能战斗、特别能忍耐、特别能团结、特别能奉献
西迁精神	胸怀大局、无私奉献、弘扬传统、艰苦创业
王杰精神	一不怕苦、二不怕死、对党忠诚、服务人民

1978—2012 年，中国共产党领导人民在改革开放和社会主义现代化建设时期解放思想、锐意进取，不断推进富国大业。在这一时期，拓展了以攻坚克难、勇攀高峰为特点的精神元素，形成了特区精神、改革开放精神、抗洪精神、抗震救灾精神、奥运精神等伟大精神（表3），引领着中华民族实现了从站起来到富起来的伟大飞跃。

表3 改革开放和社会主义现代化建设时期（1978—2012 年）

中国共产党人精神谱系	主要内涵
改革开放精神	解放思想、实事求是，开拓创新、勇于担当，开放包容、兼容并蓄
特区精神	敢闯敢试、敢为人先、埋头苦干

中国共产党人精神谱系	主要内涵
抗洪精神	万众一心、众志成城，不怕困难、顽强拼搏，坚韧不拔、敢于胜利
抗击"非典"精神	万众一心、众志成城，团结互助、和衷共济，迎难而上、敢于胜利
抗震救灾精神	万众一心、众志成城，不畏艰险、百折不挠，以人为本、尊重科学
载人航天精神	特别能吃苦、特别能战斗、特别能攻关、特别能奉献
劳模精神（劳动精神、工匠精神）	爱岗敬业、争创一流，艰苦奋斗、勇于创新，淡泊名利、甘于奉献
青藏铁路精神	挑战极限、勇创一流、顽强拼搏、自主创新、团结协作
女排精神	祖国至上、团结协作、顽强拼搏、永不言败

2012 年至今，中国共产党带领人民在中国特色社会主义新时代自信自强、守正创新，推进并将在本世纪中叶实现强国大业。在这一时期，发展了以人民至上、奋斗实干为特点的精神元素，形成了新时代北斗精神、"三牛"精神、探月精神、脱贫攻坚精神、抗疫精神等伟大精神（见表 4），引领中华民族实现了从富起来到强起来的伟大飞跃。

表4 新时代中国特色社会主义时期（2012 年至今）

中国共产党人精神谱系	主要内涵
脱贫攻坚精神	上下同心、尽锐出战、精准务实、开拓创新、攻坚克难、不负人民
抗疫精神	生命至上、举国同心、舍生忘死、尊重科学、命运与共
"三牛"精神	为民服务、创新发展、艰苦奋斗
科学家精神	胸怀祖国、服务人民、勇攀高峰、敢为人先、追求真理、严谨治学、淡泊名利、潜心研究、集智攻关、团结协作、甘为人梯、奖掖后学
企业家精神	爱国敬业、守法经营、创业创新、回报社会
探月精神	追逐梦想、勇于探索、协同攻坚、合作共赢
新时代北斗精神	自主创新、开放融合、万众一心、追求卓越
丝路精神	和平合作、开放包容、互学互鉴、互利共赢

二、高校思政课讲好中国共产党人精神谱系的价值意蕴

党的二十大报告指出："弘扬以伟大建党精神为源头的中国共产党人精神谱系，

用好红色资源""着力培养担当民族复兴大任的时代新人"^①。高校思政课是落实立德树人根本任务的关键课程，与中国共产党人精神谱系在价值追求、育人目标、核心内容等方面具有同根同源的内在契合性。因此，在高校思政课中讲好中国共产党人精神谱系的价值主要体现为：

（一）有助于高校思政课提升教学效能

习近平总书记指出："思想政治理论课要坚持在改进中加强、在创新中提高，及时更新教学内容。"^②中国共产党人精神谱系是中国共产党久经沧桑而风华正茂的精神密码，是高校思政课丰厚的教学资源，是新时代深刻认识马克思主义为什么行、中国特色社会主义为什么好、中国共产党为什么能的鲜活教材。因此，立足马克思主义中国化时代化的理论结晶，结合中国式现代化进程中的重大现实问题，推动高校思政课讲好中国共产党人精神谱系，发扬历史主动精神，深入挖掘每一种精神背后鲜活的人物故事和历史事件，通过讲授这些生动鲜活的中国故事、红色故事，转变传统理论灌输的教学方式，能让学生在感受精神伟力的同时形成具有冲击力的画面感，从而更好地促进知识内化与价值引领的有机统一，实现理论与实践、思政小课堂与社会大课堂的有效衔接，有助于进一步拓宽高校思政课教学内容的宽度与广度，提升高校思政课教学内容的温度和深度，切实增强高校思政课的感染力与实效性。

（二）有助于青年大学生增强价值认同

高校思想政治理论课是对大学生进行马克思主义理论教育和思想政治教育的主渠道，着力回答"培养什么人、怎样培养人、为谁培养人"的问题，致力于培养堪当民族复兴大任的时代新人。当前，大学生们正处在世界观、人生观和价值观形成的关键时期，他们思维活跃，求知欲强，关注社会热点，政治热情趋高，但对新事物、新思想的认知、判断和分析能力有待提高。改革开放以来，受拜金主义、享乐主义、极端个人主义错误价值观的影响，躺平、摆烂、"丧文化"等消极思想在青年群体中日益凸显，尤其是"普世价值"、历史虚无主义等西方思潮的渗透与侵蚀，在一定程度上消解了青年大学生传承优良品质的精神动力。中国共产党人精神

---

①习近平.高举中国特色社会主义伟大旗帜 为全面建设社会主义现代化国家而团结奋斗——在中国共产党第二十次全国代表大会上的报告（2022年10月16日）[M].北京：人民出版社，2022.

②习近平.思政课是落实立德树人根本任务的关键课程[J].求是，2020（17）.

谱系建立在对马克思主义、共产主义信仰的基础上，继承了中华优秀传统文化的精神特质，内蕴着崇高的理想信念、坚定的政治品格和强大的奋进力量，彰显着党的核心价值追求，是建构青年大学生主流意识形态的有效载体。推动高校思政课讲好中国共产党人精神谱系，有助于引导广大青年学生在真学真信中增强对马克思主义、共产主义的信仰，在知行合一中树立远大理想、坚定崇高信念，自觉把个人理想追求融入到党和国家的事业中，努力成为担当民族复兴大任的时代新人，在实现中华民族伟大复兴的征程中不懈奋斗。

（三）有助于思政课教师提升综合素养

思政课教师肩负着培养担当民族复兴大任时代新人的重要育人使命，面对日益复杂的社会环境和青年学生多样化的成长需求，提升思政课教师的素质与能力，不仅关乎教师个人的成长和专业发展，而且对于提升思政课教学质量、塑造学生的价值观和健全人格具有深远的影响。习近平总书记提出："办好思想政治理论课关键在教师"，并对思政课教师提出了"政治要强""情怀要深""思维要新""视野要广""自律要严""人格要正"[①]六方面的要求。其中，"政治要强"居于首位，即要让有信仰的人讲信仰。推动高校思政课讲好中国共产党人精神谱系，一方面促使高校思政课教师对中国共产党人精神谱系进行系统学习，开展深度的理论研究，强化政治自觉与理论自觉；另一方面，思政课教师通过将精神谱系的理论内容有效转化为教学内容与资源，可促进高校思政课教师对中国共产党人精神谱系知识的内化与吸收，从而进一步坚定政治信仰，提升综合素养。

三、高校思政课讲好中国共产党人精神谱系的具体路径

思政课的本质是讲道理，思政课教师要"把道理讲深、讲透、讲活"。因此，推动高校思政课讲好中国共产党人精神谱系，要在讲准、讲深的基础上讲透、讲活，打造中国共产党人伟大精神育人的高校思政课教学特色。

（一）讲"深"中国共产党人精神谱系的理论根基，体现理论深度

第一，把中国共产党人精神谱系的理论起点讲深。从理论来源看，中国共产党的百年党史，本质上就是不断推进马克思主义中国化时代化的历史。马克思主义作为中国共产党人精神谱系的逻辑起点和科学指引，是我们党立党立国、兴党兴国

①习近平.用新时代中国特色社会主义思想铸魂育人 贯彻党的教育方针落实立德树人根本任务[N].人民日报，2019-03-19.

的根本指导思想。百年来，中国共产党不断将马克思主义基本原理与中国具体的革命、实践、改革相结合，形成了一系列马克思主义中国化时代化的理论成果。因此，高校思政课教师要讲清楚马克思主义为什么行这一理论起点问题，可通过问题链教学，设置例如"什么是马克思主义，它是一个什么样的主义？""中国为什么会选择马克思主义？""我们为什么要信仰马克思主义"等一系列问题，抽丝剥茧、逐层深入，引导学生全面、准确、科学认识与理解马克思主义，这对于深入把握中国共产党人精神谱系具有追本溯源的重要意义。

第二，把中国共产党人精神谱系的文化渊源讲深。"中国共产党从成立之日起，既是中国先进文化的积极引领者和践行者，又是中华优秀传统文化的忠实传承者和弘扬者。"①从文化渊源来看，中国共产党人精神谱系厚植于中华优秀传统文化，是中华民族现代文明发展史上的重要精神成果。百年来，中国共产党历经磨难而风华正茂，其中一个很重要的原因就是悠久的中华民族文化所提供的强大精神支撑。一代又一代中国共产党人不断从中华传统文化中汲取营养，经时代发展与萃取，熔铸成一座中国共产党人的宏伟精神丰碑。因此，高校思政课应拓宽教学视野，纵贯华夏文明五千多年历史，讲深孕育中国共产党人精神谱系的文化渊源，传承中华文化基因，提升民族自豪感和文化自信心。

（二）讲"透"中国共产党人精神谱系的精髓要义，体现思想高度

第一，坚持辩证思维，讲透中国共产党人精神谱系"共性"与"个性"的关系。中国共产党人精神谱系形成于党百年奋斗的不同历史时期，由于时代背景、地域文化、人物事迹的不同特点，中国共产党人精神谱系展现出多样形态和独特价值。在迈向第二个百年奋斗目标的新征程上，新的精神成果也将会不断增加。因此，高校思政课要讲好中国共产党人精神谱系，既要深刻诠释好每一种精神成果的内涵与特质，更要准确归纳中国共产党人精神谱系一脉相承的精髓要义。围绕中国共产党的初心使命和宗旨意识，高校思政课教师可从坚定理想信念、厚植爱国主义、保持奋斗进取、彰显人民情怀、涵养道德品质等方面对中国共产党人精神谱系的共同特质加以理解与把握。

第二，坚持发展思维，讲透中国共产党人精神谱系"历史"与"现实"的关系。习近平总书记指出："实现中国梦必须弘扬中国精神，这是以爱国主义为核心

---

① 习近平 . 习近平谈治国理政（第3卷）[M]. 北京：外文出版社，2020：35.

的民族精神和以改革创新为核心的时代精神"①。作为中国精神的忠实继承者和坚定弘扬者，中国共产党在革命、改革和建设的伟大实践中所形成的宝贵精神财富正是中国精神的生动体现。因此，高校思政课讲好中国共产党人精神谱系，既要彰显每一种伟大精神成果的厚重的"历史感"，也要立足于新的时代条件，不断丰富和发展每一种伟大精神成果的"时代性"，使之成为激励中华民族勇往直前、开创未来的强大精神动力。

第三，坚持大局思维，讲透中国共产党人精神谱系"民族"与"世界"的关系。任何一种精神都不可能凭空产生且孤立存在。中国共产党人精神谱系形成于中国和世界的发展大势中。高校思政课教师应具备更为宏大的教学视野，帮助学生在世界文明的坐标中准确把握中国文化与外来文化的关系。因此，高校思政课讲好中国共产党人精神谱系，既要保持鲜明的政治立场，深刻阐释中国共产党人精神谱系的民族色彩，也要引导学生放眼全球，深刻感受伟大精神成果对世界人类文明发展所具有的重要意义。

（三）讲"活"中国共产党人精神谱系的生动故事，体现时代温度

讲好一个故事胜过万千大道理。习近平总书记多次强调思政课要讲好中国故事、党史故事。因此，高校思政课应以故事为抓手，把中国共产党人精神谱系的生动形象讲"活"，从而将教学重心下移，最终落脚并转化到学生的心理认同和行为实践中。

第一，做"活"故事挖掘与转化。高校思政课教学主管部门应积极组织思政课专家学者、一线教师开展中国共产党人精神谱系的故事挖掘研究，形成一系列高水平理论研究成果，并在此基础上进行话语创新与转化，有效整合成图文并茂、音画一体、吸引力强且易于宣传教育的网络作品，并叠加移动互联网学习平台建设，教师可实时推送信息，精确传递知识，从而使思政课的教与学更加灵活便捷。

第二，用"活"多元教学形式。思政课教师应当根据学生的认知发展规律和不同专业的学情特点，在传统课堂教学方法的基础上，采取多种教学手段，以提高中国共产党人的精神谱系融入高校思政课的实际成效。一方面，教师应根据各门思政课的不同侧重点，合理规划嵌入主题和故事，将伟大精神全视角、多维度融入思政课，用鲜活生动、接地气的教学语言将故事蕴含的理论讲生动；另一方面，教师

---

① 习近平.在第十二届全国人民代表大会第一次会议上的讲话（2013年3月17日）[N].人民日报，2013-03-18.

可综合运用参与式、启发式、沉浸式等多元教学方法，开展主题读书研讨、学生微课讲堂、课堂微辩论、红色微电影拍摄、历史人物角色扮演等形式多样、内容丰富的实践教学活动，使教学内容变成鲜活的场景，使学生在实践中加深对中国共产党人精神谱系的认知，充分发挥学生主体地位，提高学生课堂主动性和参与度，以更具亲和力和感染力的方式讲好红色故事、传承红色基因。

高职思政课问题式专题化教学创新团队建设研究 ①

王冬凤②

（江西现代职业技术学院，马克思主义学院）

【摘要】思政课问题式专题化教学改革的重中之重是教学团队建设，一支攻坚执锐的教学创新团队是解决问题、补齐短板、突破瓶颈不可缺少的人才支持。高职院校要不拘一格吸纳人才，多方协调聚合力，积极构建教学创新团队。教学创新团队要整合资源，优势互补，团结协作着力推进高职思政课问题式专题化教学改革。

【关键词】思政课；教学创新团队；教学改革

习近平总书记指出，"办好思想政治理论课关键在教师，关键在发挥教师的积极性、主动性、创造性"③。要提升思政课堂教学的思想性、理论性和亲和力、针对性，就要充分发挥思政课教师团队作用，着力推进思政课问题式专题化教学创新团队建设。高职院校要以思政课问题式专题化教学改革为契机创建教学创新团队，以教学创新团队的建设推进问题式专题教学改革④。

一、高职思政课问题式专题化教学创新团队建设的重点任务

（一）多措并举，构建问题式专题化教学创新团队

推进高职思政课问题式专题化教学改革必须要摒弃"单兵作战"的思维模式，

---

①基金项目：本文系 2022 年江西省高职学校教学改革研究课题项目"高职院校《思想道德与法治》课程问题式专题化教学改革研究与实践"的阶段性成果（JXJG-22-50-6，项目主持人：王冬凤）。

②作者简介：王冬凤（1989— ），女，江西现代职业技术学院专职教师，讲师，研究方向为高职思想政治教育。

③习近平.习近平谈治国理政（第 3 卷）[M].北京：外文出版社，2020：330.

④叶仁荪.江西"高校思政课问题式专题化团队教学改革"的探索与实践 [J].中国高等教育，2022（05）.

坚持"团结就是力量，团队就是保障"的基本思路，多措并举切实构建起问题式专题化教学创新团队。

首先高职院校要充分发挥好思政课专职教师主力作用，或以课程为核心或以教研室为主体或以课题项目为依托构建起教学创新团队，明确教学创新团队的负责人、核心成员、主要参与者以及团队建设的目标任务等等。其次高职院校可以充分利用行业办学优势，加强校企、校馆合作，将合作企业的骨干成员、场馆优秀讲解员吸纳为教学创新团队特聘教师，邀请他们进校园给大学生上思政课、开展专题讲座、与同学们话成长。最后坚持"请进来"与"走出去"相结合，充实教学创新团队。"请进来"即通过线上线下的方式邀请专家学者对课程教学改革、精品课程建设、教学竞赛备赛、课题论文撰写进行指导，拓展教学创新的研究视野，夯实教学创新团队的理论水平。"走出去"即教学创新团队利用寒暑假的时间前往成果丰硕、经验丰富的院校进行考察学习交流，通过考察学习交流的方式不断提升思政课教学创新团队的教学与科研水平。

（二）改革教学模式，构建"一课多师"示范团队

"一课多师"是指在一门课程中，组织多名教师合作开展教学活动的教学模式。这种教学模式一方面依据每位教师的教学特点和理论专长，整合教学内容，设计教学流程，在教学过程中发挥教师自身优势，展现教师独特风格；另一方面教学创新团队教师在备课、上课、课外实践展开全过程全方位的深度合作，实现经验互鉴、优势互补、资源共享，从而有助于深化教学内容，提升教学品质。

教学创新团队建立起来之后要着手整合教学团队资源，充分挖掘每位教师的教学特色和理论专长，依据教学团队成员的学科背景和研究专长分配教学专题，探索形成课程整体逻辑相对紧密、局部主题相对突出、独立的"一课多师"问题式专题化教学模式。教学创新团队还应着力探索将思政专职教师与思政兼职教师、思政特聘教授、场馆讲解员、校园红色讲解员、班级辅导员、优秀学生等各方力量联动起来，一起备课、一起上课，打造"双师同台"课堂，"师生同台"课堂，构建"一课多师"示范团队。

（三）推进理实相融，深化问题式专题化教学改革

习近平总书记强调：思政课教师，要给学生心灵埋下真善美的种子，引导学生扣好人生第一粒扣子。①思政课的教学目标不仅是要学生真知、真懂，更要学生

---

① 习近平.习近平谈治国理政（第3卷）[M].北京：外文出版社，2020：330.

真信、真行。思政课问题式专题化教学改革要紧紧围绕"知—情—意—行"四个基本要素，坚持知是基础、行是关键的基本原则深化问题式专题化教学改革。

知是基础，就是要继续深化课堂理论教学内容的设计。教学创新团队要持续强化对教材思想与内容的研究，坚持"立足教材、超越教材"的基本思路、坚持以问题为导向，科学合理凝练教学专题，精心设计教学问题链，实现教材体系向教学体系的转化；要坚持以生为本，了解学情、掌握学情，直面学生的疑惑点、困惑点，找准学生的兴趣点、兴奋点、设计教学，开展教学，进一步提高学生抬头率、点头率。

行是关键，就是要实现课堂理论学习和课外实践相互贯通，立足理论教学中重点、难点、热点、堵点设计课外实践活动。教学创新团队积极探索将思政课程的实践内容与学生志愿服务活动、学生社团活动、一线课堂活动以及班级建设活动相互结合贯通，着力打造校内实践第二课堂，校外实践社会大课堂，将把思政小课堂与社会大课堂紧密结合，创新"大小课堂"协同育人的实践育人模式。

（四）整合教学资源，完善思政课教学资源体系

丰富的教学资源是开展教学改革的基础。丰富的教学资源可以给教师提供教学思路和灵感，可以丰富教学课堂内容，可以完善教学环节，提升教学效果。教学创新团队要继续挖掘教学资源，整合教学资源，完善思政课教学资源体系。

开展一专题一备课，丰富专题教学资源。教学创新团队切实开展集体备课，确定每个专题的主备教师。主备教师根据课程标准、教学大纲和教材内容制作专题教学 PPT、收集教学案例、视频资源，课后习题等，其他教师对主备课教师的教学资源进行甄别、筛选、补充，共享，形成各个教学专题的教学资源。

进行专题教学优秀课件和讲义评比，推进资源优化。有条件的高职院校可以定期组织教师进行优秀教案、优秀讲义的评比，通过评比活动激励教师不断去挖掘教学资源，实现教学资源的更新与优化。在教学资源足够丰富和持续更新优化的前提下，建立动态发展的教学课件视频资源库、案例时事资料库、教学知识习题库、学生实践素材库四库一体的思政课教学资源体系。

（五）实现教研相长，推动改革实践转化为理论成果

教而不研则浅，研而不教则空。高校思政课问题式专题化团队教学改革如果只是专注教学，而不去反思，不去总结、不去提炼理论成果，那么最终教学也是显得肤浅的，教学改革也无法持续深入推进。

教学创新团队要将教学和科研密切结合起来，推进教学和研究的互相促进，互相提高，实现教研相长。一方面教师要善于在问题导向专题教学过程中去发现新问题、总结新经验，撰写研究论文，形成新的理论成果；另一方面教师要积极申报各类课题，尤其是要围绕"高校思政课问题式专题化团队教学改革"积极申报教改课题、人文社科课题，通过课题的申报和研究为教学改革提供理论指引。

二、高职思政课问题式专题化教学创新团队建设路径探析

（一）"引入＋吸纳"，优化问题式专题化教学创新团队结构

高校思政课问题式专题化团队教学改革关键在于发挥团队协同效应，强化协作精神，凝聚团队力量，群策群力推动教学改革，因此一支充实且结构合理的教学创新团队队伍是必不可少的。近年来，随着高校思政教育备受重视，高校思政课教学改革提上日程，高校思政队伍也是不断地充实壮大。但目前很多高职院校在师资队伍上还存着人员配比不足，职称结构单一，年龄结构偏年轻化等问题。

因此，高职院校在组建问题式专题化教学创新团队的基础上还要持续通过"引入＋吸纳"双轨并行方式优化团队结构。一方面学校要继续充实思政专职教师队伍，通过高层次人才引进的方式招聘新教师，为团队注入新鲜血液；另一方继续通过加强校企（馆）合作，加强联盟单位协作，加强与周边高校的联系，吸纳一批具有高级职称的特聘教授进入团队，实现老中青教师三结合，各取所长，优势互补。

（二）"借鉴＋创新"，凸显高职思政课问题式专题化教学特色

为了有效推进高校思政课问题式专题化教学改革，南昌大学、江西财经大学、南昌航空大学等几大主要大高校已经组建团队，进行教学改革探索，并且形成了思政课四大主要课程完整的问题式专题化教学 PPT、教案等重要教学素材，这些教学素材对高职院校问题式专题化教学改革具有非常重要的指导和借鉴意义。

但相关教学改革成果多来自于本科高校，本科高校与高职院校在学生生源，教学目标定位等方面都存在差异，这些成果可以借鉴，但绝不能生搬硬套直接使用。作为高职院校思政课问题式专题化教学创新团队还需要根据高职学生的特色和需求去推进改革。

高职的办学宗旨是培养具有一定高等教育知识专业技能技术知识的人，高职院校的教学改革应该更凸显其应用性特色。要深入了解学生专业特点以及专业发展

需求，深入挖掘思政教学内容与学生专业发展的内在联系，实现教学内容与学生专业的深度融合。教学案例的选择上尽量选取与学生专业或者未来职业发展相关的案例，教学问题设计注重从学生的专业和未来职业发展提出问题，课堂活动多强调学生从自身专业出发思考参与讨论。

高职院校有一部分同学有专升本的学历提升需求，高职专升本的必考科目之一就是政治。高职院校思政课问题式专题化教学改革还应考虑对接期末考试、专升本政治考试需求，教学设计应该强化练与评的环节，通过课堂随堂练习，学生自我测评，教师总结点评，课后练习与测验，以帮助学生巩固教学内容。

（三）"线上 + 线下"，搭建多维立体教学资源平台

随着网络媒体技术的发展，纯粹的线下教学资源已经无法满足教师的教学需求和学生的学习需求。教学创新团队在充分掌握运用线下教学资源的同时，通过多种途径开发线上教学资源，搭建多维立体的教学资源平台。

一是构建内容丰富的线上教学资源库。教学创新团队集体备课，统一要求，分工协作拍摄精品在线课程、"一线课堂"视频课程资源，这些视频资源包括相应的教学素材上传至网络教学平台供学生学习。教学创新团队也可以依托百度文库、中国大学慕课、学习强国平台等途径收集整理案例、习题、视频、时事新闻等教学资源，构建内容丰富的线上教学资源库。

二是依托学习通、微助教、职教云等线上教学互动平台，开展线上线下混合式教学。教师根据自己的需要选择教学互动平台，这些互动平台均可以实现管理、展示、互动、评价、答题、投票、布置作业等教学功能。这些教学互动平台在课前课中课后的全过程运用能够为教师带来"控制感"，给学生带来"参与感"，给教育管理者带来"安全感"。

（四）"时间 + 空间"，践行两维一体教学策略

思政课程的教学痛点在于，知易行难，难以实现知行合一的教学效果。为了解决这个痛点，教学创新团队要围绕"知—情—意—行"四要素，从时间、空间两个维度进行教学设计，形成时间与空间"两维一体"的教学策略，将教学时间延伸到课前与课后，将教学空间拓展为课内与课外，竭力推进全过程全方位育人。

在时间上强调"课前—课中—课后"三者并重，课前注重自主学习，课中注重活动体验，课后注重社会实践，形成从"认知—情感—实践—内化"的学习闭环。

在空间上强调"课堂—校园—社会"三位一体，课堂注重用多种方法化解教

学重难点；校园内充分运用 VR 思政实训室，校内智慧教室，校园活动中心，开展思政实训和特色活动，增强学生的情感体验；校园外，通过社团实践活动、"一线课堂"活动、"红色走读"活动、三下乡活动等让学生参与社会实践，在实践中体验、感受，从而促使学生将理论知识内化于心，外化于行。

三、高职思政课问题式专题化教学创新团队建设意义探赜

（一）提升思政课教学效果

教学创新团队建设坚持立德树人根本任务，基于"问题导向、精准发力"教学理念，逐步探索推进高职思政课问题式专题化教学改革[①]。教学创新团队把准高职学生成长需求，对焦高职思政教育教学的痛点难点问题，精确发力，有效施策，可以着力从以下两个方面提升高职思政课教学效果。

一是着力解决思政课堂普遍存在的形式大于内容，理论内容讲不实，教材内容难以转化为教学内容的问题。教学创新团队在充分研读教材，掌握教材内在的思想联系和逻辑关系的基础上，按照一条基本教学主线对原本教材内容进行科学的提炼、整合形成教学专题。教学专题的凝练实现了对教材内容的再度解读和优化，推进教材体系向教学体系转化，让理论内容的呈现更加具体直观。

二是着力解决思政理论课堂教学形式单一，课堂气氛沉闷无生气的问题。思政课问题式专题化教学改革关键在于凝练问题，教学创新团队根据学情和教学实际，精心设计教学问题，将问题问到点上，将问题问到学生的心里，通过一个个问题串联起课堂教学。以问题为导向的教学可以打破传统教学的局限性，通过层层设问，抽丝剥茧，引导学生不断去思考、去探究，去讨论、去发表自己的见解和看法，打造"内容有用、过程有趣、学生有得"的课堂，营造轻松、亲和、清新的课堂氛围。

（二）扎实推进协同育人

韩愈的《师说》中曾写道：闻道有先后，术业有专攻。思政教育教学内容涉及历史、政治、经济、文化、社会、生态等各个方面，单个思政专职教师难以做到面面俱到，事无巨细。而教学创新团队通过"引进来""走出去"等方式，协调各方形成合力扎实推进协同育人，提升育人效果。

---

① 周志成，韩强，等．"问题导入式"专题教学改革探索与思考 [J]．思想理论教育导刊，2014（03）．

教学创新团队可以通过打造"双师同台"示范课堂、"一课多师"师范团队，将思政兼职教师、班级辅导员、特聘教授、场馆讲解员请进课堂，充分协同发挥各方的教学优势和理论专长，能够有效增强思政课的思想性、理论性、亲和力、针对性。

教学创新团队还可以通过拓展"师生同台"讲思政课的内容与形式，充分调动学生的积极性，发挥学生的主体性作用，让更多学生参与思政课备课、授课，让更多学生实现从被动接收者到为主动传播者的转变。

此外教学创新团队教师可以下到各个分院，与分院专业课教师一起挖掘红色资源，丰富专业课程的思政元素，以思政课程推进课程思政，以课程思政强化思政育人效果。教学创新团队教师还要进到各个社团，指导学生社会实践，把政治引领、思想引领、价值引领与学生社会实践活动统一起来，积极探索将学生社会实践活动作为思政课的第二课堂，创新思政小课堂与社会大课堂相结合的协作育人路径。通过思政教师和学生一起组织、参与社会实践、一起收集、拍摄教学素材，一起宣传、推介实践成果，多师通力合作，师生同向同行，扎实开展协同育人。

（三）提升教学团队水平

思政课教师队伍建设是高职院校人才培养的一项重要任务，也是保证思政课教学质量的重要环节。教学创新团队建设通过构建一支老中青结合的教师队伍，实现团队成员的优势互补，同时也实现团队成员之间的相互帮助，共同提高。尤其是团队经验丰富的老教师在业务上，在教学上、在科研上、在师德师风涵养上对新教师的指导和提点，促成实质上的"以老带新""以新促老"，全方位提升教学创新团队教学水平。

此外，教学创新团队在全员"晒课"，示范团队建设、精品在线课程开发等项目活动相互合作，互帮互助。教师之间加强联系，形成默契，大家齐心协力，共同推进思政课问题式专题化教学改革。

高职院校思想政治理论课教学现状分析

——基于学生需求的调查[①]

冯瑞元[②]

（浙江旅游职业学院，马克思主义学院）

【摘要】 围绕当前高职院校思想政治理论课教学发展现状，从学生视角对班级授课内容、教师授课方式及手段、实践教学现状、课程考核及学生学习现状等进行调查分析，建议整合教材内容，丰富教学方法，优化师资队伍，创新考核方式等。

【关键词】 高职；思想政治理论课；学生；调查

2019 年 3 月 18 日，习近平总书记在学校思想政治理论课教师座谈会上强调："办好思想政治理论课关键在教师""推动思想政治理论课改革创新，要不断增强思政课的思想性、理论性和亲和力、针对性"。思想政治理论课（以下简称"思政课"）对培养学生的道德品质和价值观至关重要，它是学校教育中实现立德树人基本任务的核心课程。当前，由于互联网、信息化和全球化的影响，思政课面临着前所未有的挑战。一直以来，思政课很难受到学生的广泛喜爱，这不仅影响了思政课的教学效果，对思政课教师来说更是情感上的挫败和教学上的困境。

近年来，教育行政管理部门推动的以供给侧为主的高校思想政治理论课改革，不仅为高校思想政治理论课教学创造了有利的宏观外部环境，还极大地调动了教师们进行教学改革的积极性。为了找准当前浙江省高职院校思想政治理论课教学改革的关键点，研究组面向浙江旅游职业学院（浙旅职院）在校的大一、大二学生开展

---

①基金项目：浙江旅游职业学院 2024 年教改课题"供给侧视域下高校思想政治理论课实效性提升研究"（2024YB04）。

②作者简介：冯瑞元（1981— ），女，副教授，主要从事马克思主义中国化、思想政治教育研究。

了高职院校思想政治理论课需求调查，对学生反映的一些问题进行分析，并有针对性地提出改进对策。

一、调查基本情况

本次调查通过问卷星发放电子问卷，面向浙旅职院在校生开展，回收有效问卷650份，调查中女生占75.38%，男生占24.62%，大一占92.15%，大二占7.85%，整体分布合理。问卷设计包含20个问题，有单选、多选和开放性问题三大题型。内容涵盖四个层面：一是对思想政治理论课的认知层面，主要围绕开设思想政治理论课的必要性；二是对思想政治理论课的教学过程的看法层面，包括教学方法、教学内容、教学效果及实践教学等方面；三是对授课教师的预期层面，包括教师的授课方式、师德素养等方面；四是对课程考核的思考层面，主要围绕课程考核的比例分配和题型分布。目前学校开设"思想道德与法治""毛泽东思想和中国特色社会主义体系概论""习近平新时代中国特色社会主义思想概论""形势与政策"四门必修课。

二、调查结果分析

高职院校的思想政治理论课程在内容更新、教学方法创新、师资队伍的数量和质量提升等方面取得了显著进步。然而，从学生需求的视角看，这些现状与学生的预期还存在一些差距。

（一）对思想政治理论课的认知良好

在关于"您认为大学阶段有必要开设思想政治理论课进行思想道德教育"的调查中，有56.31%认为非常有必要，34.92%认为有必要，仅8.77%认为可有可无或者没有必要。可以看出，大多数学生对于思想政治理论课有良好的认知，它不仅是一门学科，更是一种责任和使命，它承载着立德树人、提高学生综合素质的重要任务。在回答"您认为思想政治理论课所讲的内容对现实生活中的作用"的调查中，46.15%认为作用很大，41.23%认为有作用，12.62%认为作用不大或没作用，这说明学生对当前思想政治理论课的现实价值比较认可，普遍认为对现实生活能起到一定作用。

（二）对思想政治理论课的教学内容、教学方法、教学效果及实践教学安排的需求与当前教学改革方向一致，但还需继续推进

在关于"您认为影响教学效果的首要因素"的调查中，82.92%认为是教学内

容，76% 认为是教学方法，60.64% 认为是教师魅力，60.92% 认为是学生自身，除此之外，有也学生提到手机因素。影响教学效果的因素是多方面的，其中教学内容被认为是影响教学效果的首要因素，占比达到 82.92%。这表明学生认为教学内容的相关性、吸引力和深度对于学习体验至关重要。其次，教学方法也被认为是影响教学效果的重要因素，这表明学生重视教学方法的多样性和创新性。有效的教学方法，如互动讨论、小组合作、案例研究等，可以提高学生的参与度和理解力，从而提升教学效果。教师魅力和学生自身因素同样被认为是影响教学效果的关键，教师的个人特质，如专业知识、沟通技巧、热情和幽默感，以及学生的学习态度、兴趣和投入程度，都对教学效果有显著影响。

此外，手机因素是当前课堂教学的一个重要干扰因素，学生在课堂上使用手机查看与课堂教学无关的内容将会极大影响他们的课堂参与度和学习效果。

在关于"您所希望的思政课教学内容"的调查中，70.92% 认为教学内容具有典型性和真实性，80.77% 认为教学案例取材于大众所关注的社会热点问题，或者贴近大学生学习和生活实际，65.08% 认为教学内容能够经常更新，与时俱进，38.77% 认为教学内容具有一定理论性。由此可见，学生对于思政课的教学内容有明确的需求和期待：希望教学内容具有典型性和真实性，这意味着教学材料应该基于真实的社会情境和案例；希望课堂教学能够与他们的日常生活紧密相连，通过讨论他们关心的话题，使课程更加生动有趣；希望能够跟上时代的步伐，讨论当前的社会现象和问题，而不仅仅是回顾历史或重复旧的内容；越来越关注其课程本身的理论性，认识到思想政治理论课需要传授系统的理论知识，以帮助他们深入理解社会现象和问题。

在关于"授课方式您较喜欢"的调查中，67.23% 是引用材料和实际案例来说明书本理论知识，67.08% 认为是互动教学，鼓励学生自主发言，47.54% 是走出课堂，开展实践，撰写实践报告，36.15% 是分小组自主讨论，老师对讨论的结果作点评。这说明大多数学生更喜欢将理论与实践相结合的授课方式，倾向于参与式的学习方式，他们希望在学习过程中能够积极地参与到其中，而不仅仅是被动地接受知识，将所学知识与现实世界相结合，通过互动和讨论，与他人进行思想交流，以丰富自己的见解，学以致用。在关于"您认为教师不定期使用讨论、辩论等教学方法对增强教学效果"的调查中，39.69% 认为非常有帮助，45.85% 认为有帮助，12.62% 认为帮助不大，1.85% 认为没有帮助。在关于"对开展课堂讨论，您的态度"的调查中，59.38% 表示积极参与，39.54% 表示只有感兴趣才参与，1.08% 表示无关紧要，懒得参与。根据调查显示，对于教师不定期使用讨论、辩论等教学方法对增强教学效果的看法，绝大多数学生持积极态度，并且对课堂讨论持开放态度，愿意在适当的情况下参与其中。大部分学生认可讨论、辩论等互动式教学方法能够有效地提升教学效果。另外，还是有小部分学生对讨论和辩论缺乏兴趣，认为对于他们的学习没有显著的正面影响，或者他们可能更偏好其他类型的教学方法。

在关于"您偏好的思政课实践教学"的调查中，73.23% 偏好课内实践以课堂讨论、主题情境，58.62% 偏好校内实践以观看红色经典电影或者书籍，撰写竞赛或征文，53.85% 偏好校外社会实践教学以参观红色景点、纪念馆、社会调研，撰写调研报告，37.54% 偏好通过学校思政基地的虚拟仿真平台体验式实践，撰写调研报告，31.85% 偏好自行选择实践主题，开展社会调研，撰写调研报告并 PPT 展示汇报，还有个别学生提到不愿意撰写调研报告。调查结果说明了学生对于思政课实践教学有不同的需求和偏好，总的来说，对于在课堂内、校内外、真实或虚拟平台都是一种备选方案。个别学生提到不愿意撰写调研报告，这说明这部分学生对于写作和研究可能有一定的抵触情绪，或者认为调研报告这种形式不适合他们的学习风格。

在关于"您认为提高思政课教学实效性应采取的措施"的调查中，83.69% 认为要关注实际，解答大家关心的难点和热点问题，60.62% 认为要采用线上教学等先进的教学手段，扩大课堂参与度，46% 认为要加强实践教学环节，给予学生自主探索的机会，34.31% 认为要缩小课堂规模，实现小班化教学，24% 认为要改革考试、评定成绩的方式。这说明学生对于提高思政课教学实效性的举措既关注到了教学内容、教学方法和手段，也注意到了自身能动性的发挥、教学班的规模与课程考核方式，已然趋于全面。但在众多因素中，大多数学生还是旗帜鲜明地把教学内容放在了首位，明确了课堂教学内容为主。

在关于教学效果的"您认为自己思政课学习状态"的调查中，38.62% 表示非常认真，聚精会神，54.15% 表示比较认真，偶尔走神，7.08% 表示几乎不听，经常做其他事情，0.15% 表示经常性旷课。在"在上思想政治理论课时，您会做什么"的调查中，94.77% 选择听课，12.31% 选择看其他书，10.31% 选择睡觉，39.54% 选择玩手机，14.46% 选择写作业。调查结果表明，大多数学生对思政课的态度是认真的，虽然在课堂上有少数学生会偶尔走神或者做其他事情，但大部分学生还是选择认真听课，这很大程度上反映了学生对目前思政课的认可。但值得注意的是，将近40%学生会在课堂上不同程度地玩手机，教师必须重视手机对课堂秩序和课堂效果的影响。

在关于"您对思政课任课老师的期望"的调查中，74.77%选择有坚定的马克思主义信仰，81.85%选择举止得当，具有较好的人格魅力，72.92%选择知识渊博，有较高的专业水平，80.77%选择为人亲和，师生关系融洽。这表明学生对教师的期望是立体的、多元的，他们希望老师能够在教学内容、教学态度和师生关系等方面都达到一定的水准。

（三）对思想政治理论课考核，注重过程性考核和基础性知识

在关于"您认为合理的题型"的调查中，45.23%选择考教材，以客观题为主，14.15%选择考能力，以主观题为主，40.62%选择基础与能力兼顾，主观加客观题。"您认为合理的考核比例"的调查中，64%认为平时占60，期末占40，18.62%认为平时占40，期末占60，17.38%认为平时占50，期末占50。这表明学生希望在考核中能够平衡对知识掌握和能力培养的考察，同时也对希望平时成绩和期末考试的权重分配中不仅仅关注期末考核，也注重过程考核。

此外，在开放性问题"您期待的思政课堂是什么样"的调查中，出现了"有趣""轻松""实践""互动""内容""活跃""线上""氛围"等高频词汇，这表明学生期望思政课堂气氛活跃，教学方式多样，能够提供丰富、多元的教学内容，不仅包括理论知识，还涵盖时事热点、案例分析、人物传记等，以拓宽他们的视野和知识面，能够与教师和同学进行线上线下有效的交流和讨论，从而促进知识的共享和思想的碰撞。

三、高职院校思想政治理论课教学改革的探索

我国教育的根本任务是立德树人，而思想政治理论课是落实立德树人根本任务的关键课程，思想政治理论课发展现状直接关系到这一任务能否得到真正落实。从问卷调查的结果来看，目前的高职思想政治理论课改革得到学生的普遍认可，但也存在不容忽视的问题，必须从学生需求层面入手，开展进一步探索。

（一）整合教材内容，注重理论联系实际

围绕教学重难点，深挖其理论内涵，定期更新教材案例，引入新的社会热点，精选具有代表性的典型案例，让学生在学习过程中理解和把握课程的核心要点，树立正确的价值观，同时，注重理论与实践的结合，让学生在理论指导下更好地应对

现实问题。

（二）丰富教学方法，注重教学设计

在常规讲授法的基础上，根据教学内容需要适当运用案例教学、互动教学、实践教学、混合式教学等方式，通过生动具体的案例来阐述抽象的理论，这样可以使学生更好地理解和记忆课程内容；通过提问、讨论、小组合作等方式，激发学生的思考，让他们在互动中学习；组织学生参加社会实践活动，让学生在实践中学习和体验，从而提高他们的实践能力和应用能力；运用线上教学资源，为学生提供大量的资料信息和新鲜有趣的体验感。

（三）优化师资队伍，注重综合素质培养

思政课教师应当具备坚定的理论信仰，能不断深化对马克思主义理论和中国特色社会主义理论体系的理解；具备良好的师德师风，能持续学习、开展研究，增强专业知识和教学能力，传道授业解惑，成为学生的榜样；具备一定人格魅力，注重师生有效沟通，建立和谐的师生关系，营造良好的学习环境，在回应学生的期望的同时，能够更有效地传播社会主义核心价值观，培养学生的社会责任感和历史使命感，为社会主义事业培养合格的建设者和可靠的接班人。

（四）创新考核方式，注重过程培养

对于评价方式和考核比例可根据课程实际适当调整，采用过程性评价与终结性评价相结合的方式，注重考查学生的综合素质和能力；引入其他形式的评价，如课堂讨论、小组项目、口头报告等，以全面评估学生的能力和素质；增加平时成绩的比重，关注学生整体学习表现；试卷设计时，主客观题相结合，既考查学生对基础知识的掌握，也考查学生的分析、创造和表达能力；明确评价标准，确保评分过程公平透明。

目前，虽然以供给侧为主的高校思想政治理论课改革已初见成效，但在国际局势瞬息万变、国内改革和建设迅猛发展的背景下，仍面临着长期而艰巨的任务，要求我们必须保持与时代同步，及时对学生需求做出回应，充分发掘和利用思想政治理论课在价值引导和知识传授的双重作用，提升课程的现实意义，以此不断增强学生的参与感和收获感。

附：高职思想政治理论课需求调查表

亲爱的同学：您好，我们正在进行一项有关思想政治理论课的调查，希望能得到您的支持。本研究不留姓名，请您如实填写。谢谢！

一、基本信息

1. 您的性别是

男　　　　　　　女

2. 您所在的年级是

大一　　　　　大二　　　　　大三

3. 您目前已经上过的思政课程有哪些？

"思想道德与法治"

"毛泽东思想和中国特色社会主义体系概论"

"习近平新时代中国特色社会主义思想概论"

"形势与政策"

二、对思想政治理论课的认知

4. 您认为大学阶段有必要开设思想政治理论课进行思想道德教育吗？

A. 非常有必要　　B. 有必要　　　　C. 可有可无　　　D. 根本没有必要

5. 您认为思想政治理论课所讲的内容对现实生活中有作用吗？

A. 作用很大　　　B. 比较有作用　　C. 作用不大　　　D. 没作用

三、对思想政治理论课的教学过程的看法

6. 您认为自己思政课学习状态是？

A. 非常认真，聚精会神

B. 比较认真，偶尔走神

C. 几乎不听，经常做其他事情

D. 经常性旷课

7. 在上思想政治理论课时，您会做什么？【多选】

A. 听课　　　　　B. 看其他书　　　C. 睡觉　　　　　D. 玩手机

E. 写作业

8. 您认为影响教学效果的首要因素是：

A. 教学内容　　　B. 教学方法　　　C. 教师魅力　　　D. 学生自身

9.您认为教师不定期使用讨论、辩论等教学方法对增强教学效果:

A.非常有帮助　　　B.有帮助　　　　　C.帮助不大　　　D.没有帮助

10.对开展课堂讨论,您的态度是:

A.积极参与

B.只有感兴趣才参与

C.无关紧要,懒得参与

11.以下哪种授课方式您较喜欢:【多选】

A.互动教学,鼓励学生自主发言

B.引用材料和实际案例来说明书本理论知识

C.走出课堂,开展实践,撰写实践报告

D.分小组自主讨论,老师对讨论的结果作点评

12.您认为目前思想政治理论课的内容与学生的实际情况联系如何?

A.联系紧密,对生活有很大的帮助

B.联系比较紧密,有利于提高综合素质

C.联系不紧密,没什么用

13.您所希望的思政课教学内容是怎样的?【多选】

A.教学内容具有典型性和真实性

B.教学内容取材于大众所关注的社会热点问题,或者贴近大学生学习和生活实际

C.教学内容能够经常更新,与时俱进

D.教学内容具有一定理论性

14.您偏好哪种形式的思政课实践教学?

A.课内实践以课堂讨论、主题情境

B.校内实践以观看红色经典电影或者书籍,撰写竞赛或征文

C.校外社会实践教学以参观红色景点、纪念馆、社会调研,撰写调研报告

D.通过学校思政基地的虚拟仿真平台体验式实践,撰写调研报告

E.自行选择实践主题,开展社会调研,撰写调研报告并 PPT 展示汇报

F.其他形式

15.您认为提高思政课教学实效性应采取的措施是什么?【多选】

A.关注实际,解答大家关心的难点和热点问题

B. 缩小课堂规模，实现小班化教学

C. 采用线上教学等先进的教学手段，扩大课堂参与度

D. 加强实践教学环节，给予学生自主探索的机会

E. 改革考试、评定成绩的方式

四、对授课教师的预期

16. 您对思政课任课老师的期望值是：【多选】

A. 有坚定的马克思主义信仰

B. 举止得当，具有较好的人格魅力

C. 知识渊博，有较高的专业水平

D 为人亲和，师生关系融洽

E. 其他

17. 您希望老师通过什么方式进行思政课授课？【多选】

A. PPT 板书授课方式

B. 适当引用材料和案例来说明书本知识

C. 给同学们表现机会，分组做报告进行展示

D. 走出课堂，开展实践，让学生亲身体验

E. 方式无所谓，能通过考试即可

F. 其他

五、对课程考核的思考

18. 您认为合理的题型是：

A. 考教材，以客观题为主

B. 考能力，以主观题为主

C. 基础与能力兼顾，主观加客观题

19. 您认为合理的考核比例是：

A. 平时占 60，期末占 40

B. 平时占 40，期末占 60

C. 平时占 50，期末占 50

20. 您期待的思政课堂是什么样（包括方法、内容等）：

高职院校思想政治理论课实践教学现状剖析

刘建明[①]

（浙江旅游职业学院，马克思主义学院）

【摘要】理论性与实践性是思政课的一体两翼，密不可分，相辅相成。思政课实践教学改革作为思政课教学改革的重要突破口之一，实现思政课实践教学向思政实践课程的转化势在必行，建设以"真信""真用"为教学目的，以"生活实践"为主要教学形式，由思政课教师团队主导、全体学生参与的，课程要素完整、具有独立形态的一门综合性实践课程是必要的，既有别于当前零敲碎打式思政课实践教学，也有别于一般的社会实践、专业实践。

【关键词】思政课实践教学；思政实践课程；生活实践

加强和改进思想政治工作，事关党的前途命运，事关国家长治久安，事关民族凝聚力和向心力。1955年，毛泽东同志在《中国农村的社会主义高潮》一书按语中明确指出："政治工作是一切经济工作的生命线。在社会经济制度发生根本变革的时期，尤其是这样。"[②] 在当时，思想政治教育"生命线"论断仅限于经济工作范围。1981年6月，党的十一届六中全会决议明确提出："思想政治工作是经济工作和其他一切工作的生命线。"在这次会议上，对毛泽东同志关于"生命线"的论断运用覆盖面延拓到"其他一切工作"。到了中国共产党成立100周年之际，中共中央、国务院印发的《关于新时代加强和改进思想政治工作的意见》指出，"思想政治工作是党的优良传统、鲜明特色和突出政治优势，是一切工作的生命线。"对毛泽东同志的"生命线"论断上升到了全党一切工作的高度，这与世界百年未有之

---

①作者简介：刘建明（1973—　），男，博士，教授，浙江旅游职业学院马克思主义学院院长，主要从事思想政治理论课实践教学研究。

②毛泽东.毛泽东文集（第6卷）[M].北京：人民出版社，1999：449.

大变局的现实情势是分不开的。在这一特定历史时期，高等教育作为我国培养人才的最有效手段，高等学校作为我国培养人才最集中的前沿阵地，思想政治教育工作的重要性、紧迫性不言而喻，也正基于此，习近平总书记指出，思政课是落实立德树人根本任务的关键课程，要把思政课"放在世界百年未有之大变局、党和国家事业发展全局中来看待"。[①] 2024 年 5 月 11 日，习近平总书记再一次对学校思政课建设明确指示：新时代新征程上，思政课建设面临新形势新任务，必须有新气象新作为。要坚持以新时代中国特色社会主义思想为指导，全面贯彻党的教育方针，落实立德树人根本任务，坚持思政课建设与党的创新理论武装同步推进。

理论性是思政课的基本属性，坚守理论性是高职思政课性质和教学目标的内在要求。思政课的内容中包含对实践经验的高度概括和抽象，蕴含一定的历史逻辑和历史规律，经过不同程度的理论化和系统化的加工制作过程，因而具有很强的理论性和科学性。与此同时，必须要高度认识到的是，思政课并不单纯讲理论，它还具有突出的实践精神，始终强调理论与实践的统一，始终坚持与社会现实紧密结合，倡导理论从实践中来，到实践中去，在实践中接受检验，并随实践而不断发展。从另外一种角度来说，思政课理论的终极意义在于能够指导人的行动，通过人的具体行动实现个人的自我完善，完善德性，从而推动社会的进步发展，创造人民美好生活。倘若学习了思想理论却将其束之高阁，或夸夸其谈而不加以运用，那么再好的理论、再正确的认识也是没有价值、没有意义的。

总而言之，理论性与实践性是思政课的一体两翼，密不可分，相辅相成。高等学校是我国直接为国家培养人才，向社会输出人才的摇篮，而高职院校占据了我国高等学校的半壁江山。据中华人民共和国教育部政府门户网站（moe.gov.cn）公布，截至 2024 年 6 月 20 日，全国高等学校共计 3117 所，其中高职专科学校 1560 所，本科层次职业学校 51 所。高职思政课关乎国家的兴旺发达，关乎国运。推动高职思政课改革与创新，就是既要坚守思政课的理论性，又要注重思政课的实践性。

一、政策文件持续关注高校思政课实践教学

新中国成立以来，我国高校思政课经历了多次调整与变革，最终基于"98 方

---

① 习近平 . 思政课是落实立德树人根本任务的关键课程 [J]. 求是，2020（17）：5-14.

案"初步建立起了思政课课程体系。2005 年之前，在教育部思政课的文件中虽然提出过引导大学生开展"社会实践"的要求，但高校思政课"实践教学"这一范畴是在《中共中央宣传部 教育部关于进一步加强和改进高等学校思想政治理论课意见》（教社政〔2005〕5 号）（简称"05 方案"）中才正式提出，要求高校思政课的所有课程都要加强实践环节，要围绕教学目标，制定大纲，规定学时。由此，全国高校思政课实践教学的探索实现了从"社会实践"向"实践教学"的转化。

2008 年，中共中央宣传部、教育部共同发布了《关于进一步加强高校思想政治理论课教师队伍建设的意见》，明确"要从本科思想政治理论课现有学分中划出2 个学分、从专科思想政治理论课现有学分中划出 1 个学分开展本专科思想政治理论课实践教学"。[①] 由此，思政课实践教学从学分上得到了进一步落实和强化。

2011 年，教育部发布《高等学校思想政治理论课建设标准（暂行）》，明确将思政课实践教学作为思政课标准化建设的一个组成部分，再一次强化了思政课实践教学的重要性。2015 年 9 月，教育部发布《高等学校思想政治理论课建设标准》，进一步强调"统筹思想政治理论课各门课的实践教学、落实学分、教学内容、指导教师和专项经费"。与此同时，将思政课实践教学课程的责任部门由原来的教务处、思政部延伸扩展到教务处、财务处、学生处、团委、思政课教学科研机构，从实施机构上对思政课的实践教学予以了保障。

2018 年《新时代高校思想政治理论课教学工作基本要求》文件指出，"要求严格落实学时、学分，从本科思政课现有学分中划出 2 个学分，从专科思政课现有学分中划出 1 个学分，开展思政课实践教学。学生既可通过参加教师统一组织的实践教学获得相应学分，也可通过提交与思想政治理论课学习相关的实践成果申请获得相应学分。"该文件从政策上明确了学生获取思政课实践教学学分的途径。2019 年8 月，中共中央办公厅、国务院办公厅联合印发《关于深化新时代学校思想政治理论课改革创新的若干意见》，要求"强化中考、高考、研究生招生考试对学生学习思政课的指挥棒作用，将思政课学习实践情况等作为重要内容纳入综合素质评价体系，探索记入本人档案，作为学生评奖评优重要标准，作为加入中国少年先锋队、中国共产主义青年团、中国共产党的重要参考。坚持开门办思政课，推动思政课实践教学与学生社会实践活动、志愿服务活动结合"。

---

① 中央宣传部，教育部 . 中共中央宣传部教育部关于进一步加强高等学校思想政治理论课教师队伍建设的意见 [Z]. 教社科〔2008〕5 号，2008.

首次将思政课实践教学情况纳入学生评奖评优指标体系，并更加明确了开展思政课实践教学的方式。2022 年 8 月，教育部等十部门印发了《全面推进"大思政课"建设的工作方案》，提出"要普遍建立党委统一领导，马克思主义学院积极协调，教务处、宣传部、学工部、团委等职能部门密切配合的思政课实践教学工作体系。将思政课教师、辅导员指导学生开展实践活动、指导学生理论社团等纳入教学工作量。参照学生专业实训（实习）标准设立思政课实践教学专项经费。同时指出，高校要严格落实本科 2 个学分、专科 1 个学分用于思政课实践教学的要求，精心设计实践教学大纲，坚决避免实践教学娱乐化、形式化、表面化。鼓励有条件的高校开设专门的实践教学课"。该文件对参与思政课实践教学的主体再一次扩容，覆盖了学校参与学生课业教育的所有核心部门，同步对参与思政课实践教学的主体待遇、对思政课实践教学需要规避的负面清单做了明确。这也是迄今为止，国家对思政课实践教学表述文字最多、涉及面最广的一次。

通过如上对国家关于思政课实践教学的政策文件的梳理，不难看出，政策文件对思政课实践教学持续关注不仅揭示了思政课实践教学效果的不够理想的事实，以及急需改善的迫切性，也说明高校思政课教学效果由于受到了国家高层的高度关注，国家相关职能部门把思政课实践教学改革看作为思政课教学改革的重要突破口，成为了当前改善思政课教学效果的重要手段。

二、高职思政课实践教学存在有效组织困难

高职思政课实践教学作为寓教于"知信行"统一、"学思用"并举的教学组织形式，在实现高等教育立德树人这一根本任务中，无疑具有不可替代的特殊作用[①]。根据政策文件要求，开展思政课实践教学要覆盖到全部学生，这无疑给高职院校落实文件要求带来了巨大的困难。全国高职院校的学生规模庞大，每所学校少则八九千人，多则两三万人，有的学校学生人数甚至更多，如此之多的学生走出校园开展社会实践，难以实现。一是存在的交通安全隐患巨大。高职学生群体活动能力超强，自我约束的规矩意识不强，面对极为复杂的城市交通状况，稍有不慎，极容易酿成交通伤亡事故，一旦出现此类不幸，无论是对于学生个人、家庭，还是学

---

①邱家洪，石加友 . 立德树人视阈下思政课实践教学的模式构建及实现路径——基于重庆交通大学改革探索的案例分析 [J]. 南方论刊，2017（06）：91–93.

校，都将难以承受。二是学校难以承受庞大的经费开支。组织学生走出校门仅仅交通费就是一大笔开支，社会实践基地通常距离学校比较远，按照目前的市场价格，即使到近郊，45座大巴的租车台班费用为1500元，10000人的学校每次实践活动仅租车费用就得花费33.33万元，如果加上有的基地需要门票及学生需要用餐，需要支出的费用金额会更大。三是教师管理无法跟上。按照现在文件要求的1：350师生配比，1名思政课专任教师负责管理350名学生，学生全部走出校门，将会给思政课专任教师带来巨大工作压力和心理压力，根本无法顾及周全。四是学生课业繁重难以形成整块外出时间。思政课与其他课程交错排课是目前高职院校的普遍做法，无论是上午，还是下午，学生除了上思政课，还要上专业课及其他公共课，2—3节思政课的总时长不会超过80—120分钟，如此短的时间无法满足学生走出校园，深入社会实践基地开展实践教学难以实现。五是教师外出带队开展实践教学的积极性不高。全国绝大部分高职院校并未专门安排思政课实践教学专项经费，教师组织学生外出开展社会实践活动没有经费补贴，教师的积极性自然就受到抑制，不愿意组织学生外出。六是思政课实践教学形式尚处于摸索阶段。关于思政课实践教学，国家没有统一的教学大纲、课程标准、教学计划，各高校在执行政策中往往根据各自的办学条件和对政策的理解，出现了各式各样的教学形式，教学设计褒贬不一，教学过程缺乏监督，教学效果难以保障。

通过如上阐述可知，思政课实践教学要从政策规定走到运行落实，存在许多现实障碍难以解决，上级政策要求落实与高职院校能够落实之间存在巨大差距，在思政课实践教学改革过程中，政策改革工具似乎已经用尽了，但是具体到高职院校在落实过程中遭遇的困难和无奈，似乎又在说明政策要求与落实行为两者之间存在着拉胯式的无力感，仅从二者的现实表现看，一时很难破局。

三、高职思政课实践教学形式及效果不容乐观

思政课实践教学的形式究竟是什么样的，什么样的教学形式才符合实践教学要求，各个学校理解不同，以至于形式也五花八门，其中包括课堂辩论、PPT讲解知识点、分享时事热点、制作画报、撰写调研报告、拍摄短视频、开展人物访谈、参观场馆古村、撰写心得体会、开展问卷调查、情景剧表演，等等，不一而足。这些较为随意的设计形式，通常的做法是学生参加过这些项目后，任课教师根据自己的主观判断给学生打个分数。事实上，当前这些做法存在的不足是明显的。

首先，何谓思政课实践教学，没有考虑清楚，很多形式根本算不上思政课实践教学，如课堂辩论，难道思政课理论教学中应该有的理论对话、沟通、思考也是实践教学？实践性何在？再如场馆上课，场馆上课无非是把课堂里的课件换成了场馆里的展板，学生从坐着上课变成了站着或走着上课，与课堂理论教学并无本质上的不同。其他的还如PPT讲解知识点、分享时事热点等，均不能算作思政课实践教学应有的形式。

其次，这些实践形式的效果评价标准模糊不清。据研究者调查了解，目前绝大多数高职院校的思政课实践教学并无建立完整、科学、精细、稳定的评价体系，往往做得比较笼统随意，如对于参观场馆、古村的评分是只要学生去了，有出勤，就给学生满分，有的虽然让学生写参观心得体会，但任课老师给分也存在很大的随意性。再如开展问卷调查，其中涉及的环节很多，如问卷设计、问卷发放、问卷回收、问卷分析、撰写报道等等，每个环节究竟该达到怎样的标准，如何赋分会更科学合理，着实没有考虑。

最后，这些实践形式评价方式未达问题的本质。思政课实践教学的本质是要让学生理论联系实际，通过实践活动参与从感性层面理解思想理论的正确性，并能因此而影响自己的行为，用正确的思想理论指导自己的行为实践，将正确的思政课理论运用到自己的行为实践当中去，达成"知信行"合一、"学思用"并举的目的。现有的思政课实践教学评价方式仅仅是对学生参与思政课实践活动项目成果的外在评价，并未触及学生内在素养、价值的评价，教师在教学过程中，究竟学生吸收进去了多少素养价值，教师塑造的素养价值是如何得到学生转化和运用的，目前的实践教学方式尚无科学的衡量手段。事实上，这些内在的素养、价值很难通过简单、直接、直观的形式来评价，也很难在较短的时间内呈现，思政课教学主要是对学生个人素养价值的培养，不仅培养的过程较长，且呈现的周期更长；不仅塑造的成效非常隐蔽，且呈现的方式也非常隐蔽。因此，目前使用的这些表面化的效果评价方式并不能解决实践课教学效果科学评价的问题。

总而言之，评价是指挥棒，行为决定结果，起点决定终点，在没有搞清楚何谓思政课实践教学、该用何种形式评价思政课实践教学效果，思政课教学效果无法达到理想状态是情理之中的事。

四、高职思政课实践教学存在突出的学生参与倦怠情形

与本科院校的学生相比，高职院校学生理论学习习惯、理论学习能力、理论表达能力均较差，但他们的优势是精力旺盛，活泼好动，发散性思维突出，动手意愿强烈。思政课实践教学的本质是由思政课的本质决定的，习近平总书记在中国人民大学考察时指出："思政课的本质是讲道理，要注重方式方法，把道理讲深、讲透、讲活。"这一重要论述，为新时代的思政课实践教学指明了方向，思政课实践教学就是要通过实践教学的方式让学生明白自身成长的道理，明白做人的道理，明白国家发展的道理，明白马克思主义理论的道理，明白强国的道理，明白民族复兴的道理，明白中国共产党创新思想的道理，归根结底是要学生明白思想政治理论课程体系框架内的道理。由此可见，思政课实践教学要想做得有新意，只止于形式上，这是有别于思政课之外的其他课程的创新创业教育的，思政课之外的其他课程的创新创业教育是一种全方位的创新，如思想创新、理论创新、观点创新等，远不止形式创新这一个方面。

课堂辩论、PPT讲解知识点、分享时事热点、制作画报、撰写调研报告、开展人物访谈、参观场馆古村、撰写心得体会、开展问卷调查、情景剧表演等，这些常用的形式已经教育了很多代人，而且在每个人成长中的大中小不同学段的很多课程中被反复使用，在当前这个数字化、新媒体飞速发展的时代，这些教学形式已经没有新意了，无法吸引当代学生的注意力了。据研究者调查，在开展思政课实践教学过程中，形式都是任课教师指定的，并未给学生留出创新的空间，忽略了学生的需求、忽略了学生的主体性、主动性和创造力。据前期开展的问卷调查结果显示，超过70%的学生对于这些司空见惯的形式的思政课实践教学持淡漠的态度，只是为了完成老师布置的教学任务获取学分以顺利毕业而已，情绪上表现得很无奈，行动上十分倦怠，甚至还会有抱怨，在小组作业中，往往是一个干，多个人看，有些小组即使只有一个干活的人，也是能应付则应付，不求多好，只求能及格，60分万岁。针对当前忽略了学生的需求、忽略了学生的主体性、主动性和创造力的思政课实践教学形式，必须要引入新理念、新做法、新模式，以提振学生参与思政课教学的积极性和有效性，这才是未来思政课实践教学改革的方向。

综上所述，对思政课实践教学进行改革，实现思政课实践教学向思政实践课程的转化势在必行，建设以"真信""真用"为教学目的，以"生活实践"为主要

教学形式，由思政课教师团队主导、全体学生参与的，课程要素完整、具有独立形态的一门综合性实践课程是必要的，使其既有别于当前零敲碎打式思政课实践教学，也有别于一般的社会实践、专业实践。

探析高质量发展阶段高职思政课实践教学评价体系的构建 ①

何卫星②

（苏州工业职业技术学院，马克思主义学院）

【摘要】构建科学的评价体系，对引领高职思政课实践教学高质量发展，是非常必要和紧迫的。构建准确适用的评价体系，先要深入领会新时代党和国家对高职思政课实践教学的根本要求，再要准确把握思政课实践教学的自身特点。构建高职思政课实践教学的评价体系，将从教学目标与内容设定的科学性、课程建设与管理的规范性、实施过程与目标达成的有效性、稳步开展与建设的可持续性四个方面进行，以实现高质量发展。

【关键词】思政课实践教学；评价体系；高质量发展

高质量发展是新时代建设的鲜明主题。推进思政课实践教学高质量发展，是学习贯彻习近平总书记对学校思政课建设的重要讲话和大力提升思政课教学的针对性和吸引力的根本要求。构建评价体系是课程建设的基础工程，然而当前各高职院校的思政课实践教学，因缺乏国家专门方案的统一指导，呈现出自发状态和良莠不齐的局面。因而，探索构建具有普遍指导作用的评价体系，对引领新时代高职思政课实践教学实现高质量发展，显得必要而紧迫。

一、领会新时代党和国家对高职思政课实践教学的要求

目前高职思政课实践教学如何建设，在国家层面没有统一的专门性指导文件，

---

①基金项目：本文系 2022 年度江苏省高校哲学社会科学研究专题项目"推进新时代高职院校思政课实践教学高质量发展研究"（思政专项）的阶段性成果（2022SJSZ0815）。

②作者简介：何卫星，男，苏州工业职业技术学院，讲师，主要从事高校思想政治教育研究。

有关要求散落在多个相关文件里。构建评价体系，首先要深刻领会新时代党和国家对高职思政课实践教学的根本要求、目标规定和具体部署。

（一）对思政课实践教学的根本要求

习近平总书记对学校思政课建设十分重视，强调要把持续深入推进课程的实践教学，实现知、情、意、行的统一，作为当前思政课改革创新和提质增效的重要着力点。首先，在全国高校思想政治工作会议上，习近平总书记指出："高校思想政治工作要因事而化、因时而进、因势而新""要更加注重以文化人、以文育人，广泛开展各类社会实践"①；其次，在学校思想政治理论课座谈会上，习近平总书记对思政课建设提出了"八个统一"的要求，其中就有"坚持理论性和实践性相统一"，指出"要重视思政课的实践性，把思政小课堂同社会大课堂结合起来"②；随后，国家印发《关于深化新时代学校思想政治理论课改革创新的若干意见》，明确要坚持开门办思政课，推动思政课实践教学与学生社会实践活动、志愿服务活动结合，鼓励广泛建立思政课实践教学基地，完善思政课实践教学机制。综合上述论述，实践教学在新时代越来越受到重视，逐步被明确为是学校思政课程适应形势发展、推动改革创新、提升育人效果的主要内容和重要途径。

（二）对思政课实践教学的目标规定

新时代党和国家对思政课实践教学的目标规定是多重的。一是习近平总书记指出思政课要坚持理论性和实践性相统一，着重于"知行统一"，因为他着重指出要"教育引导学生把人生抱负落实到脚踏实地的实际行动中来"③。二是《新时代高校思想政治理论课教学工作基本要求》指出实践教学作为课堂教学的延伸拓展，重在帮助学生巩固课堂学习效果，深化对教学重点难点问题的理解和掌握。这明确了实践教学只是教学方法，要服务课堂教学，通过具体鲜活的社会实践使课堂上抽象难懂的理论变得通俗易懂。三是《全面推进"大思政课"建设的工作方案》指出"大思政课"建设要聚焦立德树人，推动用党的创新理论铸魂育人，不断增强针对性、提高有效性，实现入脑入心；而《新时代学校思想政治理论课改革创新实施方案》则要求把思想政治教育有机融入社会实践、志愿服务、实习实训等活动中，切实提高实践教学实效。这两个指导文件着重"立德树人"及其效果，从而使得思政

---

① 全国高校思想政治工作会议举行　习近平发表重要讲话 [N]. 人民日报，2016-12-9（01）.
② 习近平 . 思政课是落实立德树人根本任务的关键课程 [J]. 求是，2020（17）：4-16.
③ 习近平 . 思政课是落实立德树人根本任务的关键课程 [J]. 求是，2020（17）：4-16.

课实践教学目标变得相当广泛。综合上述论述，党和国家对思政课实践教学的目标规定是多重的：首先是服务好课堂教学，促使理论入脑入心；其次是通过实践方式实现外化于行；最后是思政课实践教学最终或者在更广层面上要实现立德树人。

（三）对思政课实践教学的具体部署

国家对思政课实践教学着笔较多的具体规定和要求主要见于两个文件。一是教育部印发的《新时代高校思想政治理论课教学工作基本要求》，其作了粗线条规定和要求，内容为：制定实践教学大纲，整合实践教学资源，拓展实践教学形式，明确指出专科学校要从思政理论课现有学分中划出 1 个学分用于开展实践教学，学生既可通过参加教师统一组织的实践教学获得相应学分，也可通过提交与思政理论课学习相关的实践成果申请获得相应学分[①]。二是由教育部等国家十部委联合印发的《全面推进"大思政课"建设的工作方案》，站在"大思政"的高度，从工作体系、学时学分、教学形式、实践基地等方面，对学校思政课实践教学作了全面规定和要求。主要内容为：学校建立多部门协调思政课实践教学工作体系，形成思政课教师和辅导员共同组成的师资队伍，教师实践教学纳入工作量，设立实践教学专项经费；精心设计实践教学大纲，鼓励有条件的高校开设专门的实践教学课；紧扣思政课实践教学目标和要求，利用志愿服务、理论宣讲、社会调研等实践活动，开展实践教学；充分利用现有基地，分专题设立实践教学基地，积极与基地建立长效合作机制[②]。这些具体规定和要求，为高职院校开展思政课实践教学提供了具体的行为遵循。

二、把握课程建设视域下高职思政课实践教学的特殊性

为课程构建一套准确适用的评价体系，须准确把握该课程教学的特殊性。思政课实践教学相比于其他课程，在实践内容、开展条件和教学过程等方面，有显著特殊性。这些特殊性，在构建评价体系时要尤为被关注和得到具体体现。

（一）实践教学内容具有显著的广阔性和开放性

高职思政课实践教学所涉内容非常广阔，活动主题可以多种多样，比如参观

---

① 教育部关于印发《新时代高校思想政治理论课教学工作基本要求》的通知 [EB/OL].
[2018-04-12]. http://www.moe.gov.cn/srcsite/A13/moe_772/201804/t20180424_334099.html.
② 教育部等十部门关于印发《全面推进"大思政课"建设的工作方案》的通知 [EB/OL].
[2022-07-25]. http://www.moe.gov.cn/srcsite/A13/moe_772/202208/t20220818_653672.html.

红色场馆接受革命文化洗礼、与劳动模范交流培育工匠精神、走进科技企业了解高质量发展、进入社区街道开展志愿者服务、深入社会进行问题调研等。思政课实践内容具有显著的广阔性和开放性，究其原因：一是高职思政课教学内容非常广阔，既涵盖促成个人成长的理想信念、人生价值、道德法治等，更包括经济、政治、文化等社会发展的方方面面，其实践内容因教学内容广阔而异常广阔；二是思政课是立德树人的关键课程，在社会主义意识形态范畴里，立德树人的内涵相当丰富，那么其实践教学可选内容也会很丰富，充满开放性；三是思政课实践赖以进行的地方教育资源是各不相同的，那么学校思政实践内容也会千姿百态。实践教学内容极具广阔性和开放性，那么在评价体系构建中，要在课程专业性和立德树人广阔性中，做好平衡，确定好边界，使实践教学内容既不能僵化，也不能任意泛化。

（二）实践教学开展具有很强的社会性和系统性

教学界对实践教学的范围和形式有不同理解，笔者认为，思政课实践教学，是走出课堂，在社会开放场所里，利用相关联的具体的教育资源，对学生开展的一种思政教育活动。"实践教学应该将主战场转向社会，以丰富多彩的社会生活为舞台，以物质生产劳动为依托，使实践教学成为真正的社会实践教学"[①]。社会性是实践教学的突出属性，因为这种社会性，实践教学相比课堂教学开展起来就相对困难，组织实施起来就相对复杂。最困难的是要找到合适的社会实践基地，并能与之建立起长期的实践合作关系。事实上不少社会实践基地的建立和运行是建立在一定的人际关系基础上的，一旦所涉人物岗位变动了，实践基地就极有可能人走茶凉。再者不少思政实践基地，双方合作内容单一，相互需求不对称，时间一长，合作关系容易疏远，基地就名存实亡了。困难之二就是开展实践教学是个系统工程，不是学校马克思主义学院以一己之力能够持续开展好的，它牵涉排课、经费、师资、网络平台等多要素多环节，关联学校的教务、人事、财务、校企合作等多个部门，既需要大家齐心协力，更需要长久机制。因而，在构建评价体系时，要充分考虑思政课实践教学的社会性和复杂性，着重于制度建设，注重部门协同，推进实践教学持续有效地开展。

---

① 何益忠，周嘉楠.思政课实践教学：概念辨析与体系创新[J].中国高等教育，2020（06）：18.

（三）实践教学过程具有明显的流程性和规范性

思政课是立德树人的关键课程，既要让学生内化于心，更要融化于情和外化于行，而后两者的效果在短期内是很难检验的。因而思政课及其实践教学就必须用规范的流程和严密的实施来确保育人效果。在实际教学过程中，不管是教师组织的集体活动，还是学生自组织的小组活动，确实都具有明显的流程性。首先教师要确定实践主题，制定实践方案，宣传和发动学生参与；然后进入组织实施阶段。若是教师组织的，教师要寻找合适的实践基地，跟基地方进行反复沟通，形成实践详案；接着组织开展，教师要协调多个环节，周密考虑多个因素。若是学生自组织的，在实践前教师要对学生进行详细辅导和案例示范，学生要向教师提交实践详案，实践全程教师要随时指导学生，尽量通过现代信息技术关注学生行动。实践结束后，不管是教师组织的还是学生自组织的，都要进行集体的总结、分享和评价，做到实践联系理论，放大实践育人效果。所以，在构建评价体系时，要充分反映实践教学过程的流程性，通过完备规范的流程来提升实践教学效果。

三、高职思政课实践教学高质量发展评价体系的构成及其要求

根据党和国家对高校思政课实践教学的要求，针对思政课实践教学自身的特点，立足高职院校思政课教学建设的实际，结合笔者长期在这一领域的工作经历和深入思考，以课程建设为基本框架，坚持问题导向和系统思维，着眼高质量发展，从以下四个方面入手来构建高职思政课实践教学的评价体系。

（一）实践教学目标与内容设定的科学性及其要求

目标决定内容，首先要明确高职思政课实践教学的目标。笔者认为不应把思政课实践等同于或者泛化为一般的学生思政教育活动，它应该从属思政理论课，共同致力于理论课教学目标的实现。实践教学主要是通过实践方式，力求更有效地破解理论教学的难点与疑点，以行为养成培育课程所要求的核心素养。为构建"大思政"格局，思政课实践可以与其他学生活动进行联合，但绝不是放弃自我要求。既然实践教学目标是服从理论课的，那么实践教学内容也应该对应理论课教学内容。

思政课实践教学内容的选择要遵循以下要求：（1）根据理论教学需要确定实践教学的目标和主题。要把思政课实践教学纳入理论课教学的总体设计，根据理论教学的需要来谋划实践教学，从而确定实践教学的具体目标和主题。切不可为实践而实践，割离实践教学与理论教学的整体关系；（2）根据实践教学需要选择社会实

践基地。明确了实践教学的具体目标和主题，再选择符合需要的实践教学基地。实践基地必须具备与实践主题相一致或极为接近的教学资源，教学资源要具有一定的典型性和丰富性，有一定的教学空间能使理论落地。不可为特定的实践基地而量身定制实践教学内容；（3）根据学生全面发展需要兼顾综合育人。要充分挖掘和利用社会实践基地蕴含的多种德育资源，通过鲜活案例强化对工匠精神、职业素养、公民道德等方面内容的熏陶和教育，做到"思政教育与专业教育的有机结合，使专业素质教育、职业技能培养、人文精神教育渗透于思想政治理论课实践教学活动之中"①，引导学生全面发展。

（二）实践教学课程建设与管理的规范性及其要求

目前绝大多数高职院校的思政课实践教学尚未独立成课。实践教学相比理论教学，在形式上有根本区别，在教学载体、教学方法、实施过程、学习评价等方面也有很大差异，所以不能用理论课程建设来代替实践课程建设。根据实践教学自身特点，立足思政主干课程，建立起"合并使用、统一安排、分步操作、分项考核、专门管理"的"思政课实践教学"课程②，量身定制实践教学的教学大纲、实践方案、实践教案、实践手册，甚至有必要编撰具体的实践教程，从而形成完整的课程体系，促进教学规范，提升教学成效。

思政课实践教学课程建设与管理的规范及其要求：（1）制定实践教学大纲。立足高职思政主干课程，制定统一的实践教学大纲，明确实践教学的定位和目标，确定实践方向及主题，规定实践形式、组织方式、学分学时、实践基地范围及其建设要求、实践流程规范和考核评价等，使实践课程建设及其教学有章可循；（2）制定实践方案。为每次实践制定详明的活动方案，提供给学生，让学生明了实践的目的、目标、形式、内容、场所、过程和要求等，做到胸中有数，依方案进行；（3）制定实践教案。教师为每次实践制作教学详案，方案既包括教学设计部分，也涵盖教学实施过程，贯通实践前、中和后，保证教学设计的合理性和实践过程的规范性流畅性；（4）制定实践手册。实践手册可以是纸质或电子版的，既供学生记录实践参与情况和实践感悟等，也帮助教师全面了解学生实践情况和考核学生实践成绩；

---

①查广云.高职思政课"虚实融合、理实一体"体验式教学模式探析 [J].中国职业技术教育，2012（14）：68.

②丁春福，杨乃坤，韩影.高校思想政治理论课实践教学"课程化"建设的思考——以沈阳工业大学思政课实践教学改革为例 [J].思想政治教育研究，2016（05）：62.

（5）编撰实践教程。实践教程整合了实践方案和实践手册，更是丰富拓展了实践所涉及的书本理论知识点和实践基地详情，有利于学生全面深入把握实践活动，提升实践效果。实践教程不是课程建设的必选项，而是加分项，在实践教学持续开展中逐步形成。

（三）实践教学实施与目标达成的有效性及其要求

实践教学的关键在于实践活动的组织实施，严密规范的流程是确保实践教学取得良好成效的根本保障。实践教学过程不仅指实践时，还需要把实践前和实践后一起贯通起来，形成一个联系的有机整体。组织实施实践教学，要确保多个环节相互衔接，多股力量协同作用。

实践教学实施与目标达成的有效性及其要求：（1）充分的宣传发动。教师在实践前要利用课堂和网络，向学生阐明实践意义、展示优秀案例、明确实践要求，使学生明白为什么要实践、怎么去实践和预备取得什么样的实践成果，充分调动学生参与积极性，推动学生做好实践；（2）有吸引力的参与形式。以大中小思政课一体化视角把准大学生认知水平和参与偏好，不仅要有"看""听"的传统参与，还要有"摸""做"的复合参与，更要有"问"的深度参与，用沉浸式和主动式实践来提升学生的实践体验感；（3）有力的社会师资。基地实践教学需聘用基地人员一起担任实践老师，基地老师既要有足够的基地专业知识，也要具备一定的教师素养，积极参与研制实践教学方案，共同完成实践教学；（4）必要的信息技术。推进实践教学与网络信息技术融合，充分利用网络平台对实践教学进行深入动员、对实践过程进行全程跟踪指导、对实践成果进行全面展示分享，全面提升实践教学课程管理水平；（5）积极的实践评价。实践评价是实践教学的最后环节，起到分享激励和总结提升的作用。实践评价在课堂里专门进行，评价主体包括学生和教师，学生分享实践认识、感悟和收获，教师则把实践和相关理论联系起来，增强学生的理论认同。

（四）实践教学稳步开展与建设的可持续性及其要求

开展实践教学不是某个思政课教师或者马克思主义学院，独自能干好的事情，它是一个系统性工程，需要校地企多种合作平台，牵涉排课、师资、工作量、经费等多个环节或要素，依赖马克思主义学院、教务处、人事处、财务处等多部门协同配合，需要建立一系列制度。

实践教学稳步开展与建设的可持续性及其要求：（1）健全的工作机构和机制。

建立由学校领导分管、马克思主义学院负责、各部门协同的工作机构，把思政课实践教学纳入学校对外合作总框架，定期召开专题研讨和工作推进会，制定学校思政课实践教学实施意见和工作规划；（2）足够的实践经费。严格按照国家每生每年不低于30元的标准设立思政课建设专项费用，把不低于思政专项经费的50%用于实践教学，多方筹措经费。在不断提高经费使用效果的同时，努力把实践教学成效转化成各类教学成果，获取多方面的政策和财力支持；（3）贯通的考核机制。考核学生思政课实践，要坚持过程考核和结果考核、教师考核和小组考核相结合，实践考核占课程考核的权重不低于学时比率。考核教师实践课教学，要结合实践过程和实践成果，合情合理确定教学工作量。充分借用现代信息技术和网络平台，提升考核准确性。积极举办年度性的思政课实践教学成果展示活动，促进实践教学，扩大校园影响；（4）持续化的基地维护工作。定期拜访实践基地，开展工作交流。不断拓展合作内容，培育双向互利的合作格局，打牢合作根基。聘任基地优秀人员，纳入学校兼职教师师资库，给予合理的工作报酬和精神嘉奖。通过线上线下，定期开展实践教学专兼职教师集体备课。

四、结语

把思政小课堂和社会大课堂结合起来，推进高职院校思政课实践教学迈向高质量发展，是新时代发展之需，是大思政建设之需，更是新一代大学生成长之需。进入高质量发展阶段，高职思政课实践教学要从注重"有"走向追求"优"，强化顶层设计和制度建设，打造体系化的工作格局，有效整合多方资源和力量，平衡好书本理论、实践资源和学生需要三者之间的关系，提高实践教学组织水平和育人成效，让青年学生在了解我国取得的举世瞩目成绩中感悟党的创新理论的实践伟力，在了解国情民情中进一步增强新时代青年的使命与担当。

基于"学习通 +BOPPPS+X"的翻转课堂教学模式构建

——以"习近平新时代中国特色社会主义思想概论"课程为例①

鲜维丽②

（广东科贸职业学院，马克思主义学院）

【摘要】思政课教学方法的改革创新是提升高校办学质量和人才培养质量的重要抓手，在结合现代信息技术与当代青年成长特点基础上，构建基于"学习通+BOPPPS+X"的翻转课堂教学模式，并将该模式运用到"习近平新时代中国特色社会主义思想概论"这门立德树人关键课程中，通过学生评教、问卷调查和学生课堂表现显示，该模式能够显著提高学生的参与课堂的积极性与主动性，以期为思政课教学创新提供参考和借鉴。

【关键词】学习通；BOPPPS；翻转课堂

一、引言

习近平总书记在中国人民大学考察时强调："思政课的本质是讲道理，要注重方式方法，把道理讲深、讲透、讲活。"③这明确指出了新时代高校思政课教学改革的方向是提升亲和力、感染力、针对性和实效性。目前，高校思政课教学改革在教学内容分析和重构、教学资源建设、教学方式创新等方面取得了丰硕的成果，但是

①基金项目：本文系广东科贸学院思政类研究项目"'大思政课'视域下高校思政课程实践教学模式创新研究——以广东科贸职业学院为例"（GDKM2023—48）；广东省高职高专院校思想政治理论课建设联盟课题"习近平新时代中国特色社会主义思想概论"课实践教学研究（GDSZXT-202318）。

②作者简介：鲜维丽（1997— ），女，广东科贸职业学院，助教，研究方向为思想政治教育。

③习近平 . 坚持党的领导传承红色基因扎根中国大地走出一条建设中国特色世界一流大学新路 [N]. 人民日报，2022-04-26（1）.

在现实中仍然普遍存在"思想政治理论课'抬头率'不高，人到了心没到"[①]的情况，严重制约了高校思政课教学的质量与效益。从现实来看，教学模式创新不足是导致"抬头率"不高的关键性因素[②]，而这种教学模式的创新不足又主要体现为"供需不匹配"，即在教学活动中，思政课教学提供的教学形式与新时代大学生喜闻乐见的、生动灵活的需求方式之间存在错位的问题。因此，坚持以学生为中心的理念，根据新时代青年大学生的成长成才特点，精准对接他们的需求，优化思政课教学的有效供给，是提升思政课教学针对性和有效性的必然要求。

随着"习近平新时代中国特色社会主义思想概论"（以下简称"习思想概论"）课进入全国高校全面开设的新阶段，高质量开好"习思想概论"这门立德树人关键课程，是强化青年大学生理论武装的重中之重。近年来，笔者所在教学团队针对如何提升"习思想概论"课的吸引力与抬头率问题进行了探索，从教学目标、教学内容、教学方法等方面入手，形成了一套具有校本特色的"学习通+BOPPPS+X"的翻转课堂教学模式，该模式在实践中有效激发了学生参与课堂的积极性与主动性，切实提升了思政课堂的吸引力。

二、课程改革的目标及解决的重点问题

（一）"习近平新时代中国特色社会主义思想概论"课程的教学目标

教学目标决定教学的方向，是教学设计的前提依据。一方面，"习思想概论"课程坚持以学生为中心的理念、全面贯彻落实立德树人的根本任务，帮助学生系统掌握习近平新时代中国特色社会主义思想的主要内容和科学体系，把握这一思想的世界观、方法论和贯穿其中的立场观点方法，增进政治认同、思想认同、理论认同、情感认同，切实做到学思用贯通、知信行统一。另一方面，基于广东科贸职业学院人才培养规格中的素质目标，用习近平新时代中国特色社会主义思想铸魂育人，帮助学生提升职业道德素质，树立爱岗敬业、精益求精的工匠精神，强化社会责任感和社会参与意识，培育深厚的爱国情感和中华民族自豪感。

（二）课程教学改革解决的重点问题

"学习通+BOPPPS+X"翻转课堂模式在教育理念上，坚持以学生为中心，所提

---

① 教育，如何改革发展：教育部部长陈宝生答记者问 [N]. 光明日报，2017-3-13.

② 庞睿. 从知识供给到信仰重构——关于高校思想政治理论课抬头率的批判性审思及其提升路径 [J]. 河南大学学报（社会科学版），2020，60（04）：120-126.

供的教学设计范式能够有效满足当代青年大学生的多元主体性需求，从而提升其在思政课堂中的存在感、意义感和获得感。该教学模式主要解决以下四个问题：第一，如何解决承担"习思想概论"的教师学科背景的单一性与"习思想概论"课程内容多学科、综合性课程之间的矛盾。"习思想概论"教材内容高屋建瓴，涵盖哲学、政治学、经济学、法学、历史学等多各专业领域知识，这就要求破解师资学科背景单一性结构问题，化解教师供给端矛盾。第二，如何把政治性、学理性强的"习思想概论"教材体系有效转化为教学体系和价值体系，解决"习思想概论"政治性与学理性相统一、理论性与实践性相统一问题。第三，如何坚持目标导向与问题导向相结合，采用启发式和探究式教学方法，提升教学的针对性和有效性。第四，如何通过过程化考核和期末理论考核方式，重点解决课程"教"与"学"单一评价机制。

三、"学习通+BOPPPS+X"翻转课堂教学模式相关概述

（一）超星学习通平台

超星学习通作为一个线上教学辅助工具，能够帮助师生在教学中进行紧密互动，该平台将知识共享、课程学习、个人学习创作融为一体，能够给用户提供便捷的学习渠道。该平台分为教师端和学生端，教师和学生可以通过 PC 端和移动端进行使用，教师进入该平台，进行相应课程的班级创建，学生通过班级邀请码、二维码等方式进入相应班级，便可使用该平台进行教学辅助。课前，教师能够利用学习通上传教学视频、课件、通知、参考资料，进行课程资源存储或者发布课前任务；课中，教师可以发布课堂签到、主题讨论、小组任务、随机抢答、随堂测评等课堂任务；课后，教师可以发布课后作业、测验等课后任务。除此以外，该平台能够在课堂设置中设计课前、课中、课后任务的比例，学生在每一次上课堂的表现都能够被记录下来，并在统计中以饼状图的形式直观呈现，方便教师及时调整教学、学生及时查缺补漏。这些优势为"学习通+BOPPPS+X"翻转课堂的实践提供了基础与条件。

（二）"BOPPPS+X"教学模型

BOPPPS 教学模型以学生为中心、教学目标为导向，主要包括引入（Bridge-in）—目标（Objective / Outcome）—前测（Pre-assessment）—参与式学习（Participatory Learning）—后测（Post-assessment）—总结（Summary）六个教学环

节。^①该模型在教学理念上更加注重学生的获得感，在教学过程中强调突出学生的主体地位、参与互动和及时反馈^②，有效规避了以教师为主体的传统"灌输式"教学模式所带来的学生兴趣不高、参与度不够、获得感不强等问题。本课程中"X"主要指的是哔哩哔哩、学习强国、央视网、人民网等提供教学资源的平台。

（三）翻转课堂

翻转课堂目前在教育行业已经得到广泛运用^③，其在课堂教学过程中借助信息化技术的优势将传统的"教师讲授—学生课后解决问题"的模式转变为"学生带着问题进课堂—教师指导、合作探究—解决问题"模式，这就为学生创造了更大的学习自由度和参与空间^④，使学生由传统的"被动式灌输"学习模式转变为主动参与探究学习模式，有效加强了师生之间的双向互动，极大地提升了学生的自主学习意识和自主学习能力。

四、基于"学习通+BOPPPS+X"的翻转课堂教学模式构建

（一）重构教学内容，打造模块教学

"习思想概论"教材内容由导论、结语和17个章节组成，笔者所在教研团队对该教材结构进行分析，以教材逻辑为基本遵循，采用顺序而教的方式。其中，对部分章节内容，结合党的二十大报告，进行优化和重构，具体包括：导论部分融入《习近平的七年知青岁月》内容；第二章融入党的二十大报告中的过去五年的工作和新时代十年的伟大变革；第三章和第十七章合并，并融入伟大建党精神；第六章和第七章合并；第九章引入党的二十大报告对全面依法治国进行专章论述；第十章融入广州起义、三元里人民抗英斗争等红色故事。

（二）基于"学习通+BOPPPS+X"的翻转课堂教学实践过程

1.课前学习通推送线上学习资源引导、督促学生自主预习并检测

基于对学生实际学情的分析，结合教学目标与教学难点重点，从哔哩哔哩、

①金鑫，李良军，杜静，等.基于BOPPPS模型的教学创新设计——以"机械设计"课程为例[J].高等工程教育研究，2022（06）：19-24.

②周伟，钟闻.基于BOPPPS教学模型的内涵与分析[J].大学教育，2018（1）：112-115.

③陈斌.翻转课堂在高职思政课教学中的运用研究[J].教育理论与实践，2023，43（03）：46-49.

④苏海雁，杨世勇.翻转课堂教学模式在会计信息化课程教学中的应用[J].教育理论与实践，2022，42（33）：57-60.

学习强国等平台挑选适合的教学资源，以视频、案例、PPT课件、讨论、测验等形式通过学习通进行课前发布，促使学生依据具体的学习目标、学习任务以及学习要求进行自主学习。教师可以通过学习通查看、统计和掌握学生的课前预习情况，进而来调整课堂教学的内容和形式。

2. 课中基于学习通线上辅助，以"BOPPPS+X"的翻转课堂教学模式为主

课堂教学始终是教与学的核心战场，在"学习通+BOPPPS+X"的翻转课堂教学模式中，需要统计和掌握课前线上预习效果，进而对课堂教学授课内容进行重难点精讲。在整个课堂教学过程中，以"学习通+BOPPPS+X"的翻转课堂教学模式为主，学习通作为辅助工具，其核心在于充分发挥以学生主动学习为中心的参与式学习，具体步骤如下：

（1）引入（Bridge-in）

根据教学目标和内容的重难点，从哔哩哔哩、学习强国等平台精选能够体现课堂主题的视频、图片、案例，并通过学习通上传，发布随堂测验、主题讨论等方式布置课前任务，进行新课导入。

（2）目标（Objective/ Outcome）

每一堂课的教学目标依据课程目标→课堂目标→章节目标→课堂目标层层分解，且课堂目标根据课堂内容又可细分为知识目标、能力目标、素质目标。

（3）前测（Pre-assessment）

在通过学习通分析和统计学生的课前预习效果的基础上，进一步针对性地通过学习通以抢答、投票、随堂练习、摇一摇选人等方式监测学生掌握情况，再根据学生的学习情况适当调整课堂教学。

（4）参与式学习（Participatory Learning）

本环节是"学习通+BOPPPS+X"的翻转课堂教学模式的核心环节，其目的在于充分发挥学生主体地位，通过翻转课堂，重点关注学生参与、互动和反馈情况，包括四个环节：

教师精讲：根据前测情况，调整课堂教学内容、形式与方法，针对学生预习效果不佳的内容理解困难的知识点。对于课堂内容知识框架、知识点前后关系主要结合前沿案例和时政热点，按照"为什么→是什么→怎么做"的框架来讲授。

小组讨论：结合学习目标与学习前测结果，要求小组围绕课程内容重难点相关话题开展小组讨论形成小组讨论成果。

学生发言：借助学习通摇一摇选人，从小组中任选一名代表做总结展示小组成果。

答疑点评：小组展示结束后，借助学习通发布投票、弹幕进行组间互评，教师进行最后总结，并对讨论环节中出现问题较为集中的问题进行答疑解惑。

（5）后测（Post-assessment）

本环节属于课后环节，在课堂教学完成以后，借助学习通发布在随堂测验、课后作业、章节测试等方式验收课堂学习成果，检测学习目标的完成程度，便于下一次课堂教学的设计与调整。

（6）总结（Summary）

本环节主要包括强化与总结教学重难点、分析学生学习效果、总结课堂内容与目标达成情况、反思教学设计与手段等四个方面。

（三）基于"学习通+BOPPPS+X"的翻转课堂教学设计案例

基于"学习通+BOPPPS+X"的翻转课堂教学模式在课前能够有效预测学生的学情；在课中能够丰富课堂教学方式，调动学生主动性与积极性；在课后能够帮助学生巩固深化知识，极大地提升了教学质量。以"习思想概论"教材第四章"坚持以人民为中心"为例，进行教学案例设计，具体步骤如下：

课前：从哔哩哔哩网站精选视频资料——告别大山！走下钢梯，"悬崖村"进入楼梯时代；通过学习通发布随堂测验、主题讨论。自主预习学习通资料，完成测验，反馈问题，进而分析学生学情。

课中：

1. 引入：（1）签到；（2）引入图片资料"习近平总书记2014—2024年的新年贺词"（设置问题：你有什么发现？）引起学生兴趣。（学生活动：通过学习通签到、参与课堂讨论并发言。）

2. 目标：知识目标——线上线下结合完成；能力目标和素质目标——课堂为主。

3. 前测：学习通发布测验题：中国共产党的根本政治立场是什么？（学生活动：通过学习通投票回答。）

4. 参与式学习：（1）结合PPT资料，以"案例分析+问题导向"的形式讲为什么要坚持以人民为中心；（2）通过启发式、引导式提问：如何理解"党的根基在人民、血脉在人民、力量在人民"？利用学习通摇一摇选人作答，引出本章重点内容；（3）结合课前精选视频资料，引导学生理解人民立场是中国共产党的根本政治立场；（4）由坚持人民至上的实践要求引出"十四五"时期扎实推动全体人民共同富裕的原则和思路。（学生活动：学习通弹幕随时表达疑惑；生生讨论，总结回答，学习总结式学习方法，培养表达能力；学生分组讨论，学习通抢答，培养学生分析问题、解决问题能力和探索意识。）

5. 后测：学习通发布随堂测验题——如何理解人民对美好生活的向往是党的奋斗目标？（学生活动：学生结合课堂所学内容，学习通进行作答。）

6. 总结：根据课程小结和学生课堂表现引出课后反思。

课后：学习通发布讨论话题：结合乡村振兴战略理解"时代是出卷人，我们是答卷人，人民是阅卷人"，提升学生理论联系实际的能力。（学生活动：通过学习通作答。）

（四）基于"学习通+BOPPPS+X"的过程性评价体系设计与实施

过程性考核指的是对学生教学的整体过程进行有点有面的考核评价[①]，其核心是能够有效调动学生的主动性和积极性，引导学生认识到参与课堂的重要性，以此来提升学生自主学习的能力。通过学习通平台辅助，可以使得过程性考核公开透明，教师和学生都能够看到学生在整个课堂中的参与情况，能够督促学生专注于学习。在"学习通+BOPPPS+X"的翻转课堂模式下，过程性考核主要由平时成绩（60%）和期末考试成绩（40%）两部分构成，其中平时成绩（60%）属于全方位过程性考核，通过学习通呈现。过程性考核成绩构成包括六个部分：章节测试（占比10%）、课堂考勤（占比20%）、课堂互动（占比25%）、课程作业（占比20%）、课堂讨论（占比10%）、分组任务（占比15%）。六个部分满分均为100分，课程结课以后，学习通的统计功能会完整地呈现学生的学习情况。

近年来在"学习通+BOPPPS+X"的翻转课堂教学模式下，学生学习情况出现明显变化：第一，学生课堂出勤率明显提升。通过学习通辅助拍照、位置签到等方式，总体出勤率稳定在98%以上。第二，学生"抬头率"提升。通过"时政热点+问题导向""案例分析+小组讨论"等形式，活跃课堂气氛，有效提升了学生参与课堂的积极性与主动性，保证了教学质量。第三，"现场参观实践教学基地+小

---

① 蒲文灏，张琦，岳晨，等. 过程性考核在太阳能工程原理课程中的实践探索 [J]. 高等工程教育研究，2019（S01）：230-231.

组展示＋生生互评＋教师点评"的实践教学模式，全面调动了学生发现问题、思考问题的积极性。以上三个方面的变化充分反映了该模式能够充分发挥学生的主体性，使得以学生为中心的教学理念得到更进一步的贯彻。

五、基于"学习通＋BOPPPS+X"的翻转课堂教学实践效果与反思

（一）教学实践效果

基于"学习通＋BOPPPS+X"的翻转课堂教学模式在"习近平新时代中国特色社会主义思想概论"课程中的运用主要解决了以下四个方面的问题：第一，哔哩哔哩平台精选的经典视频、时事政治案例能够直观地反映出课程内容知识点，有效解决了"习思想概论"课程中理论与实践脱节问题；第二，通过学习通发布课前任务、课中研讨、课后回顾拓展有序进行的"学习通＋BOPPPS+X"的翻转课堂教学实践路径，提升了学生的课堂参与度，有效解决了学生主体性缺失的问题；第三，通过生生互评和教师点评相结合的过程性考核体系，能够督促学生自主学习，有效解决了课堂签到率和学生不重视课堂的问题；第四，在实践教学中，借助学习通发布小组讨论、团队合作任务，充分调动了学生的主动性，有效解决了学生团队合作意识与集体意识缺失问题。

笔者所在学校在思政课教学改革中提出"学习通＋BOPPPS+X"的翻转课堂教学模式，并运用于"习近平新时代中国特色社会主义思想概论"课程教学中，三个学期以来，受到了学生的广泛好评，担任该课程的授课教师在教学质量综合评价中，多次获得优秀等级，在学生评教中在全院排名中均排在前30%。此外，通过"时政热点＋问题导向""案例分析＋小组探讨""现场参观＋小组展示"等形式教学，提高了学生的积极性与"抬头率"，增强了学生的交流、表达与合作能力，初步验证了该模式的可行性与有效性。

（二）教学反思

在"学习通＋BOPPPS+X"的翻转课堂教学模式实践中，有两个方面的问题需要进一步解决：一方面，教学资源的建设问题。教学资源包括自主建设资源和可利用资源，笔者所在学校结合自身办学特色，自主建设资源有三个：（1）微视频教学资源：通过开展主题教育活动，引导学生根据国家社会热点录制微视频；（2）实践教学资源：打造"思政馆"实践教学基地。（3）对接"百千万工程"，教师带队，

定期安排乡村振兴实践调研活动，撰写调研报告。在这几个自主建设资源中，乡村振兴调研活动需要各管理部门协调相对灵活的课时安排、全方位的技术支持以及相对应的物力支持。而可利用资源则主要包括：（1）依托互联网技术，用好国家智慧教育平台、全国高校思政课教师网络集体备课平台；（2）以学习强国、央视网等视频资源为主，B站、抖音等微视频资源做有效补充；（3）"广州起义"纪念馆等红色实践教学基地。在以上可利用资源中，案例、视频等资料的选择必须能够充分反映课程内容，要求教师花大量的精力和时间精选。另一方面，教学环境的塑造。合适的教学环境是提升课程教学质量的关键要素，"学习通+BOPPPS+X"的翻转课堂教学模式必须使班级人数控制在合理区间，如果班级人数过多，无法保证每个学生都有参与课堂互动的机会，影响该模式实施效果的最大化。

基于深度学习的高校思政课教学设计研究

——以"习近平新时代中国特色社会主义思想概论"课程为例①

陈璐婷②

（浙江旅游职业学院，马克思主义学院）

【摘要】深度学习模式融入高校思政课是推动课程改革创新、提质增效的有效途径，是主动顺应教学环境迭代的必然要求，是积极落实教学理念优化的实践进路，也是响应青年学生认知需求的合理之举。基于深度学习的高校思政课教学设计必须将"八个相统一"作为基本遵循，贯彻求实、平等、发展三项原则。需要深化教学内容，讲好"中国理念、中国智慧、中国方案"；深度分析学情，关注高校学生的现实关切与成长需要；深耕教学目标，培育"会研学、能应用、担使命"的新青年；深谋教学模式，探索"思政引领学生专业深度教学"模式；深挖教学资源，在用好"大课堂"，搭建"大平台"，调动"大师资"等方面下功夫，推进"习近平新时代中国特色社会主义思想概论"课程高质量建设。

【关键词】教学改革；深度学习；高校；思政课；习近平新时代中国特色社会主义思想概论

2019年3月18日，习近平总书记在学校思想政治理论课教师座谈会上明确指出，"思政课建设要向改革创新要活力"。随着新时代思政课改革创新持续深入推进，在教学实施过程中，突出"深度学习"来提高教学实效性，已成为教育界探讨

---

①基金项目：2025年度浙江省哲学社会科学规划"高校思想政治工作研究"专项课题"习近平文化思想融入高校'大思政课'的价值意蕴与实践进路"（25GXSZ050YB）阶段性成果；浙江旅游职业学院2023年青年教师专项（科研课题）"基于深度学习的高校思政课教学设计研究"（2023KYYB01）阶段性成果。
②作者简介：陈璐婷，（1991—　），女，浙江旅游职业学院马克思主义学院思政专任教师，讲师，研究方向为思想政治教育。

的热点话题。高校全面开设的"习近平新时代中国特色社会主义思想概论"课，是落实立德树人根本任务，铸魂育人的重要课程。那么，高校思政课如何引导学生运用习近平新时代中国特色社会主义思想武装头脑、指导实践、推动工作，本研究将结合近年来开展教学改革的探索和思考，以深度学习为导向，推动思政课教学模式提质增效，以期为当下推动高校思政课教学信息化从融合应用迈向创新发展的高阶演进，提供一条可参照的发展路径。

一、深度学习教学模式融入高校思政课的优势

（一）主动顺应教学环境迭代的必然要求

《关于深化新时代学校思想政治理论课改革创新的若干意见》指出，要"大力推进思政课教学方法改革，提升思政课教师信息化能力素养，推动人工智能等现代信息技术在思政课教学中应用"，体现出党和国家对思政课教学信息化建设寄予厚望，也为探索新型教学组织形式融入高校思政课指明了方向。随着思政课日益受到重视，智慧教室、虚拟仿真实验室在思政课的普及应用已经成为常态，探索"深度学习"教学有利于进一步顺应教学环境变化，能够采用现代信息技术收集教学过程真实数据，突出教学重难点的解决方法和策略能够适时调整。

（二）积极落实教学理念优化的实践进路

数智时代来临，意味着教育现代化的过程中教学要能及时顺应新形势，面向新业态，反映新知识，体现新技术，融合新工艺，引导受教者发现新问题，创造新价值，即引导学生学会深度学习——"学习者在理解的基础上运用批判性思维对新信息进行深层次加工，主动实现知识建构与转化，创造新知识并有效迁移至新情境解决真实问题。"[①] 这一趋势不仅契合建构主义所倡导的"以学习者为中心"的教学理念，"学生努力在自身的知识结构基础上去建构新的知识，学习的发展意味着一种知识的结构化发展"[②]。同时适应情境认知理论视域下学习应该与符合真实情景化的社会实践结合起来的教学策略。这为高校思政课改革创新提供了新思路，在教学设计全过程倡导课前动机诱发，课中深度参与，课后实践创生，有效支持从感性知

---

① 邓宏萍，钟庆文.促进深度学习——对高职高专思政课教学理论实践一体化改革的思考[J].思想理论教育导刊，2017（12）：122-125.

② 吕林海."深度学习"视域下的大学"金课"——历史逻辑、考量标准与实现路径之审思[J].高校教育管理，2020，14（01）：40-51+62.

识升华到理性知识的深度学习。

（三）响应青年学生认知需求的合理之举

百年未有之大变局的时代背景下，当代青年以更加开放的姿态从互联网上获取海量的知识信息，他们的认知需求也变得更加多样化，更亟待引导他们在纷纷复杂的社会思潮冲击下保持理性思考，站稳正确立场，做出正确抉择。根据 2023 年在浙江旅游职业学院开展的一项关于"习近平新时代中国特色社会主义思想'三进'"的调查问卷显示，接受调查的 2278 名学生中有 32.57% 希望在思政课学习中获得对理论知识的深度理解，37.14% 希望获得正确看待世界的角度和方法，这两者显示出青年学生的认知需求不仅仅停留于知识的浅层获得，而是期待提升自己分析问题、解决问题的能力。"以自主意义建构为特征的导向深度学习的混合式教学模式必然取代以简单机械传授为特征的浅表层传统教学模式"[1]。

表1 您希望通过思政课的学习获得什么？[单选题]

选项	小计	比例
A. 对理论知识的深度理解	742	32.57%
B. 正确看待世界的角度和方法	846	37.14%
C. 个人思想境界的提高	442	19.4%
D. 参与社会生活的能力提升	248	10.89%
本题有效填写人次	2278	

二、基于深度学习的高校思政课教学设计基本原则

"八个相统一"是习近平总书记对思政课建设改革创新方法论，是高校思政课增加"思想性、理论性和亲和力、针对性"[2]的基本遵循。深度学习教学模式应用于高校思政课也必然要立足"八个相统一"的精髓要义和科学方法[3]，同时也要贯彻以下原则：

---

①杨威，上官望.导向深度学习的混合式教学模式融入高校思政课新论——以"习近平新时代中国特色社会主义思想概论"为例[J].山西高等学校社会科学学报，2023，35（01）：41-45+51.

②习近平.思政课是落实立德树人根本任务的关键课程[J].求是，2020（17）：4-16.

③"八个相统一"即"坚持政治性和学理性相统一，价值性和知识性相统一，建设性和批判性相统一，理论性和实践性相统一，统一性和多样性相统一，主导性和主体性相统一，灌输性和启发性相统一"。

（一）求实原则

求实原则是指思想政治教育坚持一切从实践出发，理论联系实际，不断提高思想政治教育实效的原则[①]。调查显示，受访的46.97%的大学生希望思政课教学内容经常更新、与时俱进，37.53%选择贴近生活、贴近实际，15.5%选择具有典型性和代表性。也就是说，思想政治教育开展的过程，不仅要深度分析大学生思想变化的实际情况和特征，把握当代青年思想变化的新情况、新期待，深入实践、深入社会运用"鲜活解渴"的实际案例来解决他们的思想问题和理论困惑；而且从教法上运用更加贴近青年的话语方式，有态度，讲实话，触热点，用党的最新理论成果铸魂育人。

表2　您希望的思政课教学内容是怎样的？[单选题]

选项	小计	比例
A.教学内容经常更新、与时俱进	1070	46.97%
B.教学内容贴近生活、贴近实际	855	37.53%
C.教学内容具有典型性和代表性	353	15.5%
本题有效填写人次	2278	

（二）平等原则

"平等原则之下的思想政治教育者和教育对象的关系呈现为思想政治教育实践中平等的交往互动，通过相互交流实现'教学相长'的互动过程"[②]。调查中选择"教师提出问题，学生讨论"的受访者占比54.35%，而"学生提出问题，其他学生解答，教师点评"与"学生提出问题，教师讲解"两个选项的总计为45.66%，可见优质课堂中教育者与受教者形成学习共同体，师生、生生有效互动，在深度理解、深度阐释和深度参与中形成共识。受教者在这一过程中逐步从"浅"到"深"，从"不知"到"知"，实现对教学内容的建构内化，再达成从"知"到"信"及"行"的高级进阶。

---

① 骆郁廷.思想政治教育原理与方法[M].北京：北京师范大学出版社，2019：198.
② 骆郁廷.思想政治教育原理与方法[M].北京：北京师范大学出版社，2019：202.

表3　您在思政课学习过程中，感受到教学相长，同时发挥教师和学生的积极性和主动性，
积极引导学生自主探究［单选题］

选项	小计	比例
A. 非常同意	1346	59.09%
B. 同意	772	33.89%
C. 基本同意	151	6.63%
D. 不同意	9	0.4%
本题有效填写人次	2278	

表4　用讨论问题的方法解决思想困惑，满足思想成长需求，您更倾向于哪种具体讨论方法？
［单选题］

选项	小计	比例
A. 教师提出问题，学生讨论	1238	54.35%
B. 学生提出问题，其他学生解答，教师点评	612	26.87%
C. 学生提出问题，教师讲解	428	18.79%
本题有效填写人次	2278	

（三）发展原则

思想政治教育主体、客体、环体、介体等各要素内在运行面临不同时空境遇合力的影响，旨向其教学内容的内涵式发展，其教学方法的多样化发展，以及其教育领域的立体化发展。"社会条件已大不一样了，我们有些做法过去有效，现在未必有效；有些过去不合时宜，现在却势在必行；有些过去不可逾越，现在则需要突破"①因此，深度教学模式的应用必须坚持守正与创新相结合，坚守马克思主义基本原理的"魂脉"和中华优秀传统文化的"根脉"。探索新体系、新模式也要在批判继承传统思想政治教育的基础上，顺应渐进与飞跃相结合的发展思路，联结过去、现在与将来，避免陷入纯粹"技术主义"的窠臼。

三、基于深度学习的教学模式在高校思政课的应用

（一）深化教学内容，讲好"中国理念、中国智慧、中国方案"

"习近平新时代中国特色社会主义思想概论"课程（以下简称"概论"）全面体现了习近平新时代中国特色社会主义思想的科学体系、主要内容、理论精髓及其贯穿的立场观点和方法，是大学生系统学习领悟习近平新时代中国特色社会主义思

---

①中共中央文献研究室. 习近平关于全面深化改革论述摘编 [M]. 北京：中央文献出版社，2014：84.

想的必修课程。课程的教学目的是增进大学生的政治认同、思想认同、理论认同、情感认同，切实做到学思用贯通，知信行统一①。教学内容贯通治党治国治军、改革发展稳定、内政外交国防等各领域，讲好"中国理念、中国智慧、中国方案"一方面要立足原论原著将理论讲深、讲透、讲活，注重意义导向的重难点梳理；另一方面要密切联系新时代以来中国特色社会主义伟大实践，沿着习近平总书记的足迹深化对理论的学习和理解。

（二）深度分析学情，关注高校学生的现实关切与成长需要

深邃的理论难以讲授得让学生思想接受、入脑入心，是高校思政课教学普遍的难点和痛点，"概论"课在高校思政课课程体系中，是继"思想道德与法治"、"毛泽东思想和中国特色社会主义理论体系概论"之后开设的。结合问卷调查、师生座谈等方式调研学思用基础，深度分析学情可以发现这一阶段的学生的学情画像具有"三强三弱三期待"的特点：一是学习态度较为端正，合作学习行为较好，任务执行能力较强；二是学习动机下降，理论深度不足，迁移能力有限；三是期待能够"走出去"现场教学，能够"沉浸式"交互体验，能够"学思用"知行合一。精准把握学情特点，教学设计要有效回应学生现实关切，以实现有效因材施教。

（三）深耕教学目标，培育"会研学，能运用，担使命"新青年

依据《教育部等八部门关于加快构建高校思想政治工作体系的意见》，对标党的二十大部署，从知识目标上达成"会研学"，能够把马克思主义和中国化时代化的马克思主义统一起来理解把握，夯实理论基础，而非"浅层化"的知识获得；从能力目标上达成"能运用"，把习近平新时代中国特色社会主义思想作为增强自身实践能力的科学指南，旨向核心素养的培养和提升；在素质目标上达成"担使命"，聚焦发展导向的使命，增进对习近平新时代中国特色社会主义思想的全面认同，在新时代以中国式的现代化建设的新征程中坚定信心，堪当中华民族伟大复兴大任的时代新人。

（四）深谋教学模式，探索"思政引领学生专业深度教学"模式

"思政课程"与"课程思政"同向同行的趋势下，高校思政课改革必然要将教学模式进一步与专业的人才培养方案相融合。而深度学习更需要引导学生在可视化的

---

①《习近平新时代中国特色社会主义概论》编写组. 习近平新时代中国特色社会主义思想概论 [M]. 北京：高等教育出版社：人民出版社，2023：12.

情境当中探索明理，进而建构内化，再而将习得的知识拓展应用。以"全面深化改革开放"这一章节为例，学生往往对体制机制改革关心不够，与我关系不大故听讲的兴趣也较为寡淡，加之全面深化改革开放的内容较为宏大，而学生们关注的改革都是具体和微观的。教法上可以尝试让学生自我探索，比如针对西餐专业学生，你想开一个餐馆在"最多跑一次"改革之前你需要跑多少个部门办理审批业务，至少需要多少天可以办好各项执照、证件。改革后，节约了多少天？从教师讲，转变为让学生探索，学生讲，从而让学生主动思考浙江推动形成了哪些惠及更多群众的制度设计，这些改革又是打破了哪些体制机制的障碍和顽瘴痼疾，进一步引导学生思考为什么我们强调改革要加强顶层设计，以问题链的形式由浅入深接受新知。

（五）深挖教学资源，用好"大课堂"，搭建"大平台"，调动"大师资"

随着全面推进"大思政课"建设的深入推进，一方面，与实践教学基地建立长效合作机制，开发好现场教学专题成为思政课改革创新的必由之路。这就要求高校顺势而为，主动对接各级各类实践教学基地，充分运用好与省革命历史纪念馆建立校馆合作，发挥好校思政教师研修实践基地的实践教学功能，利用建立起的长效合作机制，协同加强现场专题教学的研究和资源开发，打造专业专属"行走的思政课"。另一方面，共建共享系统集成特色高质量的思政课教学资源大平台，也是置身数字化时代助推思政课教育教学方式创新发展的有效途径。在线课程、教学资源库、数字博物馆等虚实结合的数字化工具能够提升教学的体验感和吸引力，丰富了学生学习的时空场域。而地方党政领导干部、行业专家、地方党校专家、地方先进模范、博物馆讲解员等大师资走进校园，进入思政课课堂，使得"联学联讲联研"的氛围更加浓郁。要积极运用系统思维打破资源分散的壁垒，有效探索不同形态教学资源的整合方式，善用各方面力量聚合教学素材和资源，打造全方位、立体化的教学资源库。在充分重视和发挥自身优势的同时，着眼共建共享，发挥内外联动效应，全方位提升教学水平。

综上所述，"深度学习"融入高校思政课要深化教学内容，深度分析学情，深耕教学目标，深谋教学模式，深挖教学资源，将"深度学习"贯穿于教育教学全过程，推进"习近平新时代中国特色社会主义思想概论"课高质量建设和高水平发展。

网络思想政治教育的难点与对策研究

——以"B站"为例

匙雨萌 ①

（浙江旅游职业学院，马克思主义学院）

【摘要】提高哔哩哔哩视频平台（以下简称"B站"）思想政治教育的重要性不容忽视，"B站"作为一个拥有庞大年轻用户群体的平台，对于青年价值观的形成具有重要影响。青年时期是人生价值观形成的关键时期，通过"B站"进行思想政治教育，能够引导青年形成正确的世界观、人生观和价值观，帮助他们树立正确的道德观念和行为准则 ②。思想政治教育是传承和弘扬民族文化、民族精神的重要途径。通过"B站"进行思想政治教育，能够加强青年对国家和民族的认同感和归属感，增强国家凝聚力。这对于维护国家统一、促进社会和谐具有重要意义。本文通过对"B站"思想政治教育的主要特征、发展难点进行分析，试图找寻提升"B站"等平台思想政治教育的质量提升路径。

【关键词】"B站"；网络思想政治教育；视频平台

一、"B站"思想政治教育的主要特征

"B站"上的思想政治教育，虽然其平台特性可能为其带来一些独特的表现方式，但主要特征还是与普遍的思想政治教育保持一致。

思想政治教育具有导向性。它旨在引导人们形成正确的世界观、人生观和价

---

① 作者简介：匙雨萌，（1995—　　），浙江旅游职业学院马克思主义学院思政专任教师，助教，研究方向为马克思主义基本原理。

② 闫冬，张澍军. 新时代提升高校网络思想政治教育实效性的问题与对策 [J]. 东北师大学报（哲学社会科学版），2024（03）：137-143.

值观。在"B站"上，这通过各种形式的视频内容、弹幕评论和社区讨论等方式体现，旨在传递正能量，弘扬社会主义核心价值观。

思想政治教育具有渗透性。思想政治教育需要渗透到人们的日常生活中，通过各种渠道和方式影响人们的思想和行为。在"B站"上，思想政治教育可以通过各种类型的视频内容、弹幕评论、UP主分享等方式渗透到用户的日常生活中，从而对其产生潜移默化的影响。

思想政治教育具有综合性。思想政治教育是一个综合性的学科，它涵盖了思想教育、政治教育、道德教育等多个方面。在"B站"上，思想政治教育的内容也具有综合性，不仅关注政治理论和政策法规的传授，还注重道德教育和心理健康等方面的内容。

思想政治教育具有创新性。随着时代的发展，思想政治教育的形式和内容也需要不断创新。在"B站"上，思想政治教育可以利用新媒体技术的优势，采用更加生动、形象、有趣的方式呈现教育内容，提高用户的参与度和学习兴趣[1]。

总之，"B站"上的思想政治教育具有导向性、渗透性、综合性和创新性等特征。这些特征使得思想政治教育在"B站"上能够更好地发挥其作用，为培养新时代的合格公民贡献力量。

二、"B站"思想政治教育的发展难点

首先，"B站"作为一个开放的平台，用户群体广泛且多元，他们的兴趣、观念、价值观各异，这使得在平台上推广和普及思想政治教育内容变得更具挑战性。其次，由于"B站"以视频为主要内容形式，如何制作高质量、有吸引力的思想政治教育视频，使其在众多娱乐、搞笑、生活等类型视频中脱颖而出，也是一个需要克服的难点。此外，"B站"用户的年龄层主要集中在年轻人，他们往往更加注重个性、自由和多元，对于传统的思想政治教育方式可能存在一定的抵触心理，如何平衡好个性发展与思想政治教育之间的关系，也是"B站"需要思考的问题。因此，"B站"思想政治教育的发展难点主要来自于两个方面：信息多样性问题与娱乐性与教育性的平衡问题。

一方面，"B站"思想政治教育面临的是自信息多样性所带来的挑战。"B站"

---

[1] 胡树祥，谢玉进.大数据时代的网络思想政治教育 [J].思想教育研究，2013（06）：60-62，102.

上的内容极其丰富多样，既有正面的教育内容，也不乏一些具有争议或误导性的信息。这使得用户在筛选和接收信息时面临较大的挑战，也给思想政治教育带来了难度[①]。

"B站"思想政治教育内容形式多样。在视频教学方面，利用"B站"作为视频平台的优势，制作多种形式的视频教育内容，如讲座、纪录片、动画等。在图文资讯方面，发布文章、专栏、漫画等图文形式的教育内容，满足不同用户的阅读习惯。在互动讨论方面，设立讨论区、问答区等，鼓励用户参与讨论，分享观点，形成互动学习的氛围。

"B站"思想政治教育话题覆盖多样。时事热点话题可以结合当前时事热点，分析背后的思想政治原理，引导用户正确理解和评价。历史回顾话题可以回顾历史事件，探讨其背后的思想政治意义，帮助用户形成正确的历史观。文化传承话题可以传播中华优秀传统文化，弘扬社会主义核心价值观，增强用户的文化自信。

"B站"思想政治教育视角多样。邀请专家学者进行解读，提供权威、专业的观点和分析。鼓励用户分享自己的经历和感受，形成多元化的观点和体验。引入国际视野，对比不同文化背景下的思想政治教育，拓宽用户的思维边界。

"B站"思想政治教育互动渠道多样。弹幕互动允许用户在观看视频时发送弹幕，表达观点，形成即时的互动和讨论。评论交流是在文章、视频下方设立评论区，鼓励用户发表评论，进行深入的交流和讨论。社群组织是指建立用户社群，如学习小组、兴趣小组等，促进用户之间的交流和合作。

另一方面，"B站"思想政治教育面临的是娱乐性与教育性难平衡所带来的挑战。在"B站"上，大部分内容都以娱乐为主，如何在保持娱乐性的同时，融入有效的思想政治教育内容，是一个需要解决的问题[②]。

"B站"思想政治教育的娱乐性与教育性难平衡主要体现在以下几个方面：

"B站"思想政治教育内容创作的难度大。在保持娱乐性的同时，要确保教育内容的准确性和权威性，这对于创作者来说是一个巨大的挑战。如何在有限的视频时长内，既传达出教育信息，又保持内容的趣味性和吸引力，需要创作者具备高超

①刘梅.思想政治教育的现代方式——论网络思想政治教育建设[J].河南师范大学学报（哲学社会科学版），2000（02）：103-106.

②梁家峰，亓振华.适应与创新：大数据时代的高校思想政治教育工作[J].思想教育研究，2013（06）：63-67.

的创意和技巧。

"B 站"思想政治教育观众注意力的分散。在"B 站"这样的视频平台上，观众往往会在多个视频之间快速切换，注意力很容易分散。如果思想政治教育内容不能迅速吸引受众的注意力，那么即使内容再有价值，也很难被受众接受和记住。因此，如何在娱乐性和教育性之间找到平衡点，使内容既有趣又有深度，是一个需要解决的问题。

"B 站"思想政治教育效果难以量化评估。与传统教育模式相比，"B 站"上的思想政治教育缺乏明确的学习目标和评估标准。这使得教育效果的评估变得困难，很难准确地判断教育内容是否达到了预期的教育效果。同时，由于观众在观看视频时的主动性和参与度不同，也会影响教育效果的评估[①]。

"B 站"思想政治教育娱乐与教育的界限模糊。在某些情况下，娱乐和教育之间的界限可能变得模糊。一些看似娱乐的内容可能包含有价值的教育信息，而一些看似严肃的教育内容也可能带有娱乐性质。这使得在创作和传播过程中很难把握娱乐性和教育性的平衡。

为了解决这些问题，需要创作者在创作过程中充分考虑这些因素，并不断探索和创新教育方式和方法。换个角度看，这既是挑战也是机遇。通过实现多样性、平衡娱乐与教育，"B 站"可以更好地满足用户的多样化需求，提高思想政治教育的针对性和实效性。同时，信息多样性也有助于培养用户的批判性思维和独立思考能力，促进用户的全面发展[②]。

三、"B 站"思想政治教育的发展对策

针对这些难点，"B 站"可以采取一些措施来推动思想政治教育的发展。比如，可以加强与教育机构、政府部门等合作，共同制作和推广高质量的思想政治教育视频；同时，也可以鼓励用户参与创作，分享自己的见解和感受，增强用户的参与感和归属感；此外，还可以通过优化推荐算法等方式，提高思想政治教育视频的曝光率和传播效果。

---

①陈志勇．"圈层化"困境：高校网络思想政治教育的新挑战 [J]. 思想教育研究，2016（05）：70-74.

②骆郁廷．吸引、判断、选择：网络思想政治教育的关键词 [J]. 马克思主义研究，2016（11）：120-131，160.

（一）加强内容审核

"B 站"应加强对上传内容的审核力度，确保平台上的信息健康、正面，对于违规、误导性的信息，要及时删除并进行处理。加强网络思想政治教育的内容审核至关重要，这是因为网络信息的多样性和复杂性可能对青年的思想观念和价值观产生深远影响。以下是一些关于"B 站"如何加强内容审核的建议：相关平台可以组建一支由思政教师、学科专家和相关领域专家组成的专业审核团队，他们应具备丰富的专业知识和敏锐的洞察力，能够准确判断信息的真伪和价值。相关平台应制定明确的审核标准，涵盖内容的政治性、思想性、科学性、道德性等方面。确保所发布的信息能够传递正确的价值观，符合教育要求。相关平台可以加强内容监管，对平台上的信息进行实时监控，及时发现并处理不良信息。同时，鼓励用户举报不良信息，形成共同维护网络思想政治教育环境的合力。相关平台可以引入技术手段，利用先进的技术手段，如人工智能、大数据等，对海量信息进行快速筛选和过滤，提高审核效率和准确性。相关平台可以建立反馈机制，建立用户反馈机制，及时收集用户对网络思想政治教育内容的意见和建议。根据用户反馈，不断优化审核标准和流程，提高内容质量和教育效果[①]。

通过以上措施的实施，加强网络思想政治教育的内容审核需要从团队、标准、监管、技术和反馈等多个方面入手，形成全方位、多角度的审核体系。只有这样，才能确保网络思想政治教育内容的质量和效果，为青年的健康成长提供有力保障。

（二）引导用户自律

通过设立用户行为规范、建立举报机制等方式，引导用户自觉遵守平台规则，共同维护一个健康、和谐的网络环境。"B 站"在进行思想政治教育时，引导用户自律是至关重要的一环。用户自律不仅能够提升网络环境的健康程度，还有助于培养用户形成良好的道德观念和行为习惯。以下是一些关于"B 站"如何引导用户自律的建议：相关平台可以设立明确的社区规范和自律准则制定详细的社区规定，并强调用户需遵守的行为准则。强调用户应尊重他人，避免进行人身攻击、造谣传谣等行为，维护良好的社区氛围。相关平台可以加强自律意识的宣传教育，在平台上定期发布有关自律意识的宣传内容，如文章、视频等，引导用户认识到自律的重要性。举办线上自律活动或挑战，鼓励用户积极参与，通过实践体验自律的益处。相

---

① 崔海英. 大数据时代高校网络思想政治教育的价值维度与实现方式 [J]. 黑龙江高教研究，2015（03）：33-36.

关平台可以引入积分或信誉系统，设立用户积分或信誉系统，对遵守社区规定、表现良好的用户给予积分或信誉奖励。积分或信誉可用于兑换平台内的特权或福利，以此激励用户积极维护社区秩序。相关平台可以提供自律支持工具，开发或引入自律支持工具，如时间管理功能、内容过滤器等，帮助用户更好地管理自己的行为。提供心理咨询服务，帮助用户解决自律过程中遇到的困惑和问题。相关平台可以树立榜样和典范，表彰和宣传遵守社区规定、表现优秀的用户，树立榜样和典范。通过分享这些用户的经验和故事，激励更多用户向他们学习，形成良好的自律氛围。

通过以上措施的实施，"B 站"可以在进行思想政治教育的同时，有效引导用户自律，提升网络环境的健康程度，培养用户形成良好的道德观念和行为习惯①。

（三）开发优质教育内容

鼓励和支持制作和传播优质的思想政治教育内容，如纪录片、讲座、短视频等，以吸引用户的关注和兴趣。"B 站"在进行思想政治教育时，开发优质教育内容是关键环节，以确保内容既有教育意义又能吸引用户的兴趣。以下是一些关于"B 站"如何开发优质思想政治教育内容的建议：相关平台可以深入了解目标用户群体，分析"B 站"用户的年龄、兴趣、需求等特征，了解他们的学习偏好和接受方式。根据用户群体的特点，定制符合他们需求的教育内容，提高内容的针对性和吸引力。相关平台可以制定清晰的教育目标和内容规划，明确思想政治教育的目标，如传递社会主义核心价值观、培养公民意识等。根据教育目标，规划一系列有逻辑、有层次的教育内容，确保内容连贯性和系统性。相关平台可以创新内容形式和表现手法，利用"B 站"视频平台的优势，制作高质量的动画、短视频等形式的教育内容，提高用户的观看体验。结合时事热点、社会现象等，以案例分析、讨论等方式呈现教育内容，增强内容的时效性和互动性。引入专家学者、名人等作为主讲人，提高内容的权威性和可信度。相关平台可以鼓励用户参与和互动，设立互动环节，如评论区讨论、弹幕互动等，鼓励用户发表观点和看法，增强用户的参与感。举办线上活动或挑战，如知识竞赛、主题征文等，激发用户的学习兴趣和积极性。相关平台可以收集用户反馈并持续优化，建立用户反馈机制，及时收集用户对教育内容的意见和建议。根据用户反馈，不断优化教育内容、形式和表现手法，提

---

① 王庚. 新媒体视域下高校思想政治教育工作的创新研究 [J]. 思想教育研究，2014（08）：84–87.

高教育效果和用户满意度。

通过以上措施，"B站"可以开发出优质的思想政治教育内容，提高用户的参与度和学习效果，为培养具有良好道德素质和公民意识的青年一代做出贡献[①]。

（四）建立合作机制

共同开发、推广优质的思想政治教育资源，提高教育的针对性和实效性。"B站"在进行思想政治教育时，建立长效合作机制是确保教育效果持续性和稳定性的关键。关于"B站"如何建立长效合作机制提出以下建议：相关平台可以明确合作目标和方向，确定思想政治教育的合作目标，如提高用户的思想道德素质、传递社会主义核心价值观等。根据合作目标，明确合作的方向和重点，确保各方在合作过程中能够形成合力。相关平台可以建立合作伙伴关系，寻求与教育机构、政府部门、企事业单位等建立合作伙伴关系，共同开展思想政治教育活动。签订合作协议，明确各方的责任和义务，确保合作过程中的权益得到保障。相关平台可以共同策划和制作教育内容，与合作伙伴共同策划和制作符合教育目标和用户需求的思想政治教育内容。利用各自的优势资源，如专家团队、教学资料等，共同提高教育内容的质量和吸引力。相关平台可以加强互动和交流，建立定期沟通机制，及时分享合作进展、交流经验，确保合作过程中的信息畅通。开展线上线下活动，如研讨会、座谈会等，促进合作伙伴之间的深入交流和合作。相关平台可以建立评估机制，对合作过程中的教育效果进行评估，了解用户对教育内容的接受程度和学习效果。根据评估结果，及时调整合作策略和内容，确保教育效果的持续性和稳定性。相关平台可以持续投入和支持投入足够的资金和人力资源，确保合作过程的顺利进行和持续发展。鼓励合作伙伴积极参与合作过程，提供必要的支持和帮助[②]。

通过以上措施的实施，"B站"可以建立长效合作机制，与合作伙伴共同开展思想政治教育活动，提高用户的思想道德素质和社会责任感，为社会的和谐发展做出贡献。

---

① 沈壮海，王迎迎. 2016年度大学生思想政治教育状况调查分析——基于全国35所高校的调查 [J]. 中国高等教育，2017（11）：45-50.

② 李德福. 高校开展网络思想政治教育的困难及对策研究 [J]. 思想教育研究，2014（01）：61-63.

四、结语

思想政治教育不仅关注道德品质的培养，还注重青年全面发展。通过"B 站"进行思想政治教育，可以引导青年关注社会问题、参与社会实践，培养他们的社会责任感和创新精神。同时，也能够促进青年在知识、能力、素质等方面的全面提升。

在信息化时代，网络已成为青年获取信息、交流思想的重要渠道。然而，网络上也存在着大量的不良信息和价值观冲击。通过"B 站"进行思想政治教育，能够加强对青年的网络素养教育，提高他们的辨别能力和抵御不良信息的能力，帮助他们树立正确的网络道德观念。"B 站"作为一个拥有丰富视频资源的平台，为思想政治教育提供了新的渠道和形式。通过制作和推广高质量的思想政治教育视频，可以吸引更多年轻人的关注，拓展思想政治教育的受众范围。同时，也可以利用"B 站"的互动性和社交性，加强青年之间的交流和互动，提高思想政治教育的效果。

综上所述，提升"B 站"思想政治教育质量的重要性不仅在于引导青年价值观形成、增强国家凝聚力、促进青年全面发展等方面，还应对网络挑战、拓展教育渠道等方面具有重要意义[①]。因此，应该加强对"B 站"思想政治教育的重视和支持，推动其在青年成长中发挥更大作用。

---

① 魏晓文，李晓虹．大学生思想政治教育网络话语权建构的策略探讨 [J]. 思想理论教育，2014（10）：90—94.

微电影推进高职院校思政课实践教学的探索与实践

——以"思想道德与法治"课程为例①

李春欣②

（浙江旅游职业学院，马克思主义学院）

【摘要】以微电影为载体创新思政课实践教学方式，具有现实意义和时代价值。既顺应了互联网时代自媒体广泛应用的时代发展需求，又契合了当前高职高专学生学习成长的特点和规律，为创新思政课的实践教学方法提供了路径指引，同时也为创新思政课的实践教学方式提供了可供借鉴的新思路、新思路。本文以"思想道德与法治"课程为例，积极探索以"一条主线、两大重点、三重原则、四方环节"的"1234"实践教学模式，力求课程内容与实践手段融会贯通、相得益彰。

【关键词】微电影；思政课；实践教学；实践路径

2019年3月，习近平总书记在学校思想政治理论课教师座谈会上指出："要坚持理论性和实践性相统一，用科学理论培养人，重视思政课的实践性，把思政小课堂同社会大课堂结合起来，教育引导学生立鸿鹄志，做奋斗者。"③这一重要讲话为提升思政课育人成效提供了基本遵循。2022年7月，教育部等十部门关于印发《全面推进"大思政课"建设的工作方案》强调，"鼓励师生围绕思政课教学内容创作

---

①基金资助：本文系浙江旅游职业学院校级科研项目"以微电影为载体的高职院校思政课实践教学模式研究——以《思想道德与法治》课程为例"（2024CGYB04）的成果。

②作者简介：李春欣，（1991— ），女，浙江旅游职业学院马克思主义学院思政专任教师，讲师，研究方向为高校思想政治教育。

③习近平．思想政治理论课是落实立德树人根本任务的关键课程[EB/OL]．[2019-03-19]．http://www.xinhuanet.com/politics/xxjxs/2019-03/19/c_1124251344.htm.

微电影、动漫、音乐、短视频等"①。这为思政课实践教学方法创新、与时俱进、全面发展进一步锚定了方向。以微电影为载体推进思政课实践教学守正创新，符合"微时代"全面提升思政课教学质量的重要目标。

一、微电影融入高职院校思政课实践教学的价值意蕴

（一）微电影实践教学顺应了融媒体时代的发展要求

随着互联网的普及和智能化自媒体平台的深入发展，微电影作为主流媒介应运而生，这为思政课改革发展提供了技术背景。习近平总书记曾强调，"要运用新媒体新技术使工作活起来，推动思想政治工作传统优势同信息技术高度融合，增强时代感和吸引力"②。思想政治理论课教学也应一改以往传统单一的教学模式，尤其在实践教学模式加强守正创新，做到因时而进、因势而新。而微电影因其具有时长短、信息量大、篇幅精小、多元化传播等特点，契合了思政课实践教学创新的时代需求。

（二）微电影实践教学契合了学生身心特点和认知规律

根据中国互联网络信息中心（CNNIC）发布的第53次《中国互联网络发展状况统计报告》，截至2023年12月，我国网民规模达10.92亿人，互联网普及率达77.5%。而00后群体被称为网络原住民，在我国网民规模中占比不小。当前大学生出生在网络发达、自媒体盛行的时代，深受以"微信、微博、抖音、小红书"等为主流的自媒体平台影响，认知方式悄然发生改变，更注重信息化、碎片化、快餐化知识的传递，因此不再局限满足于传统满堂灌的教学模式，而是期望彰显个性，在互动和实践中发挥才能、学习成长。

（三）微电影实践教学增强了课程引力和教学效果

在传统思政课课堂上，教学模式偏重于理论灌输，欠缺丰富的实践形式，学生虽然认同思政课的重要性和必要性，但在具体实际教学互动中往往表现出被动且兴趣不足等问题。让学生根据课程内容和性质，自选主题，合作拍摄微电影。一方面有助于学生动脑、动手、用心、用情将理论内容及时转化，激发学生学习兴趣和

---

① 教育部，等.关于印发《全面推进"大思政课"建设的工作方案》[EB/OL]. [2022-07-25]. http://m.moe.gov.cn/srcsite/A13/moe_772/202208/t20220818_653672.html.

② 习近平.把思想政治工作贯穿教育教学全过程 [EB/OL]. [2016-12-08]. http://www.xinhuanet.com/politics/2016-12/08/c_1120082577.htm.

自主性，另一方面有助于改善传统思政课教学的痛点问题，真正做到理论与实践相结合，引导学生在实践教学过程中既培养团队合作和沟通能力，又增强对思政课的情感认同，是思政课实践教学的有益尝试。

（四）微电影实践教学拓宽了教学场域和课堂空间

局限在课堂上的传统思政课教学，多以教师为主导，表现为单一知识传授。久而久之，学生整体对思政课呈现刻板、老套印象。因此，思政课教学需要加强实践环节，真正做到理论与实践相统一。微电影作为主要载体融入思政课实践教学，拓宽了教学场域，延伸了教学空间。以"思想道德与法治"课程为例，在实践教学环节，学生分组根据教师指导，走出有限的教室空间，走进社会大课堂，将课本中的理论知识及时跟社会现状打通相容，学生微电影主题选择或传承革命精神，或树立正确的就业观，或撕掉标签敢于做自己，或引导同辈践行道德准则，使得理论内容也变得移动化起来，且超越了时空局限，使得教学情景更为多元、综合。

二、高职院校思政课实践教学问题思考

（一）实践形式不够深入

思政课虽然在以往教学过程中也注意到实践教学环节的重要性，但部分教学效果的呈现差强人意，且实践形式流于形式、不够深入。以"思想道德与法治"课程为例，以往的实践形式为学生分组讲述微课。具体表现为在学期一开始，教师通知学生分好小组，并将微课主题呈现给学生，要求在本学期教学过程中的课堂前十分钟由学生小组上台进行微课讲述。经问卷调查以及课后与学生交流访谈发现，小组成员中存在"搭便车"现象，主要是缺乏有效监督以及过程性评价。此外还出现学生不了解微课主题，过度依赖网络碎片化内容片面解读主题，使得教学成果大打折扣。

（二）教学内容不够丰富

由于传统教学内容的灌输和单一教学方式的选择，加之学生对思政课的学科框架认知相对局限在国家大事、时政新闻以及课本书面化的内容中，多方面原因导致在以往学生的实践作业中，内容呈现不够丰富。一方面表现为实践作品立意流于表面，不够深入，虽然老师会给予一定指导和建议，但最终展示的作业成品仍存在思政育人元素欠缺、价值导向偏娱乐化；另一方面，在涉及职业道德、中国精神、理想与现实关系等话题的作业呈现中，与自身专业衔接不够，所选取的人物案例欠

缺针对性，由此导致实践教学环节育人导向不足。

（三）传播途径不够多元

结合"思想道德与法治"课程的实践作业来看，当前的实践作品传播途径和交流平台相对单一。一般来说，当学生汇报实践作业时，教师会作为评分者相对公正客观进行打分，或者由师生共同评定，避免教师一言堂。当学生展示完毕后，若有优秀作品，会进行班级间的分享学习。此外，也会与思政社团活动进行相融，扩大传播面，但也仅仅局限于校内。没有走出校门，与社会大课堂实现社会资源的充分利用和统一。单一的传播途径相对来说压制了学生社会化的参与，较难提升学生的自我认同和社会责任感。

三、微电影融入"思想道德与法治"课程的实践教学模式探索

以微电影为载体推进思政课实践教学创新，需要协调各方、统筹设计教学活动，探索"1234"实践教学模式，即构建"一条主线、两大重点、三重原则、四方环节"。

（一）以立德树人为核心，强化价值引导

要把立德树人的根本任务落到实处，思想政治理论课程是坚定这个方向不动摇、这个核心不动摇的关键课程。为此，首先要在目标共识上认识到，在激烈的国际竞争中，这不仅关乎人才培养的本真，关乎国家兴衰成败，更要把教育使命更好地坚持下去，"以党育人，以国育人"。其次，思政课不仅是理论讲述和国家方针政策讲解，更是培养学生的思想道德和价值观的重要课程。对于高职院校学生来说，还应更关注培养学生的职业品德和社会责任感。具体来说，思政课教师的政治立场首先要强，政治方向要正确，以便帮助学生扣好人生的第一粒扣子；其次情怀要深，教育学生要有家国情怀、仁爱情怀，以情感人、以理服人；再次，人格要正，要引导学生养成良好的习惯，培养完善健全人格；最后，品德要高，要努力开启学生内心最善良的一面，育德育人。

（二）坚持教师主导和学生主体，提升育人成效

将微电影融入思政课实践教学，应该从知识本位转向价值和能力本位，从以教为主转向教学同行、师生共进。首先，要对教师和学生在教学过程中的角色定位明确，教师为主导，学生为主体，"教"与"学"融会贯通、连接教学全过程，真正实现"授受合一"。其次，在具体实践过程中，教师作为引导者，不能成为掌控

者，要学会观察和倾听，引导学生通过小组合作、自主参与提升自己思维自主、能力自推等素养。以"思想道德与法治"课程为例，教师的主导作用可体现为思想和价值导向把关、明确实践作业进度以及考评形式等，学生的主体性可体现为学生自主组队、自主选择微电影主题和拍摄风格等。例如，本学期的微电影实践作业要求为：

1. 主题选择：与课程内容相关，解放思想、积极向上，传递正能量。（鼓励形式创新，内容不限，三观、法治、道德、诚信、恋爱、个人成长、梦想、优秀传统文化、铭记历史等等均可）；

2. 视频要求：时长3—5分钟；片头呈现作品名称，视频不能呈现脏话、血腥、暴力等场景；注意拍摄技术和剪辑技术，如加字幕、降噪、添加背景音乐、多场景转换等；

3. 完成时间：期中所有小组集中展示；

4. 确定主讲人：负责播放视频、讲解分工、选题缘由、创作思路、作品主要观点解读等，1—2分钟；

5. 教师统一点评，学生评委打分。这样的安排和要求，一定程度上保障了学生主体能动性的发挥。

（三）科学把握原则，优化认知方法

1. 坚持思想性与趣味性相统一

思想性与政治性是思政课教育教学的核心要素，为保证立德树人目标保驾护航。因此，将微电影融入思政课实践教学要摒弃传统电影过于娱乐性的目标导向，实践作品立意是要守正创新，弘扬主旋律、正能量，让学生以自己的所闻所见所思所悟发现社会中的真善美，从而在学习和生活中自觉践行社会主义核心价值观。当然，讲原则并不意味着抑制或抹杀学生的创新意识，鼓励学生在坚守课程性质的前提下，充分发挥自媒体的媒介优势，自编自导自演微电影，将思政课的魅力在课程实践中发扬光大。

2. 坚持理论性与实践性相结合

理论与实践相结合，是微电影融入思政课实践教学的主要实现手段。与传统课堂理论讲授的教学方法和手段不用，微电影需要学生在教师指导下自主撰写剧本、自主拍摄、自主剪辑等，将课本和课堂上的理论内容通过自己的动手动脑用心用情体现出来，充分体现了理论与实践的相融相和。此外，从本学期同学们提交的微电影作品来看，很多同学拍摄的作品或取材于现实，或与所学专业联系紧密，甚至有些还是自己的亲身经历，这样的作品对于同学们提升理论认同、思政课情感认同，做到知行合一，更有益处。

（四）完善多元环节，拓宽育人渠道

1.前提是完善教学体系，保障有据可循

创新思政课实践教学，以微电影为载体，以完善教学制度和组织保障为前提。首先建立以马克思主义学院书记或院长为核心，各教研室主任为骨干，各思政课专任教师和学工线辅导员为组员的领导小组，这样的组织架构可以有效地保证微电影的顺利实施，促进思政课的实践教学。同时，还需要制定实践教学方案和教学大纲，在明确教学目标、完善考评标准的基础上，保证实践教学全过程做到有据可循。比如，我校就在2023年初制定了《浙江旅游职业学院思想政治理论课实践教学实施方案》，在"思想道德与法治"与"毛泽东思想和中国特色社会主义理论体系概论"课，实践教学均安排在大学一年级第二学期，做到全员覆盖，课时安排为教学周内每月分别安排3课时、4课时，成绩占比分别为20%和15%。

2.重点是组织实施，做到循序渐进

首先，做好前期准备工作。第一，需要师生双方共同提升媒介素养，这是完成高质量作品的前提保障。第二，在共同学习优秀作品的同时结合教材选定主题，让学生清楚思政微电影作品的构成要素和价值导向，进而根据自己的关注点和兴趣点进行主题选择。第三，明确要求，组成团队。本环节主要是指教师在交代实践作业要求的前提下，学生自主分组、自主选题，推选组长，并明确组员分工，包括撰写脚本、分配角色、剧情拍摄、视频剪辑、后勤保障等，并由学委对分组情况进行整理，及时反馈给指导教师，方便开展后续的实践作业指导。

其次，"沉浸式"推进微电影创作。以本学期的"思想道德与法治"课程为例，学生在做好前提准备工作的基础上，教师会拿出6课时让学生完成脚本创作。因为脚本是微电影拍摄的依据，且很大程度上决定了作品的质量，因此将这一环节放在课堂上，一是方便学生聚在一起商讨修正，另一方面教师可及时给予引导和把关，避免学生的微电影作品偏离核心价值观，呈现过于娱乐化的信息传递。此外，因实践课时有限，加之学生拍摄场景比较多元，故将微电影拍摄过程更多放在学生课下空余时间完成。

最后，成果汇报阶段，做好考评工作。本学期的微电影实践作业汇报放在了学期中，拿出 3 课时完成。学生提交将微电影成品准备好，按分组在课堂上展示。负责人对于本组的微电影进行讲解分工、选题缘由、创作思路、作品主要观点解读等讲述。教师在立意、拍摄技术以及价值彰显等方面给予点评。最后由老师和学生评委共同完成打分。

3. 落脚点在于搭建交流平台，扩大成果推广

每学期我们的"德法"课程都会出现非常优秀的学生微电影实践作品，比如本学期空乘班级的微电影作品《不被定义》，她们结合自己的专业特点，传达着希望每位女孩都自信、乐观，不应被别人的偏见所束缚。还有电商班级的《等待海水深红》作品，他们将一对网友的情感线置于日本核污水排放的背景下，用普通人的生活变化揭露日本违背人类道义的恶行。诸如此类的优秀作品需要增加曝光率。为此，一方面要构建思政课实践教学平台，便于资源存储以及后续的教学资源参考；另一方面，应该总结经验、表彰先进，利用学校微信、抖音等公众号上传优秀微电影进行宣传等，同时，可以积极参加全国大学生思政课微电影大赛等，加大优秀作品的曝光度，更能激发学生们的兴趣①。

①邓奎伟.微电影制作：新时代思想政治理论课实践教学的有效形式 [J]. 齐齐哈尔大学学报（哲学社会科学版），2023（02）：160-163.

实践探索

SHIJIAN TANSUO

以问题导向提升思政课教师的科研能力①

马国水②

（广州工程技术职业学院，马克思主义学院）

【摘要】思政课教师要做一个学生喜欢的"大先生"，成为立德树人的"大先生"，思政课教师需要深于科研、善于科研，在教学的过程中要善于思考问题，学会思考，善于总结问题，解决有价值的真问题，使讲理论的人有深刻的理论，讲信仰的人有坚定的信仰。理论必须服务于社会，在服务于社会的过程，科研才会有价值，才可以让更多的人能够接受理论，让更多的人能够有所启发和受益，从而促进社会的发展，使理论变为有声音的力量，使思政课变为学生喜欢的思政课，使思政课成为学生成长的大讲堂，使思政课教师成为学生人生成长的"大先生"。

【关键词】大先生；科研；真问题；理论；教学

思政课教师要深于科研、善于科研，是指思政教师在教学的过程中要善于思考问题，学会思考问题，善于总结问题，学会提炼问题，在思考问题、总结问题的过程中，要形成独立自主的思考问题的良好习惯，抓住问题的本质和发展逻辑以及问题的体系框架，形成对问题的全面把握而解决问题，实现理论的创新。

一、解决有价值的真问题

首先我们要敢于面对问题，要解决真问题，对待问题不能逃避，不能视而不见，不能逆来顺受，更不能差不多就行了，一定要有对问题刨根问底的求真精神，在对待问题的态度上一定要实事求是，脚踏实地来解决问题。一定要求解真问题，

---

①本论文参与项目：教育部 2021 年度思想政治理论课教师研究一般项目"大中小思政课一体化视域下宪法教育研究"（21SZK13709001）。

②作者简介：马国水（1979—　）男，广州工程技术职业学院马克思主义学院教师，研究方向为马克思主义经济哲学。

要能够以科学的方法很好地解决问题，在解决问题的过程中，要注意不断提高自己的理论水平，不能浅尝辄止、敷衍了事，这样自己才可以在教学中教明白，一定要注意把自己没有搞明白的问题搞明白，把自己不了解的知识理论先学会、学好，这样才可以教得透彻，为学生的成长答疑释惑。思政课教师要善于发现生活中的热点问题，善于解决热点难题，善于解决国家发展中需要的问题，以问题为导向，才会解决有价值的问题，思政课教师的科研才会有的放矢。思政课教师在做科研的过程中，一定要解决真问题，以问题为导向，形成不同的解答思路，形成新的解答思路，以新的方法推动新的理论发展，从而做出新的理论贡献。在新的理论发展过程中，我们要注意理论联系实践，能够解决实践中存在的问题，为教学实践服务，为育人实践服务，这样的理论才是真理论，这样的理论才是值得推广的理论，这样的科研才是有意义的，而不是为了科研而科研。无论是写文章，还是写专著，或者做课题研究，我们都要以解决问题为导向，"问题是时代的声音，回答并指导解决问题是理论的根本任务。"① 在解决问题的过程中，为教师教学工作开展和学生成长服务，为社会发展提供帮助，这是科研应该有的方向。思政课教师的科研要在解决问题的过程中为社会创造价值，这是科研本身应该有的价值。这是一名思政课教师在做社会科学研究的时候应该注意的。

二、使讲理论的人有深刻的理论

学会用理论的武器来解决问题，在理论联系实际的过程中，我们要分析问题的具体情况，研究具体条件下问题发展规律，然后针对问题的特点，提出解决问题的切实可行的方案，在解决问题的过程中，促进理论与实践共同发展，以理论指导实践，以实践推动理论创新。无论是理论上的问题，还是教学中的问题以及社会发展实践与生活实践中的问题，都可以作为思政课教师科研选取的方向。对待问题，要秉持科学的态度，始终坚持实事求是的科学精神。还有就是我们一定要注意做科学研究，不仅是发论文、写专著，不仅是我们要做课题，这些事情只是科研的表达形式和手段，这些事情只能是对教学与科研的真切总结，这些方面可以说只是一个小的方面，这些方面只是一个反映形式，是对教学实践成果的如实反映，对于教学思考的及时回应，为下一步的教学工作的提高提供良好的方法和理论指导。"破五

---

① 习近平.高举中国特色社会主义伟大旗帜 为全面建设社会主义现代化国家而团结奋斗——在中国共产党第二十次全国代表大会上的报告 [M].北京：人民出版社，2022：20.

维"是指不能为了科研而科研，不能为了不切实际的问题而生拉硬拽一些问题，问题是在教学的过程中产生的，必须有深入的理论思考和积极的理论创新，反映理论创新的要求和时代发展的要求，教师教学的需求和学生成长成才的要求，回答时代之问，解决时代之需，创造反映时代特点的思想精华和理论智慧。

还有，我们在做科研的过程中，要提高自己思维认识的深度，提高理论把握的深度，提升思政课教师的理论水平，使讲理论的人首先要懂理论，把握理论发展的深刻逻辑，把握理论的脉络体系，能够系统地把握理论，思政课教师要有深刻的理论把握，只有思政课教师自己真学、真信、真懂理论，真正地把问题搞明白，才可以坚定马克思主义信仰，才会把共产主义作为自己人生的奋斗目标，才会坚定中国特色社会主义共同理想，才可以让讲信仰的人有更坚定的信仰，"自觉做共产主义远大理想和中国特色社会主义共同理想的坚定信仰者和忠实实践者"[1]。思政课教师才可以做到在教学过程中具有"启智润心，因材施教的育人智慧"。[2]

三、思政理论课的科研要求

思政课需要创新的内容是很多的，"世事洞明皆学问，人情练达即文章"（语自《红楼梦》）。思政理论本身是一门与时俱进的科学，随着时代的发展不断发展。当今世界，理论更新与实践更新的速度非常快，思政理论的典型特点就是时代性非常强，所以思政课教师必须要结合具体的时代发展实际，结合一定社会的具体的条件进行科学研究。思政课教学与理论研究主要是社会研究，也要兼顾其他学科的考察，这是这门课程做科研的一些基本的要求。在产生了新的创意以后，需要将自己的创新思维进行系统的深入考量、科学考量，进行深入思考、系统思考，使自己的创意符合理论的逻辑、历史的逻辑、实践的逻辑，有正确的价值取向，能够解决现实的问题、时代的难题，创作完成以后，还需要和具体的问题相联系，完成理论到实践的考量。思政理论作为一门社会科学，一定要注意研究人，人的主体在场不可或缺，社会发展主要是人的发展，社会问题主要是人的问题，研究人类社会是思政课研究的主要方面，社会科学虽然不是自然科学那样的科学研究，但是同样是非常严谨的，有的时候也需要借助数学工具进行数量的表达和统计，需要借助自然科学

---

① 习近平.高举中国特色社会主义伟大旗帜　为全面建设社会主义现代化国家而团结奋斗——在中国共产党第二十次全国代表大会上的报告 [M].北京：人民出版社，2022：65.

② 习近平.习近平致全国优秀教师代表的信 [N].人民日报，2023-09-10.

的方法进行系统的思维，这样的社会科学研究才会有完善的科学体系，才可以立于坚实的科学基础之上而不被人诟病，才能够真正地解决问题。无论是马克思的自然哲学，还是恩格斯的自然哲学，都有对自然科学的深刻研究，包括马克思主义理论本身也是基于近代三大科学理论基础之上的，即细胞学说、能量守恒和转化定律、达尔文的生物进化理论，马克思主义的《资本论》更是有对数学的熟练运用。自然科学知识的熟练使用能力同样也是思政课教师的必备能力，不然做的科研只能算蹩脚的科研，科研成果难以系统完善。我们在使用文献的时候，一定注意文献的准确性，包括文献引用的合理性、及时性，文献的出处等，要认真学习文献，准确把握文献，掌握足够丰富的文献，足够权威的文献，足够科学准确的文献。我们在引用文献的时候还要注意文献的出版时间、出版社、作者等具体信息，要写清楚具体的版本，具体到哪一页等，体现社会科学研究的严谨精神与规范要求，同样马虎不得，需要认真对待，仔细甄别，不能疏漏，不能搞混。

作为科学研究，无论是写文章，写专著，还是做课题都需要我们一定要认真去把握一些问题，把握这些问题的本质，向深处思考，向实处思考。在创作的时候，必须一丝不苟，把问题放在大的格局中思考，思考现象背后的本质与动因，抓住问题的实质与关键，掌握相关事物发展的一般规律与人类认识的普遍逻辑。这样形成的创新理论，才会经得起推敲，才会有启发意义，才可以广而告之，让社会认可，使我们的社会科学研究变为推动社会发展的生产力，而不是科研成果在结题后的闲置。还有，不要让创作本身在形式上有错误，在内容上有歧义，这就没有人愿意看了，也就是说我们在做科研的时候，既要有理论的深度，也要有形式的表达准确性，需要透彻的语言表达，避免产生歧义，我们写的文章一定能够让更多的人能够看得懂，看得明白，力求通俗易懂，"反对党八股"[①]理论研究不能只讲学术性，用一些非常生涩的语言，自娱自乐，"长浮华，成何人！"[②]甚至自己最后都看不懂，是不行的。理论研究是让更多人受益的，理论研究是要推动社会发展进步的，也是要造福于人类社会发展的。做科研要接地气，服务于群众，服务于人民，服务于教学，能够做到用一些通俗易懂的语言，把一些非常深刻的理论讲得很明白，像毛主席在中国革命早期给夜校的学员讲课，用"大白话讲大道理"，这样的理论才

---

① 毛泽东选集（第3卷）[M]. 北京：人民出版社，1991：830.

② 李逸安，张立敏. 三字经 百家姓 千字文 弟子规 千家诗 [M]. 北京：中华书局，2011：198.

是有生命力的理论，才可以更好地把握群众，武装群众，成为活生生的理论。"道不远人；人之为道而远人，不可以为道。"①才会为更多的人服务，理论本来就是要为人民服务的，才会产生理论的力量，使更多的人启智润心。理论必须服务于社会，在服务于社会的过程，科研才会有价值，才可以让更多的人能够接受理论，让更多的人能够有所启发而受益，从而促进社会的发展，使理论变为有声音的力量，使思政课变为学生喜欢的思政课，使思政课成为学生成长的大讲堂，使思政课教师成为学生人生成长的"大先生"。

四、思政课教师的科研要以服务于教学为导向

思政课教师的科研创新需要与教学紧密联系，使思政课创新的科学理论能够更好地服务于思政课教学。这样，我们的理论才会更有价值、更有意义。思政课教师必须把科研服务于教学的需要，服务于学生发展的需要、学校发展的需要，服务于社会的发展，思政理论课的教学创新才是有价值的，才是值得推广的科研。还有就是在科研过程中思政课教师要联系思政课教学实际，思政理论研究就是为了能够更好地服务于教学，解决教学工作中出现的问题。利用马克思主义的基本原理解决教学中的难题，解决社会发展的热点问题，解决学生关心的问题，这是科研应该有的正确方向，在现实中缺乏效益的研究也是存在的，浪费科研资源，降低科研效率。

做科研必须扎根于实际，用心观察生活，观察社会发展，观察教学发展，观察学校发展，观察专业发展，观察学生发展与教师自我发展。思政课教师的科研必须扎根于教学，使我们的科研真正地为教师和学生的成长服务，促进教师对于知识体系的更好把握，能够用深刻的理论指导教学实践，能够将深刻的理论转化为教学实践的行动，真正地解决学生发展中的人生困惑，特别是为学生的人生发展服务，既可以为学生答疑释惑，为学生的人生铸就理想和希望，又可以通过课程思政传道授业，为学生融入社会提供智力保障，还能够为社会的发展提供理论的支撑。"大先生"就要做大学问，不能只顾眼前的苟且，必须放眼国家和人类发展的大局，胸怀天下，放眼人类发展的历史进程，肩负党和国家赋予思政课教师的重要使命责任，时不我待，奋发有为，为党分忧，为国尽责，以全心全意为人民服务的精神，

①陈晓芬，徐儒宗.论语·大学·中庸[M].北京：中华书局，2015：307.

扎根于教学与科研，努力做到为党育人，为国育才，使我们的科研充满使命感和责任感，使我们的科研服务于中华民族的伟大复兴，我们的科研才是有价值的科研。无论是写文章，写专著，还是做课题，都要能够解决问题才会有价值，有实践的可操作性，有实践的价值才是真正的价值。

"沟通技巧"课程思政建设中的关键问题及其解决[①]

娄金霞[②]

（浙江旅游职业学院，酒店管理学院）

【摘要】课程思政建设中的关键问题是如何实现价值塑造、知识传授和能力培养的有机统一，即解决教书和育人的同向同行，需要重视并加以解决和落实。本文紧紧围绕同向同行的目标，从教学设计、团队建设、教法改进、机制完善等角度提出了具体的解决方法，并强调了思政元素挖掘和融合的必要性及其原则，为专业教学和课程思政的有机融合提供了可借鉴的经验。

【关键词】课程思政；思政建设；思政元素；同向同行

一、紧紧围绕教学目标开展教学活动

"沟通技巧"在教学实践中基于"三微三有"模式开展课程思政建设工作，注重将知识传授、能力培养与学生的价值塑造有机统一起来，注重发挥课程育人的价值与功能，将知识模块化，致力于培养"有温度、有情怀、有发展机会"的创新型、数字化、复合型现代服务业人才[③]。因此，在教学中应达到如下目标。

（一）知识目标

1. 了解沟通的基本知识和人际交往常识；

2. 熟悉语言沟通和非语言沟通的基本知识；

---

①基金项目：浙江省教育厅第一批省级课程思政教学研究项目"基于产教融合的课程思政与思政课程'12345'双同提效机制研究"（浙教函〔2021〕47号）。

②作者简介：娄金霞，女，浙江旅游职业学院，副教授，主要从事高职教育研究。

③教育部等九部门关于印发《职业教育提质培优行动计划（2020—2023年）》的通知 [EB/OL]. [2020-09-16]. [2021-07-30]. http://www.moe.gov.cn/srcsite/A07/zcs_zhgg/202009/t20200929_4922-99.html.

3.掌握沟通中应对冲突的相关知识。

（二）能力目标

1.熟练掌握和运用表达、倾听、提问、回答等语言沟通技巧；

2.熟练掌握和运用动作、表情、眼神、肢体语言等非语言沟通技巧；

3.熟练掌握和运用恰当回应、合理批评、自我辩解等应对技巧；

4.通过不同情景设计，强化训练学生与同事、上下级、团队建设中的沟通技巧。

（三）素质目标

1.培养学生具有较好的个人品德和沟通心态

在人际沟通中，具备厚德仁爱、正直善良的个人品德；常怀敬人心、自信心、真诚心、平等心、宽容心、同理心，养成平等、文明、诚信、友善的沟通心态，做到"己所不欲，勿施于人"；

2.培养学生树立良好的职业品格和行为习惯

在职场沟通中，具备爱岗敬业、诚实守信、办事公道的职业品格；有和善亲切、谦虚随和、理解宽容、热情诚恳地与人沟通的意愿和能力；争做"知荣辱、守诚信、善沟通"的酒管人；

3.培养辩证思维能力与责任担当意识

在沟通训练中，学会具体问题具体分析，提高辩证思维能力，提高处理复杂问题的能力；具备团队意识和协作能力，践行社会主义核心价值观，增强社会责任和担当意识；

4.争做新时代传播正能量的酒管人

在沟通训练中，实现阶梯式成长，逐步成长为"有温度—有情怀—有发展机会"的酒管人，争做新时代传播正能量的酒管人。

二、着力解决课程思政中的关键问题

为了不断提升课程思政融入课堂教学的水平，使教师充分发挥课程育人的功能，真正实现价值塑造、知识传授和能力培养的有机统一[①]，为此，需要重视并解决好以下几个关键问题：

---

①王丹丹.职业教育"课程思政"研究现状与展望[J].中国职业技术教育，2020（5）：46-51.

（一）注重教学设计和整体规划

高校思想政治工作除了依托思政课程外，所有教师都应该在自己的课堂上对学生进行思政教育，开展课程思政，从"专人"育人转变为"人人"育人。[①]通过课程思政，可以帮助学生树立共产主义远大理想和中国特色社会主义共同理想，成为道德高尚的社会主义事业接班人。要发挥马克思主义思想的引领作用，在学科建设中的"发声"，教材中的"现形"以及相关讲座培训中的"亮剑"，教师还需要对课程培养方案中涉及的教材选定，政治标准等关键环节进行有效管理，注重教学主体在建设中发挥应有的协同和引导作用，确保教育全过程的规范化，科学化和标准化。

（二）注重教学团队建设

思政课老师和专业课老师需要有共同的教学平台，为实现共建、共享、共惠的教学状态提供保障。可以联合学校相关部门，如教务处、团委、学工部等相关处室开展多领域、多维度的课程思政建设，从而形成内在的驱动力。也需要结合各兄弟院校、兄弟系部的经验，积极构建全员、全课程的大思政教育环境，从而为课程思政的改革和实践不断提供可借鉴和学习的经验。另外，也需要不断提高教师对于课程思政建设的认知高度，目前师德师风建设已经取得了一定的成绩，有力地促进了课程思政的开展，接下来需要将其转化为课程思政具体的操作能力，改进教师只注重专业教学，没有育人能力的现状；育人目标也应该更加具体化，帮助老师将认知转化为能力，从而做到润物无声。

（三）不断改进教法

习近平总书记提出高校之本在于立德树人，为了更好地实现这一根本的教书育人目标，在关键环节和任务选择上必须借助于科学的方法。专业老师在和思政教育有机结合过程中，必须在教学思考和设计的前提下，选择符合教学实际的教学训练以及教学方法，以便更好地回应学生在专业教学中的现实需求，解决现实困难，从而提高学生的从业能力。在教学方法上可以依据不同的课程，在教学设计当中注重学生价值判断能力，价值选择能力及价值塑造能力的培养，有必要引入教学督导机制，常态化的集体备课制度，鼓励建立教学激励制度，将教材当中的话语转为教学课堂上的话语，提高课堂魅力以及教学当中的感染力和吸引力。

---

①赵佳丽.新文科背景下教师教育课程思政建设的多重逻辑与发展策略[J].教育与教学研究，2023，37（09）：49-58.

（四）完善教学评价体系

将教师的思政教育与管理服务与教学评价紧密结合，师德师风建设应形成长效机制，颁布实施细则，落实"师德一票否决制"，并和教师的评聘机制相结合，加强大学生思想政治教育，才能最大限度地发挥课堂主渠道的作用，扭转重教学轻育人的不良状况，打破专业壁垒，关键在于领导的意识，教学激励，以及协同作战的工作机制，尽量尽快实现服务性的教学，实现知行合一的教学目标，让学生具备更多能力去深入实践。

（五）有机挖掘课程思政元素

课程思政元素的广度和深度都有待于进一步提高，在育人素材的选择上，教师不但可以借鉴古今中外，同时也要注重不能脱离学生的实践，不能脱离社会现实，在深度设计上，可以通过案例的选取，政策的解读，理论的讲解，同时也应注重在岗位和职业的思政教育内容上做到深入、做到融入，从而提高课程思政的温度。思政元素应该激励社会主义核心价值观融入到课程建设中，从而做到以情动人，以理服人，以行示人。

"沟通技巧"课程思政内容选取应符合专业要求、符合主旋律，知识传授与立德树人契合度高，有思想性、有协同性，在专业教育中体现一定的思政映射点（如民族精神、时代精神、科学精神、人文素质等），能给学生以反思和启迪，帮助学生在收获专业知识之外提高思想道德修养和精神境界[①]。

1.教师的核心能力是"挖掘 — 转化 — 融入能力"

"挖掘能力"体现为专业课教师能够根据思想政治教育的目标和要求，善于发现和挖掘不同学科专业课程中的思政元素，将社会主义核心价值观教育有机融入课堂教学之中，特别是"四个自信""中国故事""职业道德"与"家国情怀"等；"转化能力"体现为专业课教师能将不同学科专业课程中的学术资源转化为育人资源，将理论情境转化为现实情境、将理论文本话语转化为实践工作话语；"融入能力"体现为将育人的价值要求与专业培养相结合，在思政内容融入专业课教学中做到"时间长短合适、内容适量、难度适中"，实现不同学科的针对性、差别性融入。

---

①夏伟，靳强，刘广凯.立德树人视域下高等职业教育体育课程思政建设的实施路径 [J]. 当代体育科技，2023，13（25）：143–146.

2. 思政元素应助力于学生的专业发展

结合课程所归属和服务的学科与专业的形成背景、发展历程、现实状况和未来趋势，特别是所涉及的重大工程和科学技术发展成果，科学实践、科技实践等，挖掘其中所蕴含的使命感、责任感、爱国精神、奋斗精神、开拓精神等思政元素。兼顾专业的人才培养特点以及学生未来所从事工作的职业要求，从职业素养养成的角度，从职业道德、职业技能、职业行为、职业作风和职业意识等方面，有针对性挖掘课程所蕴含的育人元素，增强育人的针对性和实效性，提升学生职业发展能力。

3. 思政元素应注重当代的现实

在讲好历史与现实的故事，引导学生从中发掘价值观、形成正确的判断事物标准和价值追求的同时，也要注重现实中的启发[①]。挖掘有利于培养和训练学生科学思维方法和思维能力的内容，教会学生用正确的立场观点方法认识并分析问题，让学生深刻认识世界、理解中国、增强民族自信心和社会责任感。也可以选取学生在社会实践过程中能够通过身体力行深刻感悟的思政元素，使之内化为学生的精神追求、外化为学生的自觉行动。思政元素包括制度敬畏与自觉遵守，环境保护，珍惜生命，客观、严谨、细致的科学精神，团队协作，发现与质疑，探索精神，创新思维等。

三、形成特色并在实践中不断提升

继续做好"五个优化"：优化教学资源共建共享机制、优化校企业合作培养机制、优化育人效果评价机制、优化教学反馈机制、优化团队建设机制，使教学目标更明确、规划更科学、分工更合理，协同培养效果更突出。

（一）基于"三微三有"模式开展课程思政建设工作

通过在教学中强化"三微"即"思政微要点、职业微素养、技能微行为"的引导作用，致力于培养"三有"即"有温度、有情怀、有发展机会"的创新型、数字化、复合型现代服务业人才。

（二）实现价值塑造目标的阶梯式培养和提升

依据教学需要、尊重教学规律，在沟通认知模块教学目标时，是让学生成为

---

① 王丹丹 . 职业教育"课程思政"研究现状与展望 [J]. 中国职业技术教育，2020（5）：46-51.

"有温度的，会沟通的酒管人"；在沟通技巧模块教学目标是让学生成为"有情怀的，会沟通的酒管人"；技能训练模块教学目标是让学生成为"有发展机会，会沟通的酒管人"。

（三）构建校企协同培养机制，增强学生的社会责任感和使命感

依托酒店管理专业成熟的校企合作单位资源和课程思政实训基地，优先选用来自酒店行业的真实素材，强化了专业意识的培养，增强了学生的社会责任感和使命感。①

（四）改革考核标准，思政育人的考核评价

在全程授课过程中，突出过程评价，提高团队成绩在个人成绩中所占权重，培养学生的团队合作意识和问题解决能力。

（五）延展教学时间和空间，夯实多维度培养模式

该课程面向全部大一学生，授课教师均为各学生社团指导老师，对于学生沟通能力的培养已经形成了"从课堂内外，到学校内外、到线上线下相结合"的多维度培养模式，每年指导学生成功举办各项活动 20 余次，各类项目申报 10 余项，为学生的全面发展提供了有力保障。

做好课程思政与专业建设同向同行，力争让课程思政的教学内容，不但更有学术味还要有穿透力，能够注重问题为导向，用鲜活的案例，灵活的教学方法，回应学生在学习和生活中的现实困境，训练学生的思维方法和思维能力，从而促进我们的教学进入课堂，另外在思政教学上要提炼专业的特色，提炼法治意识，社会责任，文化自信和人文精神的思政元素，注重课堂形式的多样化，以及话语传播的有效性，避免附加式、标签式的生搬硬套②。要深入根据学生的学习心理和特征，以及学习需求和成长规律，注重价值取向的引导，坚持因事而化、因时而进。对于专业课程教学的专注度提高的同时，也要注重学生对于知识共鸣、情感共鸣和价值共鸣的实现。

---

① 教育部等九部门关于印发《职业教育提质培优行动计划（2020—2023 年）》的通知 [EB/OL]. [2020-09-16].http://www.moe.gov.cn/srcsite/A07/zcs_zhgg/202009/t20200929_4922-99.html.

② 刘宝民，金正连. 关于职业院校推进课程思政建设的思考 [J]. 中国职业技术教育，2021（12）：105-108.

"红色之旅"主题馆赋能思政课改革创新：机理、路径与启示①

马强②

（浙江旅游职业学院，马克思主义学院）

【摘要】"红色之旅"主题馆是国内高校首家建成的以红色文化为主题的展馆，集参观、展示、学习于一体，承担着延伸思想政治理论课堂和提升育人成效的重要功能，其以展陈内容的丰富性、行业特色的鲜明性、技术赋能的创新性为特色，融通思政教育、旅游教育、校史校情教育于一体，内含了技术赋能的教育革新、红色文化的多维体验以及学生主体的有效探索等多重指向，并通过现代化的技术赋能帮助实现了思想政治理论课理实结合、学用贯通、知行合一的效果。未来，在应用新的方法和手段赋能思政课改革创新过程中，需要不断丰富形式、精准掌握学情、对接行业产业，以实现思政课育人质量的不断提升。

【关键词】"红色之旅"主题馆；思政课；技术赋能

2019 年 8 月，中共中央办公厅和国务院办公厅印发《关于深化新时代学校思想政治理论课改革创新的若干意见》，其中明确提出："大力推进思政课教学方法改革，提升思政课教师信息化能力素养，推动人工智能等现代信息技术在思政课教学中应用，建设一批国家级虚拟仿真思政课体验教学中心。"③随着大数据、人工智能、虚拟现实等新技术的蓬勃发展，知识的学习方式和学生的行为范式都发生了显

---

①基金资助：本文系浙江旅游职业学院思想政治理论课建设专项"'红色之旅'主题馆赋能思政课改革创新研究"（2023LLYB01）的成果。

②作者简介：马强（1990—　），浙江旅游职业学院马克思主义学院，讲师，研究方向为思想政治教育。

③中共中央办公厅国务院办公厅 . 关于深化新时代学校思想政治理论课改革创新的若干意见 [J]. 中华人民共和国教育部公报，2019（9）.

著变化。思政课作为立德树人的主阵地，理应积极探索数字转型的路径，以创新的教学理念和技术手段，提升课程的互动性和实效性，"红色之旅"主题馆的建设正是实现这一目标的重要措施。主题馆于 2021 年 6 月 17 日正式建成开馆，总建筑面积八百五十余平方米，"红色印记""红色传承"以及"薪火旅院"三大主题展厅呈环状分布，融合了声音、光影、交互式投影、动态互动、虚拟现实以及互动问答等多元技术，定位为浙江省新时代党性教育培训基地，爱国主义的样板地以及全国思想政治理论课仿真实训中心的示范窗口，对促进思政课改革创新，提升育人成效意义重大。

一、"红色之旅"主题馆赋能思政课改革创新的作用机理

（一）技术赋能的教育革新

教育具备实现个体社会化和个性化的双重功能，传统教育模式通过教师传授知识和技能，培养学生的思维能力和创造力，同时通过教育内容的传递和社交环境的塑造，培养学生的道德品质和社会责任感。但是由于资源、空间、观念等限制条件，始终存在教学模式单一、学生参与度不高等问题，制约了教学效果的进一步提升。21 世纪以来，新一轮科技和产业革命的飞速发展已经深刻改变了人类社会生活的方方面面，尤其在教育领域展现出巨大的影响力，传统教育面临着如何借助新的技术力量不断创新和完善，以更好地适应时代需求的挑战。

信息技术、人工智能、大数据等新技术的不断涌现和成熟，逐渐成为推动教育革新的重要力量。数智化的教学模式为思想政治教育教学改革提供了新的方向[①]，在线学习平台和虚拟现实教学等新现象的出现，颠覆了传统教育的模式，突破了原有课堂授课的空间限制，使学习可以随时随地进行，大大提升了学习的灵活性和便捷性，也让个性化学习成为可能，学生可以根据自己的兴趣、能力和学习进度定制学习计划，从而更有效地获取知识和技能。同时，教师也可以通过大数据分析和智能化教学工具，更好地了解学生的学习情况，有针对性地进行教学设计和辅导。新技术的应用不仅提升了教学效率和质量，更为教育进步带来广阔的发展空间，实现培养更具创新能力和适应未来社会需求人才的目标。

[①] 肖小丽，王让新. 大数据赋能思想政治教育创新发展的三重意蕴 [J]. 学校党建与思想教育，2024（04）：63-66.

（二）红色文化的多维体验

红色文化是思想政治教育的重要内容和基础，通过对红色文化的学习和传承，可以引导人们树立正确的历史观、民族观和国家观，培养爱国主义、集体主义和社会主义意识，促进社会主义核心价值观在全社会的弘扬和传播。思想政治教育作为高校培养人才的关键环节，对学生的成长成才发挥着至关重要的作用，通过与红色文化情景的交互坚定理想信念，强化使命担当[①]，能够激励青年大学生将个体命运融入时代发展之中，充分发挥自身主动性、积极性和创造性，努力成长为堪当民族复兴重任的时代新人。

传统意义上红色文化往往采用如展览展出、教育宣传、纪念活动、文化创作等方式进行呈现，通过这些途径使得红色文化的丰富内涵和时代价值得以展现，促进了社会主义核心价值观的传承和弘扬。伴随新技术的推广和使用，红色文化的呈现和体验出现了更多元、更丰富的可能性，如通过在线红色教育平台、数字化红色文献馆等，人们可以随时随地找到相关的图书和资料，通过互联网、虚拟现实技术、数字化展示等现代化手段，可以打破时间和空间上的限制，更加便捷容易地接触和了解到红色文化，这些新的体验和展陈方式的出现使红色文化更贴近年轻人接收信息的方式和习惯，从而激发新生代群体对红色文化的兴趣和热爱，进而有利于推动红色文化的传承和发展。

（三）学生主体的有效探索

传统的教学模式中，教师往往扮演着知识的传授者和权威人士的角色，而学生则处于被动接受和被动学习的状态，不利于激发学生学习积极性和主动性。在促进学生全面发展和提高教育质量背景下，如何让学生发挥主体地位成为越来越被关注的话题。思政课教学过程中既要发挥教师的主导功能，同时也要实现学生的主体性作用[②]，教师通过扮演引导者和组织者角色，积极转变教学方式，可以更好地满足学生个性化的学习需求，激发其思维活跃性和创新意识，提高教学效果和自主思考能力，培养学生的创新思维和实践能力。

学生成长过程中，推进红色文化有机地融入到思想政治教育过程中意义重大，目前已经形成了一些行之有效的路径和方法，如通过学习党的历史、党的基本理

[①]王丽，李理.高校实践育人视域下红色文化传播的路径研究[J].学校党建与思想教育，2024（02）：57-59.

[②]耿俊茂.高校思想政治理论课教学改革坚持主导性和主体性相统一的理论与实践[J].思想理论教育导刊，2023（11）：112-118.

论、革命英雄的先进事迹等方式，可以帮助学生深入了解红色文化的内涵和精神，通过阅读相关著作、参观革命历史纪念馆、参加红色文化主题教育活动等形式，则有助于加深对红色文化的认知和内化。与此同时，新生代大学生学习特点呈现多样化和个性化的趋势，更加依赖互联网和数字化资源获取知识，注重自主学习和探索，具备较强的信息获取能力和自主学习能力，倾向于实践与体验结合的学习方式。因此，需要通过教学改革推进教师主导性和学生主体性的有机统一，形成积极的师生关系，并在此基础上激发学生自我探索的潜能，以应对新出现的知识和问题。

二、"红色之旅"主题馆赋能思政课改革创新的实现路径

（一）理实结合：实现理论和实践的融通

思想政治理论课教学效果的提升离不开理论和实践的融通结合，需要以理论学习指导实践活动，同时以实践活动加深对理论的理解和应用。二者融通要求思政课教学不仅是简单地传授理论知识，而且需要和实践活动双向互动激发学生对实际问题的思考和应对解决能力，培养学生能力和提升综合素质。"红色之旅"主题馆以丰富多样的展陈形式并根据学生的学习特点和需求，提供个性化的学习内容和学习路径，使教学更加贴近学生的实际情况，从而深化学习效果。

实际教学场景中，教师带领学生走进场馆中进行学习，在场馆中学生和老师可以进行更为轻松自由的交流，共同探讨历史事件背后的意义和启示，如教师在"中国工农红军长征路线图"前结合长征途中发生的历史事件、感人故事有针对性地开展教学，引导学生深刻感悟共产党人顽强拼搏、不懈奋斗的伟大精神。同时，参观学习过程中，学生需要自主观察、思考和总结，从而加深对所学内容的理解，通过与南湖革命纪念馆、井冈山革命博物馆、遵义会议纪念馆、延安革命纪念馆、西柏坡纪念馆五大红色经典主题馆互联互通，可以实现全景漫游；通过强渡大渡河、飞夺泸定桥、爬雪山、过草地等 VR 实景体验，再现革命战争年代的峥嵘岁月；以互动游戏体验强化对党和国家重要历史的记忆。这些智能化、现代化手段的应用帮助学生进行沉浸式的学习和体验，进而使之更加深刻理解和感悟中国共产党筚路蓝缕奠基立业的百年征程，增强和提升了认同感。

（二）学用贯通：帮助知识和技能的内化

知识内化是确保思想政治教育取得实际效果的关键，仅停留在知识的表层传

递和了解，难以真正影响学生的思想观念和行为习惯，因此通过内化过程，将理论知识深入学生心灵，使其形成自觉贯彻党的方针政策、坚持正确道德标准的内在信念至关重要。过程中，充分运用"红色之旅"主题馆中的教育设施，结合专业特色和红色基底，引导学生自主创作，主动进行艺术展现和演绎，不仅有助于塑造学生正确的思想观念和行为，同时帮助促进其个性发展和素质的全面提升。

数字技术赋能思政课改革既是适应教育数字化转型的需要，也是打造育人新样态的关键环节[①]。主题馆提供了丰富多样的场景实现学用结合，收录了涉及全国六百余处景点的全部红色旅游经典景区，并设置了专门展区进行数字化呈现，一方面作为红色主题教育的最佳载体，通过参观和体验，可以深刻感受革命先烈的英勇事迹和无私奉献精神，激发爱国热情和民族自豪感，培育和传承红色基因。另一方面充分彰显学校依托文旅行业的办学特色，通过深入了解和讲解红色旅游景点的历史、故事和精神内涵，学生能够更加直观地感受到党的光荣传统和伟大精神，从而激发起对党的热爱和对革命先烈的崇敬之情，同时让学生自主进行红色景点景区讲解，不仅加深了对红色历史的认识，更能将所学知识转化为行动，自觉践行社会主义核心价值观，从而实现思想政治素质的内化和提升。实践中，学生还运用场馆空间进行红色主题情景剧演绎，实现对红色文化的传承和弘扬的同时，成为自身素质提升的重要途径，为个体综合发展和社会责任感的培养提供了有力支撑。

（三）知行合一：达成思想与行动的统一

思想政治教育最终指向在于人的培育和发展[②]，知行合一是中国传统文化中的重要理念，强调知识与行动的统一，不仅是思想政治教育的重要原则，也是培养德智体美劳全面发展的社会主义建设者和接班人的关键所在。在实践中，学生将理论知识贯彻于行动，更好地理解社会责任和使命感的重要性，进而深入体会和应用所学理论，培养发现和解决问题的能力，并将所学知识转化为实践行动，有助于提升学生的综合素质和竞争力，塑造良好品德和价值观，增强社会责任感和使命感，为未来的成长与发展打下坚实基础。

主题馆以红色文化为基底，围绕思想政治教育和校史校情教育构筑立体化学习系统，通过红色记忆板块可以回望历史，感受到历代共产党人无私奉献、不畏艰

---

①陈卓君，钟声. 智媒时代数字赋能高校网络思政教育的时代意蕴与实践路径 [J]. 湖南社会科学，2024（01）：146-151.

②黄祎霖. 试论作为精神生产的思想政治教育 [J]. 思想教育研究，2024（01）：31-38.

险、为人民利益而奋斗的精神，进而明确个人的责任和追求，积极实现自我价值，成为具有家国情怀、担当精神和奉献精神的时代新人。通过聆听红色讲坛，深入理解党的理论和政策，领会其内涵和精神，获取更加系统和全面的知识体系，拓展自己的视野，提高思想境界和政治素养。在红色文创板块则实现了历史和现实的呼应，既有全国性的红色文创优秀作品展示，也有身边的红色文化和旅游深度融合的案例成果，深入体会红色主题与行业特色的深度融合。学生经过在"红色之旅"主题馆中的学习，不仅心怀敬畏之情，更激发内心深处的使命感和责任感，会更加认真规划自己的大学生活和未来的发展方向，在学习、工作、生活中积极践行社会主义核心价值观，不断提升自己的综合素质和能力水平，更加坚定理想目标和人生方向的选择并积极行动。

三、"红色之旅"主题馆赋能思政课改革创新的经验启示

（一）丰富形式，创新方法

思政课创新形式和方法对于当今大学生思想政治教育的重要性不言而喻，随着社会的不断发展和变革，传统的思政教育形式可能无法完全满足学生的需求。"红色之旅"主题馆透过全景沉浸式的红色故事和英雄事迹，引发学生内心深处的共鸣和思考，实现了情感与思想的交融，体验式的教学培养了学生的实践能力和创新精神。因此，需要不断创新形式和方法，让思政课更具吸引力和趣味性，激发学生的学习兴趣，进而提高教学效果，促进学生的全面发展。可以通过引入多样化的教学手段，如案例分析、角色扮演、情景演绎等，使思政课更贴近学生的实际生活和学习需求，增强学生的参与度和主动性，促进教育内容的更新和深化，培养学生的创新精神和综合素质，以更好地适应时代发展和社会需求。

（二）掌握学情，紧跟时代

新生代大学生群体更加熟悉数字化、网络化环境，具有信息获取渠道多样化、信息处理速度快等认知和接受信息的独特特点。"红色之旅"主题馆作为新型的思政教育载体，通过数字化技术和互动展示，满足了新生代学生群体的信息获取习惯，使学生在参观过程中既能够获取丰富的历史知识，又能够感受到真实的参与感和沉浸式体验，从而达到思政教育深度和广度相结合的效果，提升了思想政治教育的效果和吸引力。因此，在思政教育过程中需要合理选择信息传递方式和教学媒介，以更具视觉冲击力和情感共鸣力的方式呈现，如通过视频、图片、互动体验

等，以及富有创意和互动性的教学工具，如网络平台、社交媒体、手机应用等，使思政教育内容更好地与日常生活融合，从而提升学生学习的积极性和参与度。

（三）对接行业，精准赋能

精准赋能思政课改革创新，意味着针对不同行业、地域，以及学校特点和学生需求，对应的思政教育也应该因地制宜，因势利导，有针对性地进行教学内容和方法的调整和创新，以达到最优的教学效果。"红色之旅"主题馆融合红色文化、文旅行业、旅游教育的鲜明特色，通过场景再现、互动体验等方式，让学生更加直观地学习和感悟沉浸式思政课。主题馆不仅仅是一种展示形式，更是一种思政教育的创新实践，提供了全新的、富有意义的教育体验。因此，要深入了解各个行业产业的发展趋势和特点，以及不同地域文化的影响，根据不同行业产业、不同地域和学校的特点，积极探索符合实际情况的教学模式和方法，在教学设计和实施过程中注重灵活性和创新性，更好地适应多样化的学习环境和学生需求，强化提升思政课的针对性和实效性。

高职院校马克思主义学院建设的发展研究与实践探索①

张丹丹②

（浙江旅游职业学院，马克思主义学院）

【摘要】思想政治理论课是落实立德树人根本任务的关键课程，是马克思主义学院坚持用习近平新时代中国特色社会主义思想铸魂育人的主渠道。在新时代背景下，高职院校马克思主义学院肩负着培养高素质技术技能人才和进行思想政治教育的重要使命。马克思主义学院的建设与发展不仅关系到高职教育的质量和水平，更是推动社会主义核心价值观教育和培养社会主义建设者和接班人的关键环节。本文旨在探讨高职院校马克思主义学院在建设与发展过程中存在的困难与挑战，通过分析当前教育形势和需求，总结在创新教学方法、加强师资队伍建设、深化学科研究和社会服务等方面的一系列实践探索，以期为高职院校马克思主义学院的建设提供参考。

【关键词】高职院校；马克思主义学院；建设发展；实践探索

高校首家马克思主义学院诞生在改革开放之初，1992 年，北京大学成立全国第一家马克思主义学院。党的十八大以来，以习近平同志为核心的党中央高度重视高校马克思主义学院建设，截至 2022 年 3 月 17 日，全国高校已经拥有 1440 余所马克思主义学院，学院的整体实力和影响力大幅度提升，引领辐射作用在明显增强。特别是教育部还会同中宣部重点建设了 37 家全国重点马克思主义学院，并重

---

①基金项目：2022 年浙江旅游职业学院校级课题"'双高计划'背景下高职院校高质量建设马克思主义学院路径探索——以浙江旅游职业学院为例"（2229KY04027）。
②作者简介：张丹丹（1991— ），女，浙江旅游职业学院，研究方向为教育、文学、文字等。

点资助建设了 200 多个优秀的教学科研团队。这些重点马克思主义学院、优秀团队在教学改革、资源共建共享以及师资培训方面，为推进思政课改革创新和全国马克思主义学院的建设发挥了重要的示范引领和支撑作用。特别是党的十九大以来，高校的马克思主义学院老师主动进社区、进企业、进农村、进军营，宣讲党的创新理论。据不完全统计，已经超过 1 万场次，为推动党的创新理论深入人心发挥了重要作用。

在马克思主义学院建设的过程中，我们不能仅仅关注全国重点马克思主义学院的建设，也不能仅仅关注本科高校马克思主义学院的建设，高职院校的马克思主义学院建设同样值得重视。2023 年，教育部印发了《普通高等学校马克思主义学院建设标准（2023 年版）》（以下简称《标准》），这已经是第三版，为高职院校成立建设马克思主义学院提供了明确的指导和标准。这一文件的发布，体现了国家对于加强马克思主义理论教育的重视，同时也指出了高职院校在新时代背景下，对于培养高素质技术技能人才的重要性。

一、高职院校马克思主义学院建设的重要意义

高职院校成立建设马克思主义学院是一项系统工程，需要政策支持、资金投入和师资队伍建设等多方面的工作。通过这一举措，可以为社会主义现代化建设培养出更多高素质的技术技能人才，为国家的长远发展做出贡献。同时，这也是对马克思主义理论的创新性发展和时代性贡献，具有不可估量的历史意义和现实价值。

（一）意识形态教育的深化

马克思主义学院的建立，有助于在高职院校中深化意识形态教育，确保学生能够接受系统的马克思主义理论教育，形成坚定的政治信仰和正确的价值观。2021 年，中共中央办公厅印发了《关于加强新时代马克思主义学院建设的意见》（以下简称"《意见》"）。《意见》指出，马克思主义是我们立党立国的根本指导思想，马克思主义学院是学习研究宣传马克思主义的主阵地，思想政治理论课是马克思主义学院坚持用习近平新时代中国特色社会主义思想铸魂育人的主渠道。加强马克思主义学院建设，是深化马克思主义理论研究和建设的重要举措，是培养担当民族复兴大任时代新人的内在要求，对于构建以马克思主义为指导的中国特色哲学社会科学，建设具有强大凝聚力和引领力的社会主义意识形态，进一步丰富和发展当代中国马克思主义、21 世纪马克思主义，对于彰显中国大学社会主义底色，引导青年

学生牢固树立共产主义远大理想和中国特色社会主义共同理想，培养一代又一代社会主义建设者和接班人，具有重要意义。①

通过系统的马克思主义理论教育，学生可以更深刻地理解社会主义核心价值观和中国特色社会主义理论体系，从而坚定对社会主义和共产主义的政治信仰。马克思主义学院的教育有助于学生树立正确的世界观、人生观和价值观，这对于学生形成积极向上的人生态度和价值追求具有重要作用。在当前复杂的国际国内形势下，马克思主义学院的教育有助于强化社会主义意识形态在高职院校的引领作用，抵御各种错误思潮的侵蚀。马克思主义学院的教育旨在培养担当民族复兴大任的时代新人，这些新人将具备坚定的理想信念、高尚的道德情操、扎实的专业知识和突出的实践能力。高职院校的马克思主义学院可以成为推动马克思主义理论创新的重要力量，通过与专业技术教育的结合，探索马克思主义理论在新时代的发展和应用。

（二）理论与实践的结合

高职教育注重实践技能的培养，马克思主义学院的建设可以将理论与实践相结合，使学生能够在专业实践中运用马克思主义理论指导，提升其职业技能与思想政治素质，为社会主义现代化建设培养出更多高素质的技术技能人才。2014年6月，习近平总书记就加快职业教育发展作出的重要指示中强调："职业教育是国民教育体系和人力资源开发的重要组成部分，是广大青年打开通往成功成才大门的重要途径，肩负着培养多样化人才、传承技术技能、促进就业创业的重要职责，必须高度重视、加快发展。"

当前职业教育在我国国民教育体系和人力资源开发中占有越来越重要而突出的地位。高职院校马克思主义学院在学习研究宣传马克思主义、培养中国特色社会主义事业高素质劳动者和可靠接班人方面肩负着重要的使命和光荣的职责。因此，推进高职院校的马克思主义学院的建立，积极探索高职院校马克思主义学院的建设途经，就有其丰富而重要的时代意义。马克思主义学院的建设有助于实现高职教育中专业技能培养与思想政治教育的有机结合，使学生在掌握专业技能的同时，思想政治素质也得到提升。通过马克思主义学院的教育，学生可以将马克思主义的基本原理和方法论应用于具体的技术技能实践中，提高解决实际问题的能力。马克思主

---

① 中共中央办公厅印发《关于加强新时代马克思主义学院建设的意见》[EB/OL]. https://www.gov.cn/zhengce/2021-09/21/content_5638584.htm.

义学院注重培养学生的创新思维和实践能力，鼓励学生运用马克思主义理论分析和解决专业实践中的新情况、新问题，有助于促进学生的全面发展，不仅提升学生的专业技能，也注重培养学生的社会责任感、历史使命感和道德修养。

（三）文化传承与创新

高职院校马克思主义学院建设在文化传承与创新方面扮演着关键角色，它不仅有助于保护和弘扬中华优秀传统文化，还能在此基础上培育学生的文化自信和创新能力，为培养德才兼备的社会主义建设者和接班人提供坚实的文化支撑。社会主义核心价值体系培育是一个宣传、教育、熏陶、实践的过程。要充分发挥高职院校马克思主义学院的教育作用，实现以社会主义核心价值体系引导社会风尚和价值追求。高职院校马克思主义学院必须高扬社会主义先进文化，理直气壮地坚持社会主义主流文化，坚守社会主义核心价值，不断发展先进文化，支持健康有益文化，不断抵制不良文化，改造落后文化，批判反文化，抨击腐败文化，担负起社会良知、道德良心的重担，在与各种思想文化的批判和交锋中，发挥社会批判、文化引领和文化监督的独特作用。在文化传承创新职能的实现过程中，应充分发挥马克思主义学院的思想高地和精神家园的作用，积极宣传中华优秀传统文化的核心理念和核心价值，加强高职院校学生民族文化认同教育，传承民族文化优质因素和优秀成果，以深厚的文化自信坚定道路自信、制度自信和理论自信。

二、高职院校马克思主义学院建设的问题困难

经过 30 多年的建设发展，我国高校马克思主义学院在数量上和质量上都取得了可喜的成效。但我国高职院校马克思主义学院的建设发展仍面临"起步晚、基础弱"的问题。直至 2015 年 9 月，我国高职院校才诞生第一所马克思主义学院。作为与普通教育同等重要的职业教育类型，我国高职院校马克思主义学院与普通高校马克思主义学院建设一样，肩负着同等重要的职责使命。然而，与普通高校马克思主义学院相比，许多高职院校马克思主义学院在成立之初，面临着起点较低、基础设施不完善的问题。这不仅影响了教学质量和学术研究，也限制了学院的整体发展，在教学改革创新、师资队伍培养、科学研究、社会服务等方面尤为明显。

（一）教学内容与方法面临挑战

在高职院校马克思主义学院的教学过程中，教学内容与方法的创新是提升教学质量的关键。当前，一些高职院校的思政课教学内容偏重于理论阐述，而缺少与

学生专业实践和生活实际的紧密结合，这导致教学内容的实践性不足，难以满足学生的认知需求和兴趣点。此外，教学方法的单一性，如传统的讲授法，往往无法充分调动学生的学习积极性和参与度，影响了教学效果的最大化。这就要求教师应不断探索和实践，采用多样化的教学方法，丰富教学内容，激发学生的学习兴趣和参与度，培养他们的综合素质和创新能力。

（二）师资力量不足

高职院校马克思主义学院的师资队伍建设是确保教学质量和科研能力的关键。当前，一些学院面临着教师数量短缺和质量参差不齐的问题，这直接影响了学院的教学和科研工作的均衡发展。年轻教师虽然充满活力，但由于经验不足，可能在教学方法和学术研究上存在局限；而资深教师的缺乏则可能导致学院在学术传承和教学经验上的不足。此外，教师专业背景的多样化虽然为学院带来了不同学科的视角和思维方式，但也带来了专业转换和职业融入的挑战。一些教师可能需要在原有专业和马克思主义理论教育之间进行知识和教学方法上的转换，这不仅需要额外的培训和学习，也需要学院提供相应的支持和指导。

（三）科研能力较弱

科研能力是高职院校马克思主义学院提升学术影响力和教学质量的关键因素。然而，受限于多种条件，一些学院在科研能力和学术水平方面存在不足，这在一定程度上制约了学院的整体发展和教育质量的提升。

首先，科研能力薄弱可能导致学院在理论创新和学术研究上的滞后。马克思主义理论是在不断实践中发展和完善的，需要科研工作来不断探索和解决新的历史条件下出现的问题。如果科研能力不足，学院难以对马克思主义理论进行深入研究和创新性阐释，也就难以形成具有影响力的研究成果，这将影响学院在学术界的地位和话语权。其次，科研能力薄弱还会影响学院教学质量的提升。教学和科研是高校教师工作的两个重要方面，相互促进、相辅相成。如果科研能力不足，教师难以将最新的研究成果和前沿知识融入教学内容，也就难以激发学生的学习兴趣和创新思维，这将影响学生的综合素质和创新能力的培养。此外，科研能力薄弱还可能导致学院在师资队伍建设上的困难。高水平的科研工作可以吸引和留住优秀的教师，提高学院的师资水平。

（四）社会服务能力不高

马克思主义学院教师的社会服务能力是衡量其职业素养和实践能力的重要指

标，对于推动社会主义核心价值观的普及、提升公众的思想政治觉悟具有重要意义。然而，当前一些高职院校马克思主义学院的教师在社会服务方面存在能力不强的问题，这在一定程度上制约了其社会服务职能的发挥。

首先，社会服务能力不强可能导致马克思主义理论与社会实践的脱节。这就需要教师将理论与实践相结合，通过社会服务活动将理论知识转化为解决现实问题的能力。如果教师缺乏这方面的能力，就难以在社会服务中发挥应有的作用，也难以将马克思主义理论的科学性和实践性充分展现出来。其次，社会服务能力不强还会影响教师的教学质量和学术研究。社会服务是教师了解社会、了解群众的重要途径，也是教师获取教学素材和研究课题的重要渠道。如果教师缺乏社会服务能力，就难以深入了解社会实际和群众需求，也就难以将社会实际和群众需求融入教学和研究中，这将影响教学的针对性和实效性，也会影响学术研究的深度和广度。此外，社会服务能力不强还会制约教师的个人发展和职业成长。社会服务是教师展示个人能力、实现个人价值的重要舞台，也是教师建立社会联系、扩大社会影响力的重要途径。如果教师缺乏社会服务能力，就难以在社会服务中获得认可和尊重，也就难以建立广泛的社会联系和影响力，这将影响教师的职业发展和个人成长。

三、高职院校马克思主义学院建设的实践探索

（一）创新课程体系与内容

2022年，教育部等十部门印发《全面推进"大思政课"建设的工作方案》（以下简称《方案》），要求各地各校加强以习近平新时代中国特色社会主义思想为核心内容的课程群建设，形成必修课加选修课的课程体系。高校要统筹全校力量，结合自身实际，重点围绕习近平经济思想、习近平法治思想、习近平生态文明思想、习近平强军思想、习近平外交思想以及"四史"、宪法法律、中华优秀传统文化等设定课程模块，开设选择性必修课程。① 这就为高职院校马克思主义学院创新课程体系指明了方向，浙江某高职院校马克思主义学院构建"1+1"思政课程模块。即1个公共必修课模块，包括思想道德与法治、毛泽东思想和中国特色社会主义理论体系概论、习近平新时代中国特色社会主义思想概论、形势与政策四门课程；1个选

---

① 教育部．教社科〔2022〕3号教育部等十部门关于印发《全面推进"大思政课"建设的工作方案》的通知[EB/OL]．https://www.gov.cn/zhengce/zhengceku/2022-08/24/content_5706623.htm.

择性必修课模块，包含课说浙江、中国共产党党史、习近平论旅游、中国传统文化漫谈、民法典五门课程。

此外，坚持"1个衔接""3个融入"创新课程内容。即以"六个协同"大中小学思政课一体化为载体做好高职、中职教学内容的衔接；融入习近平新时代中国特色社会主义思想、融入浙江地方文化、融入旅游行业文化。此举成效显著，先后出版首部全国红色旅游经典景区教学读本《红色之旅》、全国首部宣传地方政府工作实践的故事化读本《浙江故事》、全国首部以新教材为依据的《思想道德与法治案例集》。

（二）丰富教学手段

《标准》要求坚持改革创新，提高思政课的针对性和吸引力。推动思政课教学实现政治性和学理性相统一、价值性和知识性相统一、建设性和批判性相统一、理论性和实践性相统一、统一性和多样性相统一、主导性和主体性相统一、灌输性和启发性相统一、显性教育和隐性教育相统一。培育推广形式多样、效果确切、受学生欢迎的教学方法，注重从理论和实践、历史和现实、国际和国内的结合上回答学生关心的热点难点问题。为此，浙江某高校马克思主义学院构建"12346"模式，丰富教学手段。即每门课程1个统一教案，每学年2次学生调研，教研室内部、教研室之间、校际之间3级备课制度，4大实践教学载体：全国高校首个"红色之旅"主题馆、"习语沐心 梦想启程"读书会、校外实践研学基地、阳光思政大讲堂，6化教学法：内容故事化、题材亲近化、语言优美化、场域情境化、主体二元化、展示新颖化。通过上述模式，该校成绩斐然，其思政课教师指导学生作品在习近平新时代中国特色社会主义思想大学习领航计划主题教育活动中获奖实现全赛道特等奖"大满贯"。

（三）注重教师培养

2019年3月18日，习近平总书记主持召开学校思想政治理论课教师座谈会时强调，"办好思想政治理论课关键在教师，关键在发挥教师的积极性、主动性、创造性。"为此，高职院校马克思主义学院需要采取多方面措施培养教师。一是要优化师资力量，严格按照师生比不低于1∶350的比例设定专职思政课教师岗位，配齐专职思政课教师；提升教师职称水平；完善兼职教师队伍，以"校内领导＋政府领导＋校内辅导员"为基本构架，建设兼职教师队伍。二是要优化评价机制，坚持4个原则，即坚持业绩导向，目标管理原则，坚持多劳多得，优绩优酬原则，坚持分类考核，兼顾公平原则，坚持总量控制，规范分配原则。增强教师自身的内在动力，才能激发出干事的最大活力。三是要为年轻教师提供系统的培训和实践机会，帮助他们快速积累经验，以提升教学质量和学术研究的深度，从而提高教学和科研能力。

（四）搭建科研平台

《标准》要求坚持教学引导科研、科研支撑教学的学术导向，研究成果服务育人目标，消除教学、科研两张皮现象。开展科研成果评优奖励，加大对中青年教师的科研支持力度。

为此，针对于思政教师科研能力较弱的问题，高职院校马克思主义学院应进一步加强科研平台建设，为教师提供良好的科研条件和环境，激发教师的科研热情和创新精神。建立科研激励机制，通过科研奖励、职称晋升等措施，鼓励教师积极参与科研工作。加强学术交流和合作，通过学术会议、研讨会等活动，为教师提供学术交流和合作的机会，拓宽学术视野。同时还应当注重科研团队建设，通过组建跨学科的科研团队，促进学科交叉和融合，提高科研创新能力。注重科研成果转化，通过政策引导和激励机制，鼓励教师将科研成果转化为教学内容、决策咨询和社会实践，提高科研工作的社会服务能力。通过这些措施，高职院校马克思主义学院可以逐步提升科研能力和学术水平，形成具有影响力的研究成果，为学院的长远发展和教学质量的提升提供坚实的科研支撑。

（五）提升社会服务能力

《标准》要求高职院校马克思主义学院的思政教师"开展调查研究和政策研究，撰写研究报告，提高咨政服务能力""支持思政课教师参加各级各类宣讲团，大力宣传阐释新时代党的创新理论和党中央重大决策部署"。这就要求高职院校马克思主义学院加强社会服务意识教育，引导教师充分认识到社会服务的重要性，增强社会责任感和使命感。建立社会服务培训机制，通过专题培训、实践指导等方式，提高教师的社会服务技能和实践能力。建立社会服务激励机制，通过表彰奖励、职称晋升等措施，鼓励教师积极参与社会服务。建立社会服务与教学、科研的联动机制，将社会服务与教学、科研紧密结合起来，相互促进、相得益彰。浙江某高职院校马克思主义学院在此方面做了积极有效的探索。立足自身专业优势，发挥自身专业特长，以服务奉献的心态扎实工作、埋头苦干，从结果上创新教师做成事的效力，凭借扎实学识积极做好服务：一是服务学生。坚持思政小课堂同社会大课堂相结合，以"理实一体、学赛一体、思专一体、研创一体"为原则，为国育才，为党育人。二是服务政府。立足浙江、立足文旅，紧跟政策形势，全体教职工利用自身专业优势，为各级政府决策提供咨询建议。三是服务社会。以全国高职院校爱国主义教育培训基地合作联盟研讲团成员、省内文旅系统宣讲员、红色旅游景区规划师等身份，面向省内外宣传党和国家政策，传递最强音。

四、结语

办好思想政治理论课关键在教师，关键在发挥教师的积极性、主动性、创造性，讲思想政治理论课，要让信仰坚定、学识渊博、理论功底深厚的教师来讲，让学生真心喜爱、终身受益。思政课是落实立德树人根本任务的关键课程，思政课教师队伍是建设思政课的主力军。近日，习近平总书记对学校思政课建设作出重要指示，为高校思政课教学改革提供了根本遵循和发展方向。马克思主义学院的建设应当立足课程建设本身，守正创新推动思政课建设内涵式发展，不断提高思政课的针对性和吸引力。注重多种方式培养教师，做好科研和社会服务工作，把思政"小课堂"和社会"大课堂"结合起来，不断开创新时代思政课教育新局面，培养出更多让党放心、爱国奉献、担当民族复兴重任的时代新人。①

---

① 新华社.习近平对学校思政课建设作出重要指示强调：不断开创新时代思政教育新局面，努力培养更多让党放心、爱国奉献、担当民族复兴重任的时代新人 [EB/OL]. https://www.gov.cn/yaowen/liebiao/202405/content_6950473.htm.

高职院校"大思政课"协同育人的路径研究 ①

樊慧贤②

（浙江旅游职业学院，马克思主义学院）

【摘要】随着新时代教育改革的深化发展，高等职业教育承担着培养高素质技术技能人才的重要使命，而"大思政课"作为思想政治教育创新的关键环节，是高职院校人才培养的重要一环，对于提升学生的思想政治素质、职业素养和社会责任感具有不可替代的作用。本文旨在探讨高职院校如何通过构建"大思政课"协同育人机制，实现多维度、全方位的育人目标，以提升学生的思想道德素质，从而培养全面发展的高素质人才。

【关键词】高职院校；大思政课；协同育人

推进"大思政课"工作是当前推动高职院校思想政治教育工作开展的重要途径，旨在通过协同育人，发挥思想的引领作用，并且内化于心、外化于行，是解决当前思政课及各种教育存在的矛盾及问题的主要途径之一。加强"大思政课"协同育人工作，要在科学、有准备地分析和把握"大思政课""协同育人"模式的内涵的基础上，根据相关的理论支撑，科学地分析高职院校"大思政课"协同育人的现实困境，并在此基础上，探讨如何发挥高职院校"大思政课"协同育人的优势，从而大力推动"大思政课"协同育人工作，提高其理论性、实效性。

一、高职院校"大思政课"协同育人的理论支撑

"大思政课"概念的提出，对于思想政治教育工作、思政课的改革等毫无疑问

---

①基金项目：2023 年浙江省教育科学规划党建专项（高校）课题"新时代高校学生党建工作质量提升的路径研究"（2023DJG023）。

②作者简介：樊慧贤（1995—　），女，法学硕士，浙江旅游职业学院助教，研究方向为思想政治教育、马克思主义中国化。

是一场深刻的变革，也由此推动了教育实践活动的改革。"大思政课"协同育人是一个新兴概念，但其背后离不开教育学视角、心理学视角、社会学视角等角度的理论支撑。

（一）"大思政课"内涵界定

欲善其用，先明其义。2021年3月6日，习近平总书记在看望参加全国政协会议的医药卫生界教育界委员时，强调"'大思政课'我们要善用之，一定要跟现实结合起来"①，这既给"大思政课"的内涵定基调，也为"大思政课"的发展定方向。"大思政课"作为一个概念，主要体现在教学内容广泛、育人力量多元、教学活动丰富。"大思政课"不仅包括传统的思想政治理论课，还涵盖了与之相关的文化素质教育、专业课程以及社会实践等多个方面。"大思政课"的核心目标是培养学生的社会责任感、历史使命感和创新精神，同时注重学生思想道德素质的提升和个人全面发展。

（二）"协同育人"模式概述

协同育人模式就是指"大思政课"育人力量的多元化，学校、家庭、社会多方参与学生的教育和成长，育人主体不仅包括思政课教师、专任教师、家庭成员，还有社会各界优秀力量的组合，在这一模式下，各主体发挥其各自职责及作用，并且确保各方在育人过程中的信息共享、资源互补和目标一致，从而共同推进学生成长成才的教育模式。在"大思政课"协同育人模式中，要求教师团队、管理服务人员、学生自身以及社会各界人士形成合力，通过多元化的教学活动和全方位的教育环境，实现对学生价值观、知识技能和行为习惯的共同塑造。总的来说，协同育人模式是一种全面的教育方式，它不仅关注学生的学业成绩，更重视学生的全面发展和终身学习能力的培养。通过各方面的合作与努力，为学生创造一个更加健康、和谐的成长环境。

（三）相关理论支撑

1. 教育学视角

从教育学的角度来看，"大思政课"协同育人是实现高职院校教育目标的有效途径。根据美国教育学家、心理学家加德纳提出的多元智能理论，人的思维和认识是多元的，学生在不同领域有着不同的潜能和优势，教育应当为学生提供多样化的

---

①"大思政课"我们要善用之（微镜头·习近平总书记两会"下团组"·两会现场观察）[N].人民日报，2021-03-07（3）.

学习环境和方式。此外，建构主义学习理论强调，学习是一个文化参与的过程，学生在学习过程中的主体地位，主张通过真实的社会互动和合作学习来构建知识，这与"大思政课"协同育人的环境搭建及对学生知识能力建构的目标殊途同归。

2. 心理学视角

心理学研究表明，学生的认知发展、情感态度和社会行为受到多方面因素的影响。人本主义心理学特别强调个体的自我实现需求，认为教育应关注学生的内在动机和个性化发展。当前大学生在生理上相对比较成熟，但是心理上还存在一些问题，主要表现为心理承受力较差、客观意识不强、判断力不够高、自我保护意识稍弱等，而社会认知理论则指出，学生的行为不仅受个人因素的影响，还受到社会环境和他人行为的制约，"大思政课"协同育人便很好地从多维度、多主体、多途径满足了学生的心理发展需要。

3. 社会学视角

从社会学的视角出发，教育是社会结构和文化传承的重要组成部分。符号互动论认为，个体在社会互动中学习和内化社会规范，形成自我认同。同时，冲突理论指出社会不同群体间存在利益冲突，教育应致力于培养学生的批判性思维能力，以适应和改善社会现实。协同育人作为一种教育模式，也是一个社会化的过程，是个体学习和内化社会规范、价值观和行为模式的过程，这有利于从社会角度加强学校、家庭、社会之间的联系，推动社会网络性的资源整合，个体或团体通过社会网络中的关系获得资源和支持，为学生提供更多的资源和机会，这些都能够增加学生的社会资本，对他们未来的教育和职业发展有积极影响。"大思政课"协同育人便是在传授理论的基础之上，提高学生们的实践应用及解决问题的能力。

二、高职院校"大思政课"协同育人的现实困境

目前，高职院校"大思政课"协同育人的实施呈现出积极的发展态势，多数院校已经将"大思政课"纳入人才培养方案，形成了以思想政治理论课为核心，辅以人文社科课程、专业课程及社会实践等多元化的教育模式。教师队伍逐步专业化，教学内容和方法也在不断创新，试图更好地适应学生的成长需求和社会的发展要求，"大思政课"协同育人工作取得了一定的成效，但在实施过程中仍面临不少问题和挑战。

（一）重要性认识不够到位

"大思政课"协同育人是影响高职院校思想政治教育工作效果的重要组成部分，在实际工作过程中，由于受到传统的教育观念影响和高职院校长期以来的办学定位和发展方向，会让学校在育人目标设置时，重点关注专业教育、职业教育，容易导致教师和学生群体都陷入对"大思政课"协同育人的误区，忽视其价值重要性，认为其在学生教育的过程中只是一个辅助性或者附加性的工具，甚至是可有可无，缺乏深入的理解和全面的重视。这种错误的认知长期发展下去，既会导致学生思想政治素质的培养出现偏差，也会出现教育资源配置不充分的情况，影响育人效果。

（二）教师队伍建设不平衡

从当前高职院校教师队伍的现状来看，数量不足、质量不高是"大思政课"协同育人工作深入推进的阻碍之一。一方面，由于重视程度不同、资源配置上的差异，一些院校出现"高要求低配置"的情况，缺乏高水平的教育师资，导致教师数量不足，专业能力不强。另一方面，部分教师对于此项工作没有正确的认知，没有看到"大思政课"协同育人的重要价值所在，仅仅将"大思政课"协同育人看作是一个简单、机械的教育工作，仍然采用老办法、旧方式开展思想政治教育工作。正是这种队伍建设的不平衡、观念认知的不统一，影响了"大思政课"协同育人的连贯性和深度，导致"大思政课"协同育人的效果并不理想，不能达到教育入脑入心的目的。

（三）教学内容"硬融入""表面化"

"大思政课"的内容丰富，既有思政课程，也有课程思政，但是其实际内容并非一成不变的，也不是所有的高职院校"大思政课"协同育人的模式及方法都是一模一样的。"大思政课"协同育人的内容，应该根据社会发展、学校特色、学生实际及时进行更新和补充，如此才能真正解决问题。反观现实，现有的教育内容依然存在"硬融入""表面化"的现象，缺乏应有的科学性、系统性，这不仅造成了教育资源的浪费，也与学生实际需求脱节，极大程度上削弱了学生的兴趣和主动性，不利于"大思政课"协同育人工作的长期坚持及系统发展。

（四）实践教育环节相对薄弱

从协同育人的效果来看，主渠道和主阵地必须紧密联系，相互作用，将理论与实践紧密结合起来，在向学生宣传和灌输问题意识的基础之上，还必须积极推动学生将学习到的思想政治理论应用到日常的实践中去，否则"大思政课"的内容难以有效转化为学生的实际能力。但在实际开展工作过程中，依然可以看到有些学校受到学生教学计划、培养环节、学生课时等多方面因素影响，重理论轻实践、重校内轻校外的现象存在，认为做好校内的"大思政课"工作即可，忽视了"大思政课"本身范围之大、内容之广。

三、高职院校"大思政课"协同育人的实践出路

创新是"大思政课"协同育人工作的活力之魂，影响高职院校"大思政课"协同育人效果的因素复杂多样，要提高协同育人的效果，必须从多个角度出发，综合考虑各种影响因素，提出有针对性的创新性措施。2022 年 8 月，教育部等十部门印发了《全面推进"大思政课"建设的工作方案》，对推动"大思政课"建设工作作出了全面部署，[①] 这也给寻找高职院校"大思政课"协同育人的实践出路，提供了根本性方向、重要性指导。高职院校"大思政课"协同育人是一项系统工程，需要综合考虑多方因素，需要学校、家庭、社会等多方主体的共同参与和协同配合。通过建立协同育人机制、构建多元化的育人主体、创新教学方式和优化课程体系等手段，可以实现思政教育与专业教育的有机结合，促进学生的全面发展。

（一）加强师资队伍建设

为了提升"大思政课"协同育人的质量，首要任务是加强师资队伍的建设。这包括提高教师的政治素养、教育教学能力和科研水平。其一，要提升教师政治素养。教师的政治素养直接影响到"大思政课"的教学质量和效果。应定期组织教师参加政治理论学习，增强其政治敏感性和鉴别力，确保教师能够准确传达社会主义核心价值观和时代精神。其二，增强教师专业能力。提升教师的专业能力是提高教学质量的关键。应鼓励教师参与专业培训和学术交流，掌握先进的教学方法和技术，不断更新教学内容，使之与时俱进。其三，优化教师结构布局。合理的教师结构布局有助于发挥教师团队的整体优势。应根据"大思政课"的特点和需求，合理配置教师资源，形成老中青结合、专兼职相结合的教师队伍结构。

（二）构建协同育人机制

"大思政课"协同育人绝不是单打独斗，高职院校应构建以专业课教师为核

---

① 教育部等十部门关于印发《全面推进"大思政课"建设的工作方案》的通知 [J]. 中华人民共和国教育部公报，2022（10）.

心，以思想政治课教师为关键，以通识教育课教师为重点的专业协同育人主体圈。在教育教学过程中，应加强各类教师之间的互助合作，共同挖掘和整合思政教育资源，实现思政教育与专业教育的深度融合。高职院校应建立学校内部各部门之间的协同育人机制，如教务部门、学工部门、科研部门等，共同推动"大思政课"的改革与创新。同时，高职院校还应积极寻求与地方政府、企业、行业协会等外部主体的合作，构建学校与社会的协同育人机制，实现资源共享、优势互补。

（三）优化课程体系与教学方法

课程内容和教学方法的创新是吸引学生参与和提高教学效果的重要途径。其一，整合课程资源。应打破学科界限，整合各类教育资源，形成跨学科、跨领域的"大思政课"协同育人。通过融合不同学科的知识和方法，丰富课程内容，提高教学的针对性和实效性。通识课程应注重培养学生的思想道德素质和社会责任感；专业课程应注重培养学生的专业知识和技能；拓展课程应注重培养学生的创新精神和实践能力。通过优化课程体系，实现思政教育与专业教育的有机结合。其二，创新教学方法与手段。在教学中，采用案例教学、讨论式教学、翻转课堂等多种教学方法，激发学生的学习兴趣和参与热情。同时，利用现代信息技术手段，如网络平台和多媒体工具，提高教学互动性和趣味性，提高教学效果。

（四）强化实践教学环节

实践教学是"大思政课"的重要组成部分，能够有效提升学生的实践能力和创新精神。通过拓展实践平台，建立校内外实践基地，与企业、社会组织合作，为学生提供多样化的实践机会。通过实习、实训、社会服务等活动，让学生在实践中学习和体验。增强实践教学针对性与有效性，根据不同专业特点和学生需求，设计具有针对性的实践教学项目。同时，建立完善的实践教学评价体系，确保实践活动的质量和效果。

（五）构建多元评价体系

评价体系是检验教学效果的重要手段，应构建多元化的评价体系，全面评估学生的学习成果。高职院校应建立科学的评价体系和激励机制，对"大思政课"协同育人的效果进行客观评价。通过确立评价指标体系，建立包括知识掌握、能力培养、情感态度等多方面的评价指标体系，全面反映学生的学习效果。在此基础上，进一步完善激励与反馈机制，通过多种形式激励教师和学生积极参与"大思政课"的热情和积极性。同时，建立及时有效的反馈机制，帮助学生了解自身的学习进展和不足，促进其持续进步。

四、结语

"大思政课"是对传统思政课的传承与创新，全面推进高职院校"大思政课"协同育人建设是一个长期而复杂的过程，需要凝聚社会共识，压实主体责任，通过机制整合、理念融合、团队联动、平台共享、评价多元等多方面，共同推动"大思政课"协同育人工作的构建与完善。未来高职院校"大思政课"协同育人工作在深化案例、持续跟踪、跨学科应用和信息技术等方面值得进一步深入研究，从而为我国社会主义现代化建设培养更多具备高尚品德和扎实专业技能的人才。

高职院校"以学生为中心"管理优化问题研究

黄延峰①

（浙江旅游职业学院，马克思主义学院）

【摘要】如今，中国的高等教育已经到了大众化普及的阶段，00后成为了接受高等教育的主体，作为信息时代的完整参与者，他们从小就给人一种耳目一新的感觉，作为其中高考成绩不是很理想的高职学生群体来说，他们则在某些方面表现的特色更为鲜明。为了让在校学生有更多、更直接、更实在的获得感、幸福感、安全感，拥有一段充实、满意的大学生活，高职院校管理工作的理念核心自然是"以学生为中心"。在此语境下，如何在加强党的领导、完善人性化管理机制、健全完善舆情控制系统以及加大人才培养方面下功夫，从而不断优化高职院校的管理能力，是本文的研究重点。

【关键词】以学生为中心；高职院校；人性化管理；机制优化

一、当今高职院校学生的成长环境以及行为特点

经过70多年的发展，中国的高等教育已经到了大众化的阶段，高等教育"精英"标签在人们心中已经越来越模糊。时针拨到了21世纪20年代，00后成为了如今接受高等教育的主体。作为信息时代的完整参与者，他们从小就给人一种耳目一新的感觉，早熟、爱耍酷、追求个性、饭圈、二次元……他们本人展现的特点以及引领的互联网各式热潮让人应接不暇。作为其中高考成绩不是很理想的高职学生群体来说，他们则在某些方面表现得特色更为鲜明。

---

①作者简介：黄延峰（1988—　），男，浙江旅游职业学院马克思主义学院教师，助理研究员，法学硕士，研究方向为马克思主义中国化、思想政治教育。

（一）充满个性的话语体系

热衷于互联网上各类新鲜事物，每天游离于抖音、小红书、微博、王者荣耀等社交软件游戏中，在交流的过程中能用简短的话就不会多打一个字，且思维非常跳跃，喜欢使用字母缩写等在互联网各处发声，追求"语不惊人死不休"的效果。

（二）追求自我、向往独立

现在年轻人玩 QQ 多还是微信多？如果你以常识来判断往往出现错误，在被80后、90后日渐淘汰，只是拿来作为工作传文件工具的 QQ，竟然是 00 后最常用的 App，他们乐此不疲地更新着空间，而微信被他们嫌弃。同时，他们不以别人的判断作为自己的标准，不在乎他人对自己的看法。

（三）沉迷于追星、二次元

随着日本饭圈文化的影响，00 后群体非常热衷于偶像文化，成立各种后援会，经常在各大平台进行打榜、声援，甚至发生互相攻击等不良现象，微博等平台经常因此而崩溃。同时，"B 站"是他们的主阵地，喜欢二次元的东西，现实或虚拟人物的一个表情一个神态，也许是一只猫一只狗都能成为他们的萌（个人因着人物的某些特征而萌生起像燃烧般的共鸣感觉）。

（四）课堂"主打陪伴"

从授课情况及课堂表现来看，高职学生尤其是"3+2"班学生普遍热衷于网络游戏和短视频软件，对社会热点比较清楚且敏感，部分学生可以做到认真听讲，在一些课堂内容上能够积极参与其中，但对相关内容的思考不够，讨论基本浮于表面。同时，很多学生缺乏学习动力，尤其是理论性较强的内容基本处于游离状态，闲聊、睡觉、玩手机现象屡禁不止，进出教室比较频繁，有的学生甚至出现旷课、迟到、早退等行为。

二、当前我国高职院校管理普遍存在的问题

《2022 年全国教育事业发展统计公报》相关数据显示，全国共有高职（专科）学校 1489 所，比上年增加 3 所，校均规模 10168 人。高等教育专任教师 197.78 万人，其中，高职（专科）学校 61.95 万人，生师比 19.69∶1。[①] 由此可见，高职院校在近些年取得了很大的发展成就，面对不断变化的学情，高职院校在日常运行过

---

①2022 年全国教育事业发展统计公报 [EB/OL]. http://wap.moe.gov.cn/jyb_sjzl/sjzl_fztjgb/202307/t20230705_1067278.html.

程中的管理理念和方式也应随之更新换代，但现实情况并非如此。

（一）政治站位不高，为学生服务的意识淡薄

由于主要采取学生全部住校管理、人口密度较高、集体活动较多、活动场所比较集中，00后大学生生活在信息时代，普遍缺乏社会经验和危机防范意识，尤其是升级为近些年来的网络信贷、诈骗上当的主要群体，这不得不引起我们的重视。目前，国内的大部分高职院校的管理机制大部分都留在了纸面上，仍存在领导不重视、制度不健全、人员不专业、措施不到位等现象。加之长期以来，我国高等学校的管理体制没有随着新时代的到来而发展，广大高职院校的领导者们基本将工作的重心集中在学校发展上面，平时对学生的需求调查、服务不够到位。

（二）管理机制不系统，协同机制尚未成熟

大部分高职院校都是一个上万人的小社会，而且为增加竞争力，与普通本科综合性大学相比，高职院校都有各自的办学特色，在应对各项事务性工作的同时，各校还制定了不同的应对突发事件的预案。在针对不同的危机建立不同的应急机制、处置工作更加迅速、有效、细化工作，把工作责任到人、到岗等方面表现出明显的不足，缺乏系统化的应急机制。通常做法一般是针对某一事件特事特办、急事急办，对口分管领导和部门临时抽调人员组成工作小组，不确定和随意性大，不太利于危机的有效处理。很多行政部门政治站位不高，缺乏整体性治理的战略和全局观念，导致高职院校各行政部门之间缺乏有效配合，协同过程的权责关系不明晰，一些有效措施未能及时实施，部分管理人员行动迟缓，主观上不愿意与其他部门合作，没有有效发挥合力。①

（三）管理方法不科学，职责权限模糊交叉

从运行较为良好的高职院校实践来看，科学的管理方法和机制发挥着重要的作用。但目前仍有很多学校在管理中存在形式主义、官僚主义的弊病，比如存在部门之间、工作人员之间没有担当意识，在遇到难题时害怕承担责任而出现扯皮推诿的现象；没有切实贯彻"做多跑一次"改革的要求，制度或人为地设置多种审批环节造成办事不顺；诸多部门领导"一言堂"现象严重，决策权掌握少数人手中，在大事要事上缺少民主协商氛围，部门之间沟通交流不畅；某些管理人员甚至存在工作简单粗暴、脱离实际情况等问题。大部分高职院校的内部管理制度仍存在缺陷，

---

① 胡建波. 应用型高校"以学生为中心"范式转型的案例研究——西安欧亚学院的实践与思考 [J]. 高等教育研究，2021（11）.

就算建立了制度也是存在诸如操作性不强、执法不到位等问题，权限不明也是其中的一大弊病，在面对突发状况处理时，各部门之间很难做到有效的协调与合作，甚至很多部门对自己的职责权限毫无概念。

（四）队伍管理能力不强，专业化水平有待提升

当前，高职院校的管理人员队伍基本包括职能部门、各系部、辅导员队伍、后勤、物业管理人员等，来源比较复杂，很多人并不是行政或者管理类专业出身。在日常事务处理过程中主要按照上级主管部门的要求逐级上报，工作人员由于缺少相关工作的经验，在层级上报制度上还缺少有力的监督，会出现数据不真实、不准确等有碍大局的恶劣现象。更有甚者，有些人管理方式颇为随性，办事效率不高，极大地影响了整体管理工作水平，部分党员、干部素质不高，存在不敢担当、作风飘浮、推诿扯皮等，以会议贯彻会议、以文件落实文件等虚假执行现象也有发生，严重缺乏应对急难险重任务的综合能力，更不要提驾驭重大风险的能力。

三、深刻认识"以学生为中心"的管理理念

根据全国教育事业发展统计公报相关数据显示，管理人员在高职院校教师队伍中占有很大比例，他们基本负责诸如党建工作、管理、教学科研、合作办学、学生管理、职称评选、后勤服务等方面的综合性工作，如何把"以学生为中心"的管理理念融入到整个学校的日常运行过程中，这都直接影响到学校的日常管理秩序、教学科研工作质量等全校各项工作的正常运转。

（一）要真心诚意、爱岗敬业，才能走近学生并获得学生的认可

做一名真诚的老师，要敢于直面真实的学生，敢于直面真实的教育问题，无论是在课堂上还是在生活中要让学生觉得，老师对自己的批评与表扬是真的为自己好；做一名真诚的老师，对所有自己的学生都要一视同仁，不管这个学生是优生还是差生，你都应该帮助他，老师所表现出来的喜怒哀乐是真情的自然流露；做一名真诚的老师，要端正自身对待知识的态度，老师在课堂教学中也有可能出现错误，如果老师能够主动地承认自己的错误，并在自己的努力或者学生的帮助下纠正错误，这既是对自己的真诚，也是对学生的真诚。所以，做一名真诚的教师，不仅仅是态度上要真诚，更重要的是要真诚地面对自己的工作，真实地面对自己解决教育教学问题的能力，只有这样才既能够帮助学生，还能够在真心实意地帮助学生的过程中，提高自己的教育教学水平。

（二）需认真倾听，善于沟通，才能知道学生需要什么，解决怎么帮和怎么教的问题

老师是学生行为的引导者和知识的传承者，对于学生的尊重是建立在理解之上的，要善于换位思考，以平等的观点去看待、理解学生的问题。教育家苏霍姆林斯基说过："教育成功的秘诀在于尊重学生。"作为一名老师，要养成理解学生的习惯，善于倾听了解学生的观点，和学生探讨问题要注意方式方法，让学生感觉到老师对自己的理解尊重，在此基础上，学生就会和你敞开心扉，欣然接受老师的批评和建议，从而改正自己的不足；在教育过程中，要避免与学生发生争论，要善于处理好与学生的冲突，创造开放、公平的教学环境，吸引学生积极参与到教学互动中来，提高学习效率，让每个学生享受到均等的机会。老师只有学会理解学生，才有利于建立良好、和谐的师生关系，从而提高教学效果，激励学生不断取得进步。

（三）应和蔼友好、与人为善，才能让学生在温馨中收获知识、收获成长

老师的职业之所以被称为阳光下最崇高的事业，原因就在于这项工作的性质是无私奉献，需要从事这项工作的人充满爱心，兢兢业业，无怨无悔。首先要努力提升自己，修炼自己的习性，对待工作和学生不得急躁，让自己拥有足够的爱心和耐心，要爱学生，爱教育事业，以敬业、爱生的真挚热情为未来社会培养优秀人才；老师对待学生要和蔼可亲，与人为善，在与学生的交流探讨过程中要时刻保持耐心，对学生所取得成绩及时给予鼓励，对学生的错误要用一颗包容的心态给予合理引导，让学生认识到自身的错误从而尽快改正。因此，老师在为人师表、教育教学的过程中既要言教，还要身教，靠自己的一言一行、一举一动去影响学生、激励学生、引领学生成为奋发向上有用之才。

四、高职院校管理职能优化目标的突破路径

针对现实中高职院校管理工作中存在的弊端，各高职院校要切实提高政治站位，把"以学生为中心"作为立德树人过程中的根本出发点和落脚点，切实加强组织和宣传教育，不断优化党委和各部门的职能，及时传达落实习近平总书记重要讲话、指示精神、上级会议和文件精神，关注管理工作存在的疏漏，要根据学情变化及时更新各项管理制度机制，党员干部要发挥先锋模范作用，积极响应党委的号召，为学生享有一个快乐健康的大学生活而保驾护航。

（一）切实增强为学生服务的意识，做到无微不至

高职院校要真心诚意地走近学生并获得学生的认可，要敢于直面真实的学生，敢于直面真实的教育问题，无论是在课堂上还是在生活中要让学生觉得自己是学校的主人翁，对所有的学生都要一视同仁，不管这个学生是优生还是差生，你都应该帮助他，要端正自身的服务态度，对于学生的尊重是建立在理解之上的，要善于换位思考，以平等的观点去看待、理解学生的问题，让学生感觉到学校对自己的理解尊重，有利于建立良好、和谐的校生、师生关系，从而提高育人效果，不断影响学生、激励学生、引领学生成为奋发向上有用之才。

（二）要不断完善常态化服务机制，优化部门协同

高职院校要特别重视常态化服务机制的建设，必须坚持"全校一盘棋"的统筹思路，提前规划部署，建立及时、统一、高效的指挥体系，应根据上级的要求并结合自身定位，制定相应的信息公布、报告、处理等制度机制，各部门根据教学、学工、保卫、后勤、物业等各部门岗位的特点，以"凡事有归口，事事有落实，疏漏必问责"为工作原则，成立综合协调、信息发布、校园管控、学生管理、教学业务、安全保卫、医疗处置、后勤保障、监督检查等工作小组，职责权限和工作要求明确到人，并且随着形势的发展变化需要不断改进方法和制度，不断进行资源需求分析和优化配置，充分发动各方面力量，完善保障体系，增强部门之间的协调配合，形成合力。①

（三）要完善舆情控制系统，精准"个性化"服务

自媒体时代大大提升了信息传递效率，增强了公众话语权，往往会产生各种小道消息，尤其在意识形态领域容易爆发舆情，所以需要高职院校尤其要重视官方信息的发布，完善处置舆情相关流程。同时，要注意与上级主管部门、当地人民政府之间形成信息联动机制，做好信息传递、披露工作，需要快速反应处理，及时上报，不能有耽误。后期安抚工作也应该要做到位，不仅仅是需要安抚当事人，对于周围牵涉到的师生群众，也需要做好思想安抚工作。类似于新冠病毒感染疫情等突发状况时，一开始特别容易引起大家的恐慌，所以更要加大对一些防控知识的宣传，安抚大家的情绪，对于家庭有困难的老师或者学生，学校需要有适当的财政支持，使当事人有信心、有能力渡过难关。正能量树立起来了，负能量才没有了生存的空间。

①黄鑫，马明远.以学生为中心理念下大学生学情影响因素实证分析——以 × 高职院校为例[J].高教论坛，2023（04）.

（四）要加大培养力度，提高管理人员业务水平

高职院校要重视队伍建设，提升党政干部队伍管理的能力和水平，同时也要注重信念信仰教育，激励广大党员干部在重大风险考验面前勇于担当，充分发挥主动性和创造性，尤其是不断提高管理人员在面对突发事件时的临机应变和妥善处理能力。人事管理部门和组织部门应该关心年轻干部的成长，从顶层设计出发，对管理人员要有针对性开展系统的岗前、职后业务能力提升培训，使得他们在面对日常及突发事件中，能够临危不乱，在应急反应、宣传舆论引导、事件处理、志愿者动员以及公文处理等方面表现得不失水准。同时要注重管理人员服务意识的培养，说到底，一切行政工作的中心都是为了做好师生服务，要有主动服务师生的意识，结合实际努力做好各项工作，切实为建设好师生满意的"幸福校园"贡献自己的一份力量。

五、结语

进入新时代，高等职业教育的快速发展已经成为我国社会经济进步的重要驱动力，面对充满个性、追求自我、向往独立等特色更为鲜明的高职学生群体，高职院校的管理者们应与时俱进，针对现实管理工作中存在的弊端，要切实把"以学生为中心"作为立德树人过程中的根本出发点和落脚点，切实加强组织和宣传教育，不断优化党委和各部门的职能，关注管理工作存在的疏漏，党员干部教师更要发挥先锋模范作用，真心诚意、爱岗敬业，不断提升人性化服务意识，不断优化高职院校的管理服务能力，让学生有更多、更直接、更实在的获得感、幸福感、安全感，为学生享有一个快乐健康的大学生活而不断努力！

黄炎培职业道德教育思想赋能新时代工匠精神培育的实践进路①

尹晓盼②

（浙江旅游职业学院，马克思主义学院）

【摘要】黄炎培职业道德教育思想内涵丰富，论述深刻，主要表现为"金的品格""敬业乐群""劳工神圣""赤诚爱国"等内容。黄炎培职业道德教育思想与新时代工匠精神的核心内涵高度契合，价值追求内在一致，目标定位同向同行，充分彰显了二者精神关联性和逻辑贯通性。培树新时代工匠精神，需要深刻领会黄炎培职业道德教育思想，在多渠道推动育人育才一体化、全方位构建资源要素整合化、高层次打造文化阵地多元化等环节进行融入。

【关键词】黄炎培；职业道德教育思想；新时代工匠精神

黄炎培先生是我国近现代职业教育的创始人，他的职业教育思想理念源自100多年前，不仅走在世界前列，而且深深扎根中华大地。深入理解和实践黄炎培职业道德教育思想理念，把习近平总书记有关职业教育重要论述作为我们职业教育工作的基本遵循，紧紧抓住职业教育不断创新发展的契机，紧密结合新时代职业教育的特性和高职院校的具体实际，用先进的职业教育理念和方法武装头脑、指导实践，在改革创新中全力推动学院各项事业高质量发展。

---

①基金项目：2023 年浙江省中华职业教育科研项目课题"黄炎培职教思想下劳动教育与工匠精神融合培育的路径研究"（ZJCV2023A05）；浙江旅游职业学院 2024 年常规教改一般课题"大思政课视域下高校思政课 SPOC 教学模式研究——以《毛泽东思想和中国特色社会主义理论体系概论》为例"；浙江旅游职业学院 2023 年一般课题"三全育人视域下高校工会在育人工作中的定位及实践进路"（2023GHYB02）。
②作者简介：尹晓盼（1989— ），女，浙江旅游职业学院讲师，主要研究方向为高校德育与教育。

一、黄炎培职业道德教育思想的内涵要义

在黄炎培的职业教育理念中，职业道德教育占有重要的一席之地。他始终强调，职业教育这一概念就其教育内容而言，涵盖传授职业知识和技能以及职业道德的养成，两者缺一不可。倘若职业教育脱离了职业道德教育，那么这种教育的本质和价值就荡然无存。所以，他在进行职业教育研究与实践的过程中，提到了许多职业道德准则，并且被作为职业道德在训练学生时加以实践，最终构建了较为完整的职业道德教育体系，主要体现在以下几方面[①]。

（一）以人格完整为逻辑起点和首要前提，树立金的品格的品性观

黄炎培并非只是注重职业教育在解决个人生活困境中社会作用，他也极其看重对学生品格塑造的精神影响。他坚信，规避个人生存和人类社会"恶化"的前提条件就是道德情操的健全发展。仅仅教授学生职业技能，而忽视了对他们精神的培养，就会将优质的教育转化成机械的教育，缺乏自发的习惯和共同生活的素养。显然，他极其注重人格的塑造。黄炎培倡导的人格教育，集中体现在教导怎样做人、为人及理想信念等层面的品质。他对青年一代阐述了四种人格修养：一、高尚纯洁的人格；二、博爱互助的精神；三、侠义勇敢的气概；四、刻苦耐劳的习惯。[②]

（二）以敬业乐群为逻辑演绎和核心理念，树立服务社会的职业观

"敬业乐群"是其职业道德理念的核心要义。"敬业"意味着"对所学习的职业怀有热忱，对所从事的工作充满责任感"，也就是说，我们需要引导学生建立正确的职业观念，使他们对自己的职业产生热爱，忠诚于职责，并能够胜任自己的工作，让他们理解"职业平等，无高下，无贵贱。苟有益于人群，皆是无上上品"[③]。"乐群"意味着"拥有美好和快乐的情感以及团队合作的精神"，也就是说学生应该具备服务社会和协作团结的高贵品质。这不仅需要他们具备正确的服务观念，还需要他们展现出良好的服务态度。在他看来，人们对自己的职业有深入的了解、热情的追求和浓厚的兴趣，这些都是激发他们的事业热情、创新能力和工作积极性的关键驱动因素。后来制定的《职业道德教育标准》把"敬业乐群"内涵具体化为11

---

① 郑玲. 黄炎培职业教育思想与中等职业教育培养目标定位 [D]. 福州：福建师范大学，2007：15.

② 杨克贵. 试论黄炎培的职业道德教育思想 [J]. 安徽教育学院学报（哲学社会科学版），1999（01）.

③ 时忆宁. 黄炎培职业道德教育思想对新时代工匠精神培育的启示 [J]. 大理大学学报，2023（01）：61.

条具体修养和农科、工科、商科、家事科的专门修养标准。

（三）以"劳工神圣"为逻辑基础和价值引领，树立双手万能的劳动观

"劳工神圣"在黄炎培职业道德教育思想中尤为关键，旨在培育广大学子的劳动意识和劳动态度。他还将"劳工神圣"视为中华职业学校的校规，并把"尊重劳动"作为学生入学誓约书的第一条。根据学校的规定，"除半日工作外，校内一切洒扫清洁招待等事，均由全体学生轮值担任"①。"劳工神圣"意味着每一个受过教育的人，都必须劳动和自给自足，不能只顾享受而忽视付出，这是每一个受过教育的人的责任；应将教育与生产性劳动相结合，以培养"脑力劳动"与"体力劳动"两方面的人才。黄炎培倡导在实践中学习，在学习中实践，把"手脑并用"和"做学合一"这两条主线贯穿于职业教育之中。黄炎培致力于对学生进行良好的劳动习惯、生产技能的训练，开辟了一条面向社会的新型教育道路，实现"读书"与"劳动"的融合，这在我国职业教育发展史上有着不可替代的作用。

（四）以赤诚爱国为逻辑归宿和动力源泉，树立自信自强的民族观

"爱国主义"是黄炎培在职业道德观上的提升，并且为职业道德教育注入了强烈的思想色彩。他致力于利用职业教育来应对当时的社会和国家所遭遇的关键难题，并将"使无业者有业，有业者乐业""振业救国"作为职业教育的终极目标。他从"富国利民"出发，在《从困勉中得来》一文中详细阐述了这一主张，深刻表明他兴办职业教育的根本目的，是解决社会上存在的大量无业人员和有业而不乐业人员的问题，以促进经济的发展，从而达到"振业救国"的目的。在日本帝国主义猖狂进攻，民族危机十分严重的时候，他大声疾呼："我们唯一的信仰，就是爱国、报国。"他极力倡导"求学为服务，服务勿忘国"，鼓励所有人积极参与政治活动，将职业教育与国家的兴衰紧密相连。这使我们深深地体验到黄炎培的拳拳爱国情和殷殷报国志。在他的职业道德观念里，这一部分同样至关重要。

二、黄炎培职业道德教育与工匠精神的内在关联

（一）从核心内涵上看，二者具有契合性

据史料记载，工匠精神最早起源于我国春秋战国时期，鲁班是其中最典型的代表，被称为土木工匠的鼻祖。历朝历代诞生了众多著名的工匠。这些工匠持之以恒，精益求精、忘我工作，铸就了中华民族上下五千年的光辉历史。习近平总书记

---

① 胥望. 黄炎培的职业道德教育思想及其当代意义 [D]. 长沙：湖南大学，2012：15.

对"工匠精神"的深刻内涵进行了高度概括，蕴含着"执着专注，精益求精，一丝不苟，追求卓越"的精神品质。总的来说，工匠精神蕴含着劳动者独具匠心、严谨执着的探求和恪守。工匠精神，顾名思义，就是工匠群体展现出的良好职业素养和精神品格，是对工匠所具有的严谨态度和专业精神的概括。工匠精神作为一种技艺、行动和伦理的精神追寻，它是在历史进步的大环境中，随着时代的进步而诞生并持续演变的，它与社会的经济进步紧密联系。它充分体现了匠人对自己所从事的工作、职业的态度和价值取向。这是一种基于劳动精神的一次跃升，实现了从爱干、苦干、实干，再到乐干、细干、巧干的一次飞跃。基于新时代工匠精神的内涵，从思想层面揭示了工匠精神是干一行爱一行专一行的职业道德；从意识层面揭示了工匠精神是尽善尽美，精雕细刻的职业操守；从实践层面揭示了工匠精神是严谨细致、不断寻求突破和创新的职业作风。不难看出，黄炎培"金的品格，铁的纪律""敬业乐群"等职业道德教育思想与新时代工匠精神的内涵要义具有高度的契合性。这种执着专注、追求职业平等的精神与新时代"干一行、爱一行、专一行、精一行"的社会氛围内在统一。黄炎培特别注重人格教育，常常叮嘱广大学生不管学习阶段还是社会服务阶段，一定不能忽略人格的完整。同时还特别注重强调纪律的重要性。他主张完善人格、促进生产生活的必要条件就是严格的纪律。这种职业道德教育思想，与以忠诚履职为起点，以德技并修为境界，以追求卓越为信念的新时代工匠精神内涵高度契合。

（二）从价值追求上看，二者具有一致性

新时代工匠精神首先是一种劳动精神。人民创造历史的过程也是劳动创造历史的过程。人类在认识自然规律的基础上，借助劳动达到认识社会的目的，更进一步促进社会财富的积累和历史发展的进步。正如习近平总书记所说："用辛勤劳动创造中国人民的美好生活、创造中华民族的美好未来。"[①]在书写历史的伟大实践中，人民也在塑造自我。工匠精神的核心涵义，即在劳动中达到自我价值的提升。因而，诚实劳动是我们为社会带来物质和精神的财富，获得个人和社会认同的专属通道。同样地，达成个人的生活目标带来的满足感和快乐感，将进一步点燃工作者的创新热忱，从而为他人以及社会带来更多的财富。新时期对于工匠精神的理解和对于黄炎培关于职业道德教育理念中"劳动者至上"的理解极为吻合。黄炎培主张的"劳工神圣"，高度集中在对青年学生劳动理念和劳动习惯的培育，主张打破传

---

① 本报编辑部. 弘扬"蜜蜂精神"[N]. 中国邮政报，2019-02-01.

统的教育观念，倡导"先劳后食是每个受教育者的天职"。这与新时代工匠精神表达的"劳动最崇高，劳动最光荣"高度一致。

（三）从目标定位上看，二者具有同向性

技术技能人才是落实国家战略、实现强国复兴伟业的硬核支撑。全球科技和经济的增长与发展，离不开一批批的高素质技术技能人才。"中国制造2025"的颁布，意味着我国从中国制造向中国创造迈进。毋庸置疑，工匠精神是塑造中国品牌的核心所在。若要打造在国际上享有盛誉的中国品牌，实现中华民族复兴的伟大目标，必须极力培育和弘扬工匠精神，着力培养广大劳动者敬重工作和追求卓越的职业价值观。鉴于此，黄炎培职业道德教育思想与工匠精神的目标定位同声相应。在风雨如晦的旧中国，以黄炎培为代表的怀有"教育救国"理想的知识分子，积极倡导职业教育以挽救飘摇国运。如今的中国已实现从站起来、富起来到强起来的伟大飞跃，新时代工匠们立足岗位，努力攻克更多关键核心技术，推动高质量发展、实现高水平科技自立自强。可见，爱国主义一直都是黄炎培等知识分子和新时代工匠们的共同坚守。他们和祖国同呼吸共命运，在时代潮流中顺势而为、奋勇前行。

三、黄炎培职业道德教育思想赋能新时代工匠精神培育的实践进路

黄炎培的职业道德教育思想是在国家濒于危亡、人民处在水深火热的年代中不断演进的，是在投身于教育研究和社会实践的征程中孕育而生的思想引领和智慧结晶，是职业教育中又一颗光辉灿烂的明珠，对于引领新时代工匠精神培育仍然具有重大现实意义。

（一）个性发展维度：多渠道推动育人育才一体化与新时代工匠精神培树有机契合

黄炎培高度重视职业教育，特别是对学生的人格塑造。他主张，无论处于何种状况，每个人都应该尊崇自我的品质。黄炎培倡导的人格教育，主要是指教导学生如何做人，如何为人，以及理想信念等各方面的品质。他强调，人格一旦毁损，其人见弃于群众，哪有功名事业可言。[①]优秀的人格品质是创造事业的基础。优秀的人格意味着需要具备"高尚而纯洁的人格""博爱与互助的精神""侠义与勇敢的

---

①中华职业教育社.黄炎培与中国职业教育：黄炎培职业教育思想研究成果集萃[M].北京：高等教育出版社，2009：07.

风范""勤奋和耐劳的习惯"以及"坚定和贞洁的节操"①。毫无疑问，这种重视对学生人格教育的精神陶冶的职业道德教育思想在新时期的工匠精神塑造上起着关键的引领作用。随着国家社会对人才需求的多元化，教育的多元化也在逐步增加，特别是职业教育尤为更加突出。社会各个岗位对工作细分化程度和专业素养的要求愈发清晰。通过多渠道推动育人育才一体化引领新时代工匠精神培树，可以畅通道德品质与个人理论增加、技能提升、职业精神养成的通道，明确新时代高职院校的价值目标，提升高职院校育人育才的针对性、实效性和适用性。组织并执行教学活动，明确教学任务，并为专业人才的培训和质量评估提供核心参考。

在人才培养制定过程中，要时时更新育人理念，始终站在全局性角度掌舵育人工作总方向盘，毫不动摇地以新时代德育工作的重心为指挥棒，科学系统地统筹各要素、各阶段、各内容之间的有机衔接、联动集成，为德育工作的深入有效推进作出新的探索。一是在人才培养方案研制中，突出两个面向，精准需求定位：面向产业发展需求和面向职业岗位技能。这就需要做好精准调查，全面把握行业企业对于人才的具体需求，并对这些需求进行整合、分析，先是建立岗位类型与人才素质相匹配的需求矩阵，再是结合专业实际，对需求矩阵进行细化，构建岗位需求与课程的映射对应关系表，最后创建专业与产业的联动机制，动态调整人才培养方案，保证专业培养目标、内容、质量与行业企业岗位需求高度一致。二是在人才培养方案内容设置中，着力从锻炼三项能力：专业、创新、可持续发展入手。在夯实专业能力培养方面，可以优化课程布局的系统性，要在技术知识体系的基础上创设专业领域完善的理论知识架构和技术知识体系。在提升双创能力培养方面，人才培养方案中要坚持"系统性、融合性、先进性、实用性"四个原则，设立完善的双创课程体系，形成双创通识课程、专业学科课程与专业实践课程高度结合、循序渐进的双创课程群，通过进行双创方法学习、思维训练与项目实践，激发学生双创热情，全面培养学生双创能力。除此之外，当代大学生不仅需要具备一定的就业能力，还需要具备包含人文素养、社会技能、自主学习、意志品质等要素的可持续发展能力。在强化可持续发展能力培养方面，要在人才培养方案的素质和能力模块确定可持续发展能力各要素，做好整体规划，做到目标明确；要在通识课程、选修课程中进行优化设置，把人文社科知识、基本社会技能贯穿相关课程始终。

①郑玲. 黄炎培职业教育思想与中等职业教育培养目标定位 [D]. 福州：福建师范大学，2007：15.

（二）现实需求维度：全方位构建资源要素整合化与新时代工匠精神培树有机融合

社会性和渗透性是贯穿黄炎培职业道德教育过程中的显著特点。他明确强调，职业道德教育是和我国不同历史阶段的任务紧密相连的，这样才能保证广大劳动者更加坚定自己的人生目标和时代观念，进而推动社会发展。同时，黄炎培职业道德另一个特点是渗透性，即在择业、敬业、乐业、勤业和创业的各个环节和方面融入职业道德教育。立足黄炎培职业道德教育社会性和渗透性的特性，在培树新时代工匠精神过程中，需要多方联动，构建资源要素整合化的育人共同体。

课程建设是推动新时代工匠精神培树的主要渠道。课程目标方面，紧紧围绕"高素质"和"技术技能"两个关键目标进行教学指导，兼顾提升学生的知识技术水平和塑造"完整的人"；课程设计方面，一是通过修订人才培养方案、推出课程教学方法指南、开展教学观摩等，提高专业教师将工匠精神融入专业课程的能力水平。二是发挥校外企业师傅作用。一方面通过固化交流机制，加强教法培训，改革考核方式等，强化了企业师傅对学生工匠精神培育的耳提面命作用；另一方面，通过与省总工会干部学校、市总工会合作，将省级及以上劳模和获得世界技能大赛金牌的选手引进校园担任导师，面对面讲授技艺、传授经验，发挥工匠典型的示范引领效应。课程实施方面，立足新时代高职学生的认知需要，通过开发活页教材、新形态教材等校本特色教材，建设如"传统手工业（非遗）技艺传习传承与创新"等国家级专业教学资源库，形成"职业特色鲜明、线上线下一体"的育人素材库。并借助于智能科技，塑造出符合人才发展需求的优质教学态势。

创新创业教育是延伸新时代工匠精神培树的关键环节。创新创业教育在高等职业院校中的应用不仅限于学生，而应该是以教师和学生为主体的教育模式。"双创"以增强实效，即创新创业教育和创新创业实战。一是加强创新创业教育，将其作为高职实践育人的重要组成部分，通过持续优化创新创业教育改革，争创国家级创业苗圃等，让创新创业从教育变成高职学生的一种体验和感悟；二是加强创新创业实战，一方面利用高职创业园，为专业教师开展创业实践提供平台，让专业教师的真实创业带动高职学生大胆进行创业实践；另一方面积极参加各级各类大赛，通过专业教师加强指导，让高职学生在技能大赛和创新创业竞赛中强化创新意识，内化专业技能，提升综合素养。[①]再者，学校需要在执行各项制度的同时，为学生提

---

①李文宇，刘引涛．基于创新创业背景下高等职业院校人才培养路径研究 [J]．教育现代化，2018（53）．

供更多的实践场景和创新创业的环境，并在创新创业的进程中，为学生提供物质、精神、资金和技术方面的帮助。

产教融合、校企合作是搭建新时代工匠精神培树的重要桥梁。按照马克思关于教育和生产劳动相结合的思想，人类的职业教育发展经历了劳动模仿、古典学徒制、职业学校制再到校企合作的模式变迁。黄炎培先生关于职业教育"手脚并用、做学合一"的社会化职教思想，揭示了学科知识与实践知识相依存、程序性知识与陈述性知识相转换、外显知识与内显知识相结合的产教融合实质。企业作为职业教育的核心参与者，其主要价值是由职业教育所固有的职业属性和实践属性所决定的。因此，应该构建一个由政府、行业、企业、学校四方共创的高端技能人才培养生态工程。政府应着重政策引领，促进校企资源合理配置；行业应建立人才标准，推动跨行业的企业合作与校企资源共享；企业应以更加开放的态度，面向学校开放实践场景，实施校企人才互聘共培，深度参与人才培养过程；学校应对标企业人才新需求，与企业一道重构人才培养方案，通过开放校园引入企业真实业态。

（三）价值导向维度：高层次打造文化阵地多元化与新时代工匠精神培树有机结合

关于爱国主义教育，黄炎培一直强调"求学目的在于服务，服务不忘爱国，爱国不忘服务"，深刻揭示了三者之间的辩证关系。这样的理念让爱国主义教育更具生命力，更贴近现实。黄炎培主张，我们应该培养出对国家有着深厚忠诚和对祖国有着无比热爱的学生。这样的爱国主义情感可以驱动学生加深对祖国的深深热爱和对民族未来的殷殷关注。他倡导每一位从业者都应在爱国主义的指引下，遵守法律法规，恪守职业道德准则，始终忠诚于职责，为国家的繁荣发展贡献力量。他的职业道德教育理念与爱国主义是紧密相连的，对于新时代工匠精神的培树具有重要的指导价值。

爱国主义和新时代工匠精神具有共同的本质特性和实践特征。爱国主义是新时代工匠精神价值引领的核心内容，新时代工匠精神是爱国主义实践的内在要求。新时代工匠精神既是个人生产劳动的价值取向和行为选择，也是中华优秀传统文化的深刻诠释和生动体现，更是站在"两个一百年"奋斗目标历史交汇期的当代中国的科学指引和路径遵循。强化"两个结合"背景下的职业教育文化育人，是职业院校进一步把握时代要求，推动职业教育高质量发展，培养德技并修高素质技术技能人才的必然要求。我们可以从高层次打造文化阵地多元化角度入手，在爱国主义教育中滋养新时代工匠精神。

文化铸就灵魂，思想成就高度。随着高等教育的持续变革，大学校园文化的各个方面，如参与者、种类、内容和价值，都得到了更加深入和清晰的界定。这种文化的发展内涵也变得更加清晰，呈现出时代特点明显、空间介质拓展、行动路径多样、全媒体矩阵传播等发展势态。因此，需要大力加强校园文化建设，积极探索"以何种文化育人、如何文化育人"高职文化育人路径，不断提高学生的文化素养、涵养道德品质，逐步构建起育人的新格局。

一是创新驱动，持续优化育人载体。智能技术的飞速发展，深刻改变着文化的教育场域和发展途径，重新塑造着高校文化的创设样态。毋庸置疑，当代大学生已经存在于由数字化构成的图景之中。鉴于此，高校要积极应对挑战，从"线上开展"迈向"双线混融"。比如，线上聚焦网络宣传阵地建设，掌握网络话语主动权，线下力量下沉一线，充分发挥一站式社区育人优势，促进虚拟与实体场域的交互融合，从而增强思政教育的协同效应。因此，高校不仅要巩固文化育人的物质载体，通过构建校园显性文化图景，形成别具特色的文化识别有机整体，彰显文化育人内涵，还要持续创新文化育人的语言载体，充分利用新媒体新技术开展工匠精神教育，加强"融媒体＋育人"的实践探索，坚持集艺术性、思想性、教育性和导向性于一体，不断提升融媒体矩阵的育人成效，讲深、讲透、讲活新时代故事，潜移默化、润脑润心。

二是多元融合，推进学生全面发展。在丰富校园活动文化方面，着力建设充满人文气息的"人文课堂"，寓人文教育于学科教学中。致力于打造一个充满人性关怀的"人文课堂"，以此来增强校园的活动和文化氛围，并将这种人性关怀融入到各个课程的教授之中。通过举办具有独特特色和吸引力的专题教育活动，如传统节日、重大事件以及开学典礼和毕业典礼等，将工匠精神融入到典礼文化的培养教育中。另外，高校充分发挥文化艺术的资源与人才优势，开展文艺创作，培育文学精品和文艺品牌。以社团文化艺术节为依托，开展丰富多彩的学生社团活动和形式多样的校园文化活动，提升活动的号召力、感染力、影响力。

三是四维协同，深化三全育人改革。全面推进学生教育智慧管理工程，致力构建由思政课、通识核心课、专业（岗位能力）课、体劳美育课、素质拓展与社会实践课、社团文化课、党建带团建与青马工程（培训）课等组成的"波次传递射环状育人体系"，形成以思政课为主渠道、专业课协同育人，第二、三、四课堂延伸教育的"四维协同"育人模式。积极构建新时代职业院校"五育融合、德技双修"的"三全育人"体系，统筹推进德智体美劳"五育融合"，着力培养具有家国情怀、完全人格、高超技艺、国际视野的新时代大国工匠和能工巧匠，主动服务国家战略和区域经济社会发展①。

总的来说，黄炎培职业道德教育思想对于推动职业教育实现高质量发展意义深远。新时代工匠精神培树需要从黄炎培职业道德教育思想中找寻历史经验，从个性发展维度出发，在育人育才一体化建设中融入工匠精神，从现实需求维度出发，在资源要素整合化构建中培育工匠精神，从价值导向维度出发，在文化阵地多元化打造中厚植工匠精神。

---

①沈中彦，方向阳．高质量发展背景下增强职业教育适应性的价值取向与实践路径[J]．教育与职业，2022（14）．

微媒体对社会主义核心价值观培育带来的挑战与应对 ①

李文靖　　王伟②

（上海电子信息职业技术学院，马克思主义学院；

南阳理工学院，马克思主义学院）

【摘要】微时代，微媒体为社会主义核心价值观的培育带来了严峻挑战。微媒体的负面信息对群众的主流价值观构成了冲击；微媒体传播呈现出碎片化的特点，侵蚀了社会主义核心价值观的系统性；微媒体传播模式易使群众认知呈现非理性化的特征，影响群众对社会主义核心价值观的科学性认知；微媒体传播的开放性导致社会思潮的多元化，对社会主义核心价值观的培育产生负面效应。分析微媒体所使用的技术特点、微媒体在传播过程中呈现出的特征，找准利用微媒体传播社会主义核心价值观的着力点，创新社会主义核心价值观的培育方式。通过微媒体设置议题，促进群众对社会主义核心价值观的理解；创新微媒体的传播方式，提升社会主义核心价值观的吸引力；提高微媒体参与者的素养，提升社会主义核心价值观的影响力。利用微媒体技术，通过和风细雨的宣传，党的意识形态话语植根于群众的内心世界中；群众逐步认识到社会主义核心价值观的魅力，逐渐认知并践行社会主义核心价值观。

【关键词】微媒体；社会主义核心价值观；培育；挑战

---

①基金项目：本文系上海电子信息职业技术学院项目"基于 STEAM 理念的红色文化资源融入职业院校思政课教学路径研究"（B23252）的阶段性成果；上海市高职高专思想政治教育专项课题"上海红色资源融入中高职思政课一体化教学研究"（23SZZX0001）的阶段性成果。
②作者简介：李文靖，女，上海电子信息职业技术学院讲师，河南师范大学博士后，主要从事思想政治教育研究。王伟，男，南阳理工学院副教授，博士，主要从事思想政治教育研究。

微媒体改变了信息传播方式，微媒体的出现改变了群众获取信息的渠道和思想交流的路径，影响了群众思想意识的形成与价值理念的培养。[①] 随着微媒体的快速发展，社会主义核心价值观培育遭遇了巨大挑战，如何应对微媒体带来的挑战，是社会主义核心价值观培育需要解决的问题。当主流意识形态话语权遇到挑战时，如何整合微媒体资源，克服培育社会主义核心价值观的种种障碍，让社会主义核心价值观浸润于群众内心世界中，需要进一步探索。依据群众的认知特征与接受心理，创新微媒体传播方式，宣传主流意识形态话语，提高群众的思想觉悟与道德素养，破除错误思潮对社会主义核心价值观培育的负面影响。为了应对挑战，需要研究微媒体特点与传播方式，制定针对性措施，让社会主义核心价值观内化于心、外化于行，成为群众的基本价值遵循。

一、微媒体对社会主义核心价值观培育带来的挑战

微媒传播的代表是微博、微信、微视频，微媒体发展迅速，给社会主义核心价值观的培育带来了挑战。多媒体技术的发展，信息传播速度快，微媒体在传播意识形态话语方面的影响力日益加大。非主流价值观借助于微媒体的扩散，对社会主义核心价值观的培育造成冲击。

（一）微媒体的负面信息对群众的主流价值观构成了冲击

网络时代拉近了群众之间的距离，这是网络亚文化产生的基础，恶搞、模仿、二次元等网络亚文化，成为西方敌对势力攻击社会主义核心价值观的重要渠道。新媒体时代，网络从业者为了一定的商业利益，利用大数据技术分析消费者的偏好，给群众转送了鱼龙混杂的信息；为了引起网民的关注，信息传播者捏造猎奇、低俗的话题，发布庸俗信息以达到一定的点击量，导致社会主义核心价值观的崇高性被亵渎。面对不良的信息，群众容易沉迷其中，难以自拔，尤其是青年人容易受不良价值观念的影响，不利于社会主义核心价值观的培育。微时代，微媒体传播出现娱乐化趋势，冲淡了社会主义核心价值观的思想性；微媒体话语的"嘻哈"风格影响了社会主义核心价值观在理论阐述方面的严肃性，"一切公众话语都日渐以娱乐的方式出现，并成为一种文化精神。……其结果是我们成了个娱乐至死的物种。"[②] 网

---

① 徐金超."微媒体"背景下大学生社会主义核心价值观教育探析 [J]. 学校党建与思想教育，2015（23）：32-33.

② [美] 尼尔·波兹曼. 娱乐至死 [M]. 章艳，译. 桂林：广西师范大学出版社，2009：6.

络信息泛娱乐化的目标是吸引群众的关注，在"数字绩效"的引诱下，对微媒体的泛娱乐化起到推波助澜的作用，大量影视明星的消息充斥网络空间，道德模范的事迹被忽视，影响了社会主义核心价值观的传播。软性历史虚无主义与"泛娱乐化"合流，在"大众娱乐"掩护下用"偶像明星"的套路包装历史，隐蔽性、欺骗性和迷惑性都很强。[①] 信息时代，媒体融合的速度加快，对社会主义核心价值观的培育构成挑战。德国哲学家卡尔·雅斯贝尔斯认为："个人就其社会生存而言，是局限于某种不确定的环境。"[②] 媒体融合是以媒介为核心的新发展理念，包括技术与交往方式的融合，给信息的传播带来了不确定性，因此，社会主义核心价值观培育在利用新兴媒体方面面临着一定的挑战。数字技术改变了群众的生产生活方式，影响了群众的交往方式和消费习惯，媒体融合重塑了社会主义核心价值观宣传模式。智能信息技术"渗透到人类活动的全部领域，促进了技术、社会和历史的变迁"。[③] 社会媒体为了吸引青年的关注，过多报道负面新闻，对正面新闻宣传不足，导致部分群众对以前的价值观产生困惑，在一定程度上淡化了部分群众的社会主义价值理念。

在传统的交往圈中，群众拘泥于固定的生活范围，相互交流较为简单，微媒体拓展了群众交流的圈子。群众通过微媒体对见闻、感想进交流和互动，频繁使用网络用语，以图片与表情表达对一些问题的态度。微媒体给群众提供了丰富的信息资源，信息资源应该为群众的学习和成长带来便利与益处，但现实情况不尽如人意。大部分群众并没有把微媒体当作学习舞台，而是当作娱乐消遣的工具。面对丰富网络资源，如何选择有益于群众社会主义核心价值观教育的内容，是一个需要解决的难题。以马克思主义意识形态为指导原则，引导群众进行理性的思考、深度的理解，选择有益于树立正确世界观与价值观的信息内容，促进群众对社会主义核心价值观的认知和认同。

（二）微媒体传播呈现出碎片化的特点，侵蚀了社会主义核心价值观的系统性

微时代，信息传播趋于"短、快"。信息传播者叙事追求"小片段"，用精短语言来叙述，导致信息的日益碎片化，影响了信息的真实性。这种传播方式影响了

---

① 张博.警惕"娱乐包装"下的软性历史虚无主义 [J]. 毛泽东邓小平理论研究，2021（03）：102-106，108.

② ［德］卡尔·雅斯贝尔斯 . 时代的精神状况 [M].王德峰，译.上海：上海译文出版社，1997：18-19.

③ ［美］曼纽尔·卡斯特 . 网络社会的崛起 [M].夏铸九，等，译.北京：社会科学文献出版社，2006：1.

叙事的完整性，模范人物的事迹被裁剪，群众接触到的并非真实全面信息，容易被误导，①稀释了社会主义核心价值观的感染力。同时，网络信息以碎片化方式占领了大量空间。微博、微信等微媒体推送的信息被群众点击与转发的同时，传播信息的碎片化解构了信息的语境化，给群众对信息的理解造成了困难。②道德模范的故事难以被完整讲述，社会主义核心价值观以碎片化的面目呈现在群众面前，慢慢丧失了应有的魅力。微媒体传播信息强调即时性原则，视觉图像在传播信息方面快捷，就像"快餐"一样，质量难以得到保障。简单化的画面消蚀了群众深层次的理性思考空间，渐渐改变着群众的认知方式和思维习惯。这种趋势会影响群众学习红色基因的热情，也会削弱群众对社会主义核心价值观的理解。媒体技术改变了社会主义核心价值观培育的互动机制和共享机制，对联系平台提出了新要求，并影响了虚实互动环境。媒体融合影响群众的认知能力，改变了群众的价值诉求，也影响了价值评判方式。网络媒体深度融入群众的生活，信息在传播过程中呈现出匿名性和开放性的特征，导致部分群众的价值观念是模糊多变的。大数据技术改变了群众的价值规范，诚信、友善、平等等正面价值观受到冲击，引发群众在接受社会主义核心价值观教育时产生莫名的焦虑感。

对群众开展社会主义核心价值观教育，需要用社会主义核心价值观整合群众各种价值理念、道德观念，引导群众正确对待个人理想与社会理想的关系，正确处理自我价值与社会价值之间的关系，"在实现中国梦的生动实践中放飞青春梦想"。③在新时代，群众的价值观和人生观在微媒体上呈现出碎片化的趋势，群众较为关注现实利益关系，对国家的未来、民族的期望缺乏足够情怀。不从整体上审视个人价值与社会价值之间的辩证关系，以碎片化方式阐述社会主义核心价值观，社会主义核心价值观就会失去原有的"风貌"，就有可能为历史虚无主义等错误思潮留下攻击的机会与空间。

（三）微媒体传播模式易使群众认知呈现非理性化的特征，影响群众对社会主义核心价值观的科学性认知

微媒体信息传播模式，汇聚了价值取向趋同的朋友圈，微空间中的群众对感兴趣的话题自由交流，发表观点，"话不投机半句多"，渐渐形成一个"同温层"。

---

①赵丽涛.我国主流意识形态网络话语权研究[J].马克思主义研究，2017（10）：78-85.

②周宪.时代的碎微化及其反思[J].学术月刊，2014，46（12）：5-12.

③习近平.决胜全面建成小康社会　夺取新时代中国特色社会主义伟大胜利——在中国共产党第十九次全国代表大会上的报告[M].北京：人民出版社，2017：70.

微媒体的从业者出于经济利益的考量，利用大数据手段，为微信群等网络群体投送他们喜爱的信息。微媒传播信息的同质化现象，进一步强化群众对同一事件的评价趋于同样的声音，容易导致网络群体成员固执己见，不愿意对事件进行理性的反思。对社会整体来说，撕裂了社会群体，难以达成价值共识，不利于群众对社会主义核心价值观的认同。对中国特色社会主义发展过程中出现的难题，部分群众只是情绪化宣泄，影响群众对社会主义核心价值观的科学性认知。情感代替了理性，情绪化代替了真理，容易误导群众对社会主义核心价值观持虚无主义态度，这会影响社会主义核心价值观对群众的吸引力与凝聚力。多媒体技术的发展，信息传播速度快，大众传播在传播意识形态话语方面的影响力日益加大。微媒体成为群众生存环境的组成部分，在建构意识形态话语权方面的作用越来越突出。各种非主流价值观借助于网络传播形式影响群众的价值理念，并利用互联网等新技术手段，让非主流价值观以声音、文字、图像"立体化"方式在群众中传播，结合群众的日常生活，传播方式趋于"平民化"，联系群众关注的就业难、看病难等民生问题阐述观点，表达方式通俗化，语言趋于"煽情化"。非主流价值观的扩散，对社会主义核心价值观的培育造成冲击。

（四）微媒体传播的开放性导致社会思潮的多元化，对社会主义核心价值观的培育产生负面效应

微媒体的信息传播具有一定的虚拟性，网友自由交谈，信息交流又具有一定的开放性，各种思潮互相碰撞。网络的虚拟性推动了群众参与话语的爆炸，为多元思潮的传播搭建了新的平台。网络游戏满足了网民的虚拟成就，但游戏暴力、色情内容影响了群众的健康，甚至部分网络信息歪曲道德模范人物，破坏模范人物的崇高形象，企图解构主流意识形态话语体系。部分网络信息的传播缺乏责任意识，扭曲了群众的历史观与价值观。微时代，网络信息传播快，不同价值理念随意传播，多元化思潮相互碰撞，影响了社会主义核心价值观的主导性。形形色色的思潮打着"生活化、娱乐化"的旗号，捏造各种荒诞怪异的价值符号，制造热点话题以便吸引群众的关注，传播方式具有隐蔽性，言论具有煽动性，价值观念具有欺骗性。"当下许多错误思潮和观点……以隐蔽的方式悄然渗透而出。"[1] 例如，历史虚无主义、"普世价值"、"躺平"观念等社会思潮，经过媒体人的精心策划，荒谬性被掩

---

① 郑承军.理想信念的引领与建构——当代大学生的社会主义核心价值观研究 [M].北京：清华大学出版社，2010：6-7.

盖，严重影响了群众对模范人物的欣赏，扰乱了群众对社会主义核心价值观的认同。例如，"躺平"观念的欺骗性较强，部分群众不想吃苦，不想奋斗，想着"躺倒不干"，部分网络媒体为博眼球，歪曲宣传，夸大个案，又被西方敌对势力利用，故意渲染，借以攻击党和政府的政策。历史虚无主义、"普世价值"等错误思潮所倡导的价值理念、道德观念，与社会主义核心价值观相悖，因为这些错误思潮具有较强的迷惑性，对群众的思想观念产生了误导；错误思潮企图引诱群众对马克思主义意识形态话语产生质疑，从而冲淡了社会主义核心价值观的感染力。

二、探索利用微媒体培育社会主义核心价值观的措施

习近平总书记指出："当前，社会上思想活跃、观念碰撞，互联网等新技术新媒介日新月异，我们要审时度势、因势利导，创新内容和载体，改进方式和方法，使精神文明建设始终充满生机活力。"① 微时代，社会主义核心价值观的培育面临着严峻挑战，分析微媒体所使用的技术特点、微媒体在传播过程中呈现出的特征，找准利用微媒体传播社会主义核心价值观的着力点，探索培育社会主义核心价值观的方法，创新社会主义核心价值观的培育方式。

（一）通过微媒体设置议题，促进群众对社会主义核心价值观的理解

微媒体给红色基因与社会主义核心价值观教育带来了挑战，也提供了机遇。群众在微媒体空间内相互交流，为隐性化的社会主义核心价值观教育提供了渠道。设置网络议题，巧妙地引导群众通过移动社交软件谈论人生、讲述红色故事、议论时事政治，加强思想沟通和价值观念交流，凝聚价值共识。通过移动应用软件，加强群众对社会主义核心价值观教育的互动。通过微媒体设置议题，引导群众就意识形态话语问题交流互动。借助网络数据的对比分析，政府部门可以精准地了解社会主义核心价值观培育的现状，把控群众的意识形态动态，提升社会主义核心价值观培育的实效性。

微时代，信息生产的速度快，信息传播较为便捷，信息在微媒体空间中爆炸式增长。信息在传播过程中呈发散状态，弱化了政府在传统媒体中的监督角色，削弱社会主义核心价值观的宣传力度。在多媒体空间中，群众有平等的参与权，可以自由表达意见，把控意识形态话语的关键在于引导群众的交谈内容。政府部门在掌控

---

① 习近平. 习近平谈治国理政（第 2 卷）[M]. 北京：外文出版社，2017：324.

群众的想法方面有一定的难度，但可以通过设置议题，引导意识形态的导向。[①] 习近平指出："随着互联网快速发展，包括新媒体从业人员和网络'意见领袖'在内的网络人士大量涌现。互联网是当前宣传思想工作的主阵地。这个阵地我们不去占领，人家就会去占领。"[②] 通过引导网络"意见领袖"，掌控网络议题的方向，整合网民关于价值观的言论，引导网民对社会主义核心价值观的讨论方向，拓宽社会主义核心价值观培育的网络途径，主动占领意识形态宣传工作的网络阵地。引导微媒体反复关注价值观的议题，报道道德模范人物的事件，宣传社会主义核心价值观，鼓励群众互动、讨论，加深群众对主流意识形态话语的理解。议程设置理论的观点是，微媒体影响群众对价值观念的感受，也会影响群众观察世界的方式。[③] 微媒体重点宣传的事件与关注的信息，能够引导群众的价值理念，影响群众的思想观念。在微媒体中主动界定主流意识形态的内涵、设置社会主义核心价值观的讨论议题，加大对主流意识形态的宣传力度。为此，微媒体议题要顾及到不同利益群体的诉求，在满足不同层次需求的基础上，聚焦社会主义核心价值观的话题引导。价值观话题的设置和社会主义核心价值观讨论的安排要贴近群众的心理感受，分析能够引起网络群众的思想共鸣之处，引导群众领悟社会主义核心价值观的感染力与吸引力，体现群众的精神诉求。政府部门和中央媒体可以通过微媒体形式，借助于"微博和微信政务"等形式发起即时的话题，主导意识形态话语的讨论议程，设置现实生活问题的讨论，开展与群众的互动交流活动，解决群众的生活困难，彰显共产党人的初心与使命。在线上就意识形态问题向公众阐释社会主义核心价值观的现实意义，利用微媒体技术传播主流意识形态话语，在交流与沟通中加强群众对社会主义核心价值观的理解。

（二）创新微媒体的传播方式，提升社会主义核心价值观的吸引力

网络不发达时期，社会主义核心价值观的宣传渠道主要有学校教育、当面交谈交流、广播电视等传统方式。随着社会的发展与科学的进步，微媒体技术迅速发展，涌现出许多网络平台，满足了群众不同层次的需求，为社会主义核心价值观的宣传提供了新的平台，为社会主义核心价值观的传播提供了多种渠道。网络从业者制造特定的网络语言，新颖独特，口语化、生活化、形象化。传统媒体语言充满理

---

① 赵丽涛. 我国主流意识形态网络话语权研究 [J]. 马克思主义研究，2017（10）：78-85.

② 习近平. 习近平谈治国理政（第2卷）[M]. 北京：外文出版社，2017：325.

③ 薛一飞，邢海晶. 网络传播视域下社会主义核心价值观大众化路径 [J]. 理论探索，2015（03）：71-74.

性，用语趋于书面化、逻辑化、正统化。与传统媒体语言相比，网络语言更加迎合群众的口味，尤其获得青年人的喜爱。在网络空间交流讨论方面，主动制造与社会主义核心价值观传播相符的网络语言，并利用大众化的网络语言，吸引群众的关注，促进社会主义核心价值观的宣传。搭建讲述道德模范故事的平台，提高微传播社会主义核心价值观的效果，增强社会主义核心价值观的感染力，提高社会主义核心价值观的吸引力。网络在开展社会主义核心价值观教育方面具有独特作用，专门设立宣传社会主义核心价值观的网站，为群众的学习创造优良的网络环境，并且根据群众的接受心理，创新社会主义核心价值观的网络教育方式，提高群众对主流意识形态敬仰的高度与对社会主义核心价值观认同的深度。

微时代，信息产生与传播的速度快，具有开放性的特点，各种社会思潮相互碰撞，多元价值理念交替涌现，为群众在网上交流价值理念与社会主义核心价值观提供了便利条件。引导网络传播的价值观念与以马克思主义为指导的主流意识形态相符，强化社会主义核心价值观的践行力度。[①] 遵循微媒体的传播规律，创新传播方式，搭建"微"平台，把控微媒体传播的内容，占领意识形态传播阵地，为提升社会主义核心价值观的引领力创造条件。首先，创新微媒体传播形式，增强吸引力。依据微媒体传播过程中出现的规律，利用网络技术，传唱红色歌曲，播放道德模范故事片段，制作宣传社会主义核心价值观的标语口号，让抽象的社会主义核心价值观理论具体化、形象化，把理论化的概念转化为图像、声音、视频等生动直观形式，吸引群众的注意，激发群众对社会主义核心价值观的浓厚兴趣。其次，创新微媒体传播内容，增强说服力。搭建传播社会主义核心价值观的微平台，设置宣传主题，丰富社会主义核心价值观的信息资源库，充实社会主义核心价值观的传播内容。以"学习强国"平台为例，该平台依据微媒体的传播特点，选取符合群众口味的通俗易懂的传播题材，创作适合群众接受心理的言简意赅的微媒体话语内容，创作蕴含社会主义核心价值观的作品，以中国特色社会主义先进文化抢占意识形态的"微阵地"。"学习强国"平台依据不同地域、不同年龄、不同性别、不同文化程度的群众的不同心理特征，采用多种微媒体传播方式，深受人民群众的喜爱，引领了社会主义核心价值观的传播方向，传播了主流意识形态话语。搭建微媒体传播平台，夯实社会主义核心价值观的宣传基础，彰显主流意识形态的独特魅力与社会

---

① 林伯海，张改凤．网络话语权争夺：意识形态的网络攻防战 [J]．思想理论教育，2015
（07）：57-60．

主义核心价值观的话语优势。善于与微空间中各种"反动话语"对话交流，敢于同"普世价值"、历史虚无主义等错误思潮进行正面交锋，勇于用"批判的武器"反击各种非主流意识形态。坚持百家争鸣的方针，善于团结网络"意见领袖"，对话交流，展示社会主义核心价值观的价值理性，主导网络意识形态的话语权。^①再次，创新微媒体传播机制，增强战斗力。发挥传统媒体的优势，加强新媒体的融合发展。报纸、电视等传统媒体在老年群众中有一定的吸引力，广播在农村思想政治工作中优势明显，新媒体在年轻群众中有特殊的魅力，几种媒体模式取长补短，在开展社会主义核心价值观的宣传教育活动中发挥同频共振的作用，在传播意识形态话语方面发挥强大的合力作用，共同提升社会主义核心价值观的引领力。发挥传统媒体在宣传社会主义核心价值观方面的准确性、权威性优势；加强新媒体的融合、利用网络技术手段，发挥微媒体在宣传红色基因与社会主义核心价值观方面的深入性、互动性优势，宽领域、多层次地传播道德模范的故事，增强主流意识形态话语的吸引力，提升社会主义核心价值观的凝聚力。最后，依据网民需求筛选微媒体传播信息，增强传播力。

马克思认为，价值是具体的，不是抽象的。马克思既分析了物对人的"自然价值"，也阐述了人与人之间的"社会价值"。^②价值产生的本质原因在于群众的需求。与马斯洛的需求层次理论类似，马克思认为人有"三级阶梯"的需要：生存、占有、全面发展。^③价值产生于主体对客体的需求，价值观是评价主客体价值关系的理论体系。社会主义核心价值观教育要想收到实效，需要从群众的现实需求出发，利用网络传播技术，创新思想政治教育的形式。政府部门需要对群众的信息需求进行引导，在满足了群众需求的同时，提高群众的需求层次，抛弃低级趣味的需求，接受高层次的精神需求。引导群众对网络信息进行筛选鉴别，提高群众选择和辨别网络信息的能力，提升社会主义核心价值观的传播力。

（三）提高微媒体参与者的素养，提升社会主义核心价值观的影响力

微媒体传播的显著特点是，微媒体的参与者有较强的自主性。提升社会主义核

---

① 吴翠丽. 以社会主义核心价值观对虚拟社群价值引领的路径探讨 [J]. 南京社会科学，2018（01）：46–51.

② 鲁品越. 再论马克思的"价值定义"与马克思主义价值哲学之重建 [J]. 教学与研究，2017（02）：16–24.

③ 姚顺良. 论马克思关于人的需要的理论——兼论马克思同弗洛伊德和马斯洛的关系 [J]. 东南学术，2008（02）：105–113.

心价值观的影响力，需要加强信息传播者和接受者的职业素养教育，提高网民对微媒体优缺点的客观认识，提升群众对所传播信息的理解能力，推进群众合理运用微媒体信息，培育网民的自我约束习惯与信息素养，提高群众对信息传播的责任担当意识。信息素养是指，群众面对微媒体传播的信息进行理性的选择、质疑、评估、创造而显现出来的能力。[①]2003 年，联合国教科文组织发布了《布拉格宣言》，提出"信息素养"的概念，信息素养主要包括信息表述、辨别、评估、分享的能力。[②]微时代，信息素养对于信息传播的重要性日益凸显。依据信息素养的含义，加强对群众信息素养的培育，以社会主义核心价值观教育，引领对群众的信息素养培育，提高群众的信息选择能力。网民的思想观念与道德素养，影响了微空间的晴朗程度，也影响了对网民进行社会主义核心价值观教育的外部环境。提高网民的职业素养，抑制低俗、虚假的信息对网络生态的负面影响，提高网民对信息的思辨能力。

首先，培养网络从业人员的素养与能力。要培养网络从业人员的职业道德和提高他们传播信息的辨别能力，引导他们把微媒体视为交流信息、获取知识的重要平台，引导他们善于识别隐蔽性高、危害性大的错误思潮，自动抵御错误社会思潮的侵蚀，不信谣传谣，不传播错误信息，不发布荒谬言论。发挥微媒体传播社会主义核心价值观的作用，提升微媒参与者的素养，[③]建设多层次意识形态传播微平台，引领群众社会主义核心价值观的网络教育，培养他们的思想道德素养。

其次，提高网民的理性思考能力。面对部分网民的冲动情绪与错误言论要保持理性，引导他们发布信息时不偏激，不盲从，正确判断识别各种信息。引导网民对网络信息进行科学分析与冷静判断，引导网民养成自律意识，控制偏激情绪，理性地参与虚拟社区讨论。

再次，培养网民的责任担当意识。在多元互动中，引导网民对自己的言行负责，在虚拟社区的讨论中对分享观点的行为负责。加强网民的社会主义核心价值观教育，提高网民的职业道德修养，培养网民的良好道德情操，提升网民的自我约束能力。以事实为依据，传播正能量，引导网民坚守道德底线，约束网络言行。最

---

①孙兰英、陈嘉楠.互联网思维与社会主义核心价值观培育[J].天津大学学报（社会科学版），2018（01）：36-40.

②钟志贤.面向终身学习：信息素养的内涵、演进与标准[J].中国远程教育，2013（08）：21-29，95.

③孟燕、张健.微媒体传播下大学生社会主义核心价值观培育路径[J].理论导刊，2018（08）：102-106.

后，协同推进网络空间与现实世界的统一。要把网络空间的宣传与现实世界的社会主义核心价值观培育相统一，在形式上相互协调，在内容上相互转化。防止网民的网络话语不符合精神文明建设的需求、不符合国家的方针政策；也要避免现实的意识形态宣传无法转化为丰富网络话语，这两种倾向都会影响社会主义核心价值观的网络宣传效果。网民与网络从业人员思想道德素养的提高，为在微媒体空间传播社会主义核心价值观奠定了基础，有利于提升社会主义核心价值观的公信力。

习近平指出："依法加强网络空间治理，加强网络内容建设，做强网上正面宣传，培育积极健康、向上向善的网络文化，用社会主义核心价值观和人类优秀文明成果滋养人心、滋养社会，做到正能量充沛、主旋律高昂，为广大网民特别是青少年营造一个风清气正的网络空间。"①加大网络空间的治理力度，建设清朗的网络生态，主动设置与控制微媒体议题，加强群众对社会主义核心价值观的关注和理解。创新微媒体的传播方式，积极有效地传播社会主义核心价值观，用社会主义核心价值观滋养人心，传播正能量。加强微媒体治理力度，提高微媒体参与者的素养，建设健康的网络文化，为社会主义核心价值观的培育提供健康的网络空间，提高社会主义核心价值观的感染力和吸引力。

在新时期，社会主义核心价值观培育过程，是一个与错误思潮不断斗争的过程。历史虚无主义、"普世价值"等错误思潮以微媒体为工具，冲击主流意识形态，对社会主义核心价值观的传播构成挑战。意识形态有一定的话语体系，影响着人们的认知模式。整合微媒体资源，宣传道德模范人物的事迹，以高尚的道德理念感化群众，促进群众对社会主义核心价值观的认同。在以微媒体为手段推动群众认同社会主义核心价值观的过程中，让群众逐渐接受马克思主义价值理念的熏陶，提高社会主义核心价值观的吸引力。微媒体以浅显易懂的话语形式表现社会主义核心价值观的核心理念。微媒体以独特的话语方式对社会主义核心价值观进行深刻描绘，符合人民群众的认知心理，赢得了人民群众的喜爱与赞赏；迎合了群众对社会主义核心价值观的接受心理，为社会主义核心价值观的认同与践行提供了有效方式，提高了社会主义核心价值观的渗透力与影响力。创新微媒体传播方式，通过和风细雨的宣传，党的意识形态话语植根于群众的内心世界中；群众逐步认识到社会主义核心价值观的魅力，逐渐认知并践行社会主义核心价值观。

---

① 习近平. 习近平谈治国理政（第2卷）[M]. 北京：外文出版社，2017：337.

乡村振兴战略下文化特色小镇建设路径探析

——以山西省杏花村镇为例

常思瑶①

（浙江旅游职业学院，马克思主义学院）

【摘要】特色小镇建设是实施乡村振兴战略、巩固全面建成小康社会成果的重要举措，本文从拥有两千多年文化底蕴的杏花村镇出发，以酒文化为研究主体，通过文献分析、实地考察、访谈等方式，结合特色小镇建设的相关政策和实际情况，分析了杏花村镇在文化特色小镇建设过程中取得的成果与面临的困境，并以点带面，探讨了乡村振兴战略下建设文化特色小镇的实践路径。

【关键词】乡村振兴；酒文化；文化特色小镇

习近平总书记强调，"我们要建设的社会主义现代化强国，不仅要在物质上强，更要在精神上强。精神上强，才是更持久、更深沉、更有力量的"。②实现乡村振兴，不能局限于经济投入，更要依靠文化找到乡村发展的"特色密码"，推动乡村内涵式、可持续发展。特色小镇是经济发展新常态下的创新发展模式，是以特色产业和旅游产业为主体的生产、生活、生态一体化功能聚集区。2016年公布的中国第一批特色小镇名单中，杏花村镇位列其中。杏花村镇文化底蕴深厚，是全国特色景观旅游名镇，素有"酒都"的美称。以酒文化为纽带，打造文化特色小镇，是实现乡村振兴的有效路径。

---

①作者简介：常思瑶（1998—　），女，浙江旅游职业学院教师，研究方向为思想政治教育、马克思主义基本原理。

②习近平.论党的青年工作[M].北京：中央文献出版社，2022：337.

一、建设文化特色小镇的价值意蕴

特色小镇于 2014 年发源于浙江，以云栖小镇、梦想小镇最为典型。2020 年国家发展改革委发布的《关于促进特色小镇规范健康发展意见的通知》指出，特色小镇作为一种微型产业集聚区，具有细分高端的鲜明产业特色、产城人文融合的多元功能特征、集约高效的空间利用特点，在推动经济转型升级和新型城镇化建设中具有重要作用。文化特色小镇旨在依托特色文化发展特色产业和旅游业，把文化作为特色小镇建设的灵魂与支柱，可以有效避免"千村一面"，正如时任浙江省省长的李强所说："要把文化基因植入产业发展全过程，培育创新文化、历史文化、农耕文化、山水文化，汇聚人文资源，形成人无我有的区域特色文化。"[①]

文化特色小镇建设是与我国宏观政策相协调，顺应时代发展的选择。一方面，在新发展理念视域下，摆脱粗放型、不平衡的经济发展方式，注重发展的质量和效益；另一方面，党的十八大以来，以习近平同志为核心的党中央把文化建设摆在全局工作的重要位置，以一系列重大决策部署推动文化发展开辟新境界。文化特色小镇建设是将这一宏观政策落实到乡村的有效途径。在乡村振兴战略下建设文化特色小镇具有广泛而深远的意义。从经济发展的角度看，特色小镇能推动第一二三产业融合发展，延伸产业链，吸纳乡镇剩余劳动力，并辐射带动周边乡镇一体发展，推动城乡协调。从乡镇治理的角度看，文化特色小镇建设有利于增强小镇居民的文化认同与文化自信，形成居民共同的行为准则，有效化解小镇治理过程中的各项矛盾。从人民生活的角度看，文化特色小镇建设能进一步完善基础设施，优化生活环境，丰富人民的精神生活。杏花村镇在乡村振兴战略下，以悠久的酒文化为基础，坚持特色发展，在文化建设中取得了一系列的成就，在国际社会中留下了中国酒文化的脚印。但由于长期以来忽视文化建设，推动文化特色小镇建设还有很长的路要走，还需进一步创造性地运用和发展历史文化，调整产业结构，推动小镇可持续发展。

二、杏花村文化特色小镇建设的成就

在乡村振兴战略下，杏花村镇政府注重以文化建设带动特色小镇建设，提出了"一镇带一方，一方促全盘，实现'汾阳白酒、清香世界'"的梦想，并以巩固

---

① 李强 . 特色小镇是浙江创新发展的战略选择 [J]. 小城镇建设，2016（03）：9-14.

"中国酒魂"地位，带领中国酒文化走向世界为目标，采取了一系列措施。

（一）酒文化走向世界迈出新征程

自古以来，杏花村镇就以酒产业发展为主体，聚焦"打造十里酒城、建设世界酒都"这一战略定位，对中国酒文化走向世界贡献了重要力量。1915年，杏花村镇汾酒在巴拿马万国博览会获得了一等奖，2004年，被列为全国工业旅游示范点，2006年，我国非物质文化遗产名录收录了杏花村镇汾酒酿酒技术，2017年，杏花村镇成为世界十大烈酒主要产区。这些历史成就彰显了杏花村镇的文化底蕴以及享誉世界的名声。2017年，杏花村镇推动创办山西世界酒文化博览会，在举办四届后，于2022年提档升级为"中国杏花村国际酒业博览会"，这是中国酒类行业展会唯一一个以酒文化为主题的国际展览[①]。酒博会与时代主题相契合，逐步与世界接轨，是中国酒文化走向世界的中坚力量。同时，第20届比利时布鲁塞尔国际烈性酒大赛也于2019年8月在杏花村镇举行。在这个享有"酒中奥斯卡"的大赛上，汾酒股份有限公司的清纯玫瑰汾酒获得了大赛最高类型的奖项——大金奖。这些成果表明，杏花村镇在推动酒文化走向世界的道路上不断前行，为世界白酒发展、酒文化传播搭建了平台。

（二）产学研协同发展开辟新篇章

产学研协同发展为文化特色小镇建设提供了先进的技术支持和可靠的人才支撑。2005年，山西农业大学高粱研究所与汾酒集团开启产学研战略合作，就汾酒专用高粱品种的选育进行了研发。2019年12月28日，由山西大学、山西杏花村汾酒集团有限责任公司、汾阳市共同创建的山西大学杏花村学院、山西酿造产业研究院正式成立。这是杏花村镇传统酒产业转型发展迈出的新步伐，也是贯彻落实习近平总书记提出的深化科技体制改革，建立以企业为主体、市场为导向、产学研深度融合的技术创新体系的伟大尝试。杏花村学院与研究院的成立，为杏花村镇酿酒人才的培养、酿酒技术的研究、中国白酒文化传播提供了可靠的基地，还为酿酒行业的沟通交流提供了平台。2023年，南开大学中国式现代化乡村工作站落户汾阳市，这为杏花村文化特色小镇的建设提供了更多的"南开方案"。

（三）文旅融合发展取得新进展

乡村旅游的本质在于文化体验，杏花村镇利用自身悠久的酒文化底蕴发展旅

---

①本刊记者. 相约汾阳　品味世界清香　2017山西（汾阳·杏花村）世界酒文化博览会开幕[J]. 先锋队，2017（29）：12，2.

游业，在文旅融合发展中取得重大突破。中国汾酒博物馆于1984年开始建设，地处我国最大的白酒生产基地杏花村镇，博物馆向我们展示了汾酒两千多年的发展历程以及汾酒酿造的缩影。除此之外，博物馆还有杏花村镇周边出土的酒器酒具、巴拿马获奖情景以及各种立体投影，这些都充分展现了杏花村镇悠久的历史文化以及获得的成就，成为杏花村镇文旅融合发展的重要基地。2006年，杏花村镇仿照明清时期的工艺与用具建立了汾酒老作坊，游客在这里不仅可以品尝到纯手工制作的汾酒，还可以观看传统的制作工艺。习近平总书记指出，"要坚持以人民为中心，提高服务质量，提升格调品位，努力打造世界级旅游城市、宜居城市。"①汾阳市制定的《汾阳市推进"杏花村汾酒"专业镇高质量发展三年行动计划》指出，要力争通过3年时间，将杏花村镇建设成为世界知名酒文旅融合发展示范区。

三、杏花村镇文化特色小镇建设面临的问题

尽管杏花村文化特色小镇建设已经在产业融合、品牌建设、文旅融合等方面取得了一系列的成就，但由于起步较晚、发展较快、地理位置较为闭塞、人才匮乏等原因，在发展的过程中也涌现出了一系列的问题。

（一）传统技艺逐渐衰退

杏花村镇的白酒酿造技术是我国的非物质文化遗产，是宝贵的精神财富和传统技艺。但为了满足市场庞大的需求，在发展的过程中传统酿造技术出现了衰退倾向。一方面，随着我国经济的快速发展，人民生活水平提高，市场对汾酒的需求也快速增加，出现供不应求的状况，传统的酿造技术无法满足市场的需要，汾酒生产逐步与现代化技术相结合，开始大批量生产。社会化大生产的发展虽然增加了汾酒的产量，提高了经济效益，但也由于现代化技术的介入，对原生态酿造技术的传承造成了挑战。另一方面，在以营利为目的的条件下，假酒开始盛行。2019年，"山西汾酒市场乱象""三无散酒灌装冒充汾酒""30元一瓶的开发酒对外售价高达600元"等标题被推上了热搜，降低了人们对杏花村镇的信任度，尽管汾酒集团有限公司及时采取有效措施，请求相关部门对假冒侵权产品进行了查处，但汾酒名声依然受到损害，经济效益一落千丈。一些厂商在利益的驱动下出售假酒，损害了汾酒的名声，同时也造成了假酒大卖特卖、真正的琼浆玉液无人问津的场景。

---

① 张晓松，朱基钗，杜尚泽."加油、努力、再长征！"——习近平总书记考察广西纪实[N].人民日报，2021-04-29.

（二）文化认同有待加强

在人们的传统观念中，城市文化是先进和文明的象征，而乡村文化则是落后和保守的标志，居民对乡村传统文化和乡风文明的认同度较低。杏花村镇受到城市化的冲击，从事白酒销售行业的居民越来越多，他们采用现代化机器与销售手段，以营利为目的进行生产。同时，以城市的快节奏发展为标准，追求高价值、高速度。而工匠精神代表的是精益求精、突破创新，快节奏的生产生活方式使得杏花村镇悠久的酒文化历史得不到充分的开发与利用，传统乡土文化得不到有效的开发与利用，文化特色小镇的建设也缺乏相应的文化支撑。

（三）文化建设水平较低

在特色小镇建设过程中，容易出现重经济轻文化的现象，这也导致在乡村振兴过程中，出现了发展不均衡的现象。首先，在我国，文旅融合发展已经成为大部分乡村实现乡村振兴的有效措施。但我国文旅融合发展存在"一刀切"的现象，没有充分考虑不同职业、不同年龄人群的不同需求，导致部分消费者存在不良的旅游体验，影响乡村振兴的整体发展。杏花村镇高度重视文旅融合发展，利用深厚的酒文化底蕴推出了汾酒老作坊、汾酒博物馆等旅游景点，但没有对不同消费者的不同需求进行分类，提供多样化服务，影响游客整体的体验效果。其次，文化基础设施是乡村文化传播的有效平台。杏花村镇文化基础设施丰富，有竹叶青公园、汾酒文化广场、汾酒工业园林，这为杏花村镇居民提供了丰富的活动场所。但调查显示，杏花村镇居民大多选择广场、公园活动，博物馆等文化氛围浓厚的场所参观者多为外来旅游者，部分文化基础设施长期闲置，起不到应有的作用。再次，良好的文化生活能够为人民提高文化素养提供和谐的环境，杏花村镇文化生活主要来源于政府组织和居民自我补给。在新的时代条件下，小镇居民的价值观、文化需求发生了很大的变化，政府的传统供给方式已经不能适应居民对文化差异化和多样化的需要。他们不满足于被动接受文化熏陶，逐步成为文化供给的主体，但文化基础设施老旧、文化事业与文化产业发展落后，造成了供需矛盾，阻碍了文化特色小镇建设的进程。

（四）文化宣传方式落后

科技的发展改变了人们的生活方式，也为文化传承与传播提供了新的途径。杏花村镇为建设文化特色小镇，适应时代要求，创新了文化传播的方式，但是，在宣传方法、宣传过程中还存在一系列的问题。一方面，新媒体充斥在人们生活的方方面面，杏花村镇文化宣传已经开始采用新媒体，通过微信公众号、政府网站、抖音快手等平台进行宣传，但由于缺乏专业的人才运营，新媒体平台访问率较低，宣传效果不佳。除此之外，还有部分老年甚至青年农民应用新媒体的能力较弱，成为文化传播的"漏网之鱼"。另一方面，教育是文化传承与发展的重要途径。受到城市化的冲击，杏花村镇青年大多选择在城市上学，小镇学校学生少。学校注重教学效率的提高，忽视文化传承与发展的任务。学生不了解传统文化，一味地想要"逃离"乡村，使得文化特色小镇建设缺失后备力量，从而影响乡村振兴的整体进程。

四、乡村振兴战略下建设文化特色小镇的路径选择

建设文化特色小镇，实现乡村振兴的目标，应坚持因地制宜的原则，以可持续发展为目标，采取切实有效的措施，打造充满生机与活力的新型小镇。

（一）继承传统文化，做好品牌定位

酒文化是杏花村镇经济发展的灵魂，实现乡村振兴，需要继承传统，推陈出新。一方面，杏花村镇的传统文化，不仅包括数千年传承下来的酿造技艺，还包括数千年来培养的汾酒酿造人吃苦耐劳的"工匠精神"。要充分利用深厚的文化底蕴进行文化建设，坚持酒文化的主体地位，保护好文化建设的命脉。同时，要将传统文化与现代化需求相结合，适应时代潮流，开创出更多满足人民多样化的文化需求的文化场所和文创产品。另一方面，要处理好经济与文化的关系。改变杏花村镇汾酒在市场上真假参半的现象，再现朝廷"贡酒"的盛况，需要了解市场导向，优化汾酒供应市场，规范销售渠道，促进消费者的转型和升级。同时，冗杂的汾酒分类影响了消费者对汾酒的认知，汾酒集团应采取措施，剔除不被市场认可的子品牌，注重主打品牌的经营，增强汾酒的市场认知度，提高竞争能力，彰显"中国酒魂"的风貌，带领中国酒文化走向世界。

（二）丰富文化生活，增强文化自信

乡村振兴需要以人才的振兴作为前提条件。进入新时代，我国出台了一系列措施支持乡村发展，加强了乡村人才队伍建设和人力资源的开发，乡村基层组织应充分利用国家政策改善乡村人口结构，努力造就一支懂农业、爱农村、爱农民的"三农"工作队伍。杏花村镇文化特色鲜明，同时也有着独特的风土人情、生活方式等，从日常的饮食到特色的文化活动，都体现了当地居民独一无二的人文特色。因此，要充分挖掘杏花村镇深厚的文化底蕴，以"世界酒博会"为基础加强酒文化

的宣传力度，因地制宜开展主题文化活动，让文化气息渗透在人民生活的方方面面。同时，政府要派遣专业人员深入居民生活，引导居民以正确的态度对待传统文化，增强文化认同，摒弃文化虚无主义。

（三）扩大投资力度，加强文化建设

文化建设需要资金、人才等的支持，符合人民需求的文化基础设施可以创造和谐的文化氛围，以文旅融合发展推动文化特色小镇建设。一方面，文旅融合发展是宣传文化、实现产业振兴的有效途径。杏花村镇文旅融合发展要将文化消费与文化体验相结合，例如通过参观汾酒博物馆感受文化历史，购买纪念品；在参观汾酒酿造过程中购买汾酒等，实现双重效益。同时，面对消费者之间的差异，要坚持"区别对待"，结合现有资源和条件，立足自身特点，打造特色文化旅游，满足不同消费者的需要，让消费者切实感受到文化气息。另一方面，开展特色文化活动是培养文化气氛、宣传小镇文化最有效的途径，政府应深入调研，了解居民需求，以小镇居民为主体挖掘传统文化潜力。另外，政府应制定科学的文化发展规划，确定文化场所保护清单，让人们望得见山，看得见水，留得住乡愁，打造集生产、生活、生态于一体的多功能聚集区。

（四）创新宣传方式，依托学校教育

科技的发展使得互联网成为人们的生活必需品，杏花村镇在进行文化宣传时应充分利用好现代信息技术。一方面，在"短视频时代"，政府应充分利用快手、抖音、微博等平台进行文化宣传，利用大数据分析网民的爱好，有针对性地开展文化创作和文化宣传，潜移默化地提高居民的文化认同与文化素养，宣传杏花村镇"中国酒魂"的地位。另一方面，要发挥新媒体的重要作用，还需要相应的人才队伍作为支撑，通过人才引进和自主培养的方式，打造一支专业的新媒体运营队伍，是文化特色小镇建设的重要支撑。除此之外，学校教育也是提高传统文化的认同感的重要一环。杏花村镇酒文化历史悠久，家喻户晓，但其过往的辉煌历史逐渐被人遗忘。乡镇学校应开设文化教育课程，培养专门教师团队，编制乡土文化教材，定期举办文化教育活动，采用多样的教学模式，创新文化教育方式。同时，还可以创办专门的乡土文化教育学校，如白酒酿造体验学校、酒文化传承培训班、汾酒酿造技术研究院等，使杏花村镇悠久文化得以传承和创新。

实现乡村振兴，需要国家的大力支持，政府的尽职尽责，居民的自觉行动。文化是实现乡村振兴的核心要素，要深挖优秀文化传统，增加文化建设投入，加大

文化宣传力度，提高农民文化认同，建设和谐美丽的文化特色小镇。文化特色小镇的建设不仅仅指文化的传承与创新，其最终目的是要构建小镇居民共同的精神家园，提升居民的幸福感和归属感。杏花村镇文化特色小镇的建设和发展，将推动杏花村镇在世界文化舞台上展现更多中国酒文化的魅力。

新时代高校劳动教育的多维度探讨与实践

杨艳红 ①

（浙江旅游职业学院，马克思主义学院）

【摘要】劳动教育在培育学生健全人格、磨炼顽强意志及高尚品格上具有重要作用，在培养德智体美劳全面发展的社会主义建设者和接班人方面具有不可或缺的地位，高校应将其实质性地融入教育教学体系中。本文从理论、实践、空间、评价四个维度，探讨了加强大学生劳动教育的实践途径。

【关键词】大学生；劳动教育

"劳动教育对培育和践行社会主义核心价值观，传承和弘扬中华民族优良传统，培养担当民族复兴大任的时代新人，具有重大意义。"② 大学生是推动社会发展进步的重要力量，作为奋力实现社会主义现代化强国的见证者、建设者，担当时代重任。劳动教育在大学生素质教育中发挥着重要作用，培育时代新人，构建新时代教育体系，必然要求加强劳动教育。高校是培养人才的摇篮，肩负着立德树人的重任，加强劳动教育的落实有利于全面贯彻落实新时代党的教育方针的基本要求，为实现强国目标提供人才支撑。

一、理论维度：提升劳动教育地位，增强紧迫感

劳动教育是高校教育的重要组成部分，旨在培养学生的劳动观念、劳动技能和劳动精神，以促进学生的全面发展。然而，在当前的高校劳动教育实践中，一定程度上存在被弱化的现象，会影响劳动教育的效果和质量。比如高校在贯彻实施过

---

① 作者简介：杨艳红，女，浙江旅游职业学院，讲师，主要从事思想政治教育和党建研究。
② 习近平.在全国劳动模范和先进工作者表彰大会上的讲话 [N]. 光明日报，2020-11-25（2）.

程中将劳动简单视为体力劳动的观念，一些学生和教师可能没有充分认识到劳动教育的重要性，将其视为次要或附加的课程。与此同时，近年来，在大学生群体中还存在不珍惜劳动成果、歧视体力劳动相关的职业、参与劳动教育实践课程积极性不高等现象。劳动教育内容可能过于理论化，与学生的实际生活和未来职业需求相脱节。一些高校在开展劳动教育时，劳动教育的投入不够，缺乏足够的资金、设施设备支持，教学条件不佳，影响劳动教育的投入。劳动教育这门人生必修课，在一定程度上被打了折扣。高校要全面贯彻党的教育方针、抓好新时代劳动教育，必须明确劳动教育地位，形成师生共识。

第一，从宏观层面优化全校师资队伍建设，着重强化劳动教育师资的培养力度，全面提升教师的劳动教育理念与实施能力。高校要把师资培训作为开设劳动教育课的重要抓手，制订教师培训和培养计划，开展多种形式举办劳动教育专题培训。注重深化教师对于劳动教育的内涵、价值等方面的理解，深化教师对劳动教育重要地位与独特价值的认识，深刻认识劳动教育的必要性和紧迫性。

第二，坚持思想政治理论课在劳动教育中的价值引领地位，确保劳动教育的正确方向与深刻内涵得到有效传播与教育实践。劳动教育作为思想政治教育的重要组成部分，高校应充分发挥思想政治理论课的主渠道作用，深化劳动教育与思想政治教育的有机融合，实现德育与劳育的协同增效，促进学生全面发展。以人生价值评价、工匠精神、劳动模范、职业道德和劳动法治素养为切入点，深入发掘思想政治理论课程中的育人资源，增强课程的针对性和实效性，促进学生的价值观形成和综合素质提升。授课中注重习近平总书记关于艰苦奋斗、实践、劳动等问题重要论述的阐释，深化马克思主义劳动价值观教育，帮助大学生树立科学的择业观念，促进个人职业选择与社会发展需求的和谐统一。

第三，高校要聚力组织校内外专家成立教材编写组，编好一批劳动教育教材，结合社会需求和学生兴趣，设计实用和相关的课程，打造劳动教育精品课程，为大学生提供更多的理论学习资源。

二、实践维度：拓宽劳动实践渠道，增强可行性

培养大学生真挚的劳动情感态度和修炼高尚的劳动伦理品德，拓宽劳动实践渠道。

第一，建设特色劳动实训基地，拓展劳动教育实践场所，满足多样化劳动需

求。推进校企深度合作，打造"平台共建、人才共育、师资共享、过程共管"的实训基地，为大学生开展劳动教育提供平台。携手群团组织和福利机构构建实践平台，支持大学生走进城乡社区、福利院和公共空间，参与公益劳动和社区治理，实现社会实践与志愿服务的有机结合。建立劳模工匠工作室，利用劳模和工匠人才的榜样力量，增强大学生的劳动实践体验，培养他们勤俭节约、不懈奋斗、勇于创新、乐于奉献的劳动精神。劳模工匠工作室定期组织各类实践活动，如技能培训、经验分享和工作坊等，让大学生有机会亲身感受和学习劳模和工匠们的工作态度与专业技能。此外，工作室还将邀请行业内的劳动模范和工匠人才进行讲座和交流，分享他们的成长历程和成功经验，激发大学生的劳动热情和创新精神。在强化大学生劳动体验方面，劳模工匠工作室将设计一系列具有挑战性的劳动任务，引导大学生在实践中培养团队协作、解决问题和创新实践的能力。同时，工作室还将注重培养学生的勤俭节约意识，让他们明白劳动成果的来之不易，从而更加珍惜和尊重劳动。劳模工匠工作室为大学生提供一个宝贵的学习和实践平台。在这个平台上，大学生将有机会领略到劳模和工匠们的卓越风采，培养出勤俭、奋斗、创新和奉献的劳动精神，为未来的职业生涯和社会贡献做好准备。

第二，实现劳动教育的全面覆盖，需要家庭、高校和社会三方协同努力，构建全过程、全方位的育人格局。家庭作为劳动教育的基础单元，应引导大学生树立正确的劳动价值观并掌握基本生活技能；高校是开展劳动教育的主体，需发挥主导作用，统筹实施劳动教育，系统设计劳动教育课程和实践项目；社会则应提供实践机会和资源支持，共同培育大学生的劳动精神，比如，市场要增加高质量的文艺产品供给，发挥文艺作品潜移默化的积极作用，新闻媒体要加强劳模工匠典型人物的宣传。

第三，制定新时代背景下劳动教育实践实施方案，谋篇布局不断完善劳动育人体系，做到"一系一案"，根据政策文件又结合学校专业特色和实际，确保劳动教育有序开展。将劳动教育纳入人才培养方案，作为公共必修课并设定学分，使之有机融合、综合发力。普通高等学校可依托大学生就业指导、职业生涯规划和创新创业课程，深入教育指导学生树立科学的劳动观念和就业择业观念，为其未来发展奠定坚实基础。完善劳动教育相关的制度，规范的制度和管理办法是劳动教育在高校健康合理运行的保障和前提，比如，制订完备的劳动实践活动风险防控预案，以应对实践活动安全事件。

第四，发挥高校党校在开展劳动教育方面的作用和影响。加强劳动实践锻炼提高入党积极分子党性修养，端正其入党动机的重要途径，也是每一名共产党员的成长必修课。高校党校要在理论讲授、专题讨论等内容上，以强化大学生报效国家和奉献社会为导向，增设入党积极分子劳动实践环节，将劳动实践锻炼作为党校结业必修课来抓，引导大学生在劳动中展示人生价值。

三、空间维度：营造劳动文化氛围，增强感染性

校园文化建设在劳动教育领域扮演着至关重要的角色，对于高等教育机构实施劳动教育具有深远的影响。通过培育积极、浓厚的校园劳动文化环境，能够在无形中对学生产生正面影响，激发大学生对劳动的热爱。高校要抓好立德树人的根本任务，必须积极挖掘校园文化育人内容，营造良好的劳动文化氛围，发挥好校园文化育人功能。

第一，联合其他高等院校、科教机构、科技型企业等相关机构从业者及行业专家成立劳动教育研究会，促进劳动教育领域的理论交流与传播，努力构建一个全社会都高度重视劳动教育的良好氛围。高校推动劳动教育的落地，离不开校内组织机构的协同配合，比如校团委、教务处、党校、党委宣传部等其他部门在推动劳动教育实施进程中也应划分落实劳动教育的"责任田"。

第二，推进先进模范人物进校园系列活动，营造起"崇尚劳动"的文化氛围。开展"劳模事迹报告会""劳模进课堂""优秀劳动先进个人校园分享"等活动，注重选树在劳动实践中涌现出的先进典型，在重大节假日表彰一批优秀大学生和优秀集体，大力弘扬劳动光荣的校园风尚和"干一行、爱一行、钻一行、专一行"的敬业风气。

第三，充分利用高校新媒体平台，开设劳动教育专栏，加强新时代行业劳动模范和先进工作者的宣传，营造"尊重劳动"的校园文化氛围。对于大学生关注的一些社会反面案例，要及时澄清、正面引导，引导大学生知行合一。

第四，结合专业特色，打造系列劳动文体品牌活动，形成"热爱劳动"的校园文化氛围。举办最美寝室、十佳实验室、家庭劳动技能评选活动和劳动知识竞赛评选活动，引导学生崇尚劳动、热爱劳动。建设校级志愿服务社团，在"劳动月""劳动周"围绕疫情防控、生态文明、脱贫攻坚、"光盘行动"等主题开展劳动实践活动，引导大学生在实践活动中自立自强，积极为国家、地方发展战略贡献青

春力量。

第五，将劳动教育与校园文化建设融为一体，建设劳动文化长廊，打造好学校文化景观。在丰富多彩的校园文化熏陶下，学生们能够自然而然地树立起正确的劳动观念，深刻认识到劳动的重要性和价值。

四、评价维度：构建完整考核体系，增强时效性

构建科学的劳动评价体系，下好劳动教育"保障棋"，及时形成劳动教育实施反馈机制至关重要。我们应当重视将"创新创业"（简称"双创"）理念融入评价考核体系，全方位、多角度地构建劳动教育评价指标体系。

第一，将劳动素养的评估结果纳入考核范畴，以此引导劳动教育向规范化、常态化的方向发展，有效避免其形式化和应试化的倾向。"双创"理念的融入，有助于引导大学生在劳动实践中培养创新精神、激发创业意识、提升创业能力，使他们成为新时代的建设者、奋进者和开拓者。将"双创"要求纳入劳动教育评价考核体系，是高校推动劳动教育有效实施的关键举措。在设置劳动教育必修课程时，我们需充分考虑到大学生对劳动知识的掌握程度和接受能力，以确保劳动教育的整体效果得到提升。同时，我们还需根据人才培养目标，细化创新创业能力的评价指标，并将一些非智力因素（如团队协作、沟通能力等）纳入评价内容，以更加全面地评估学生的劳动素养和综合能力。

第二，劳动教育评价体系关乎高校育人导向，对促进大学生全面发展具有重要意义，要打造好评价这根"指挥棒"，既要确立多维度劳动教育评价指标，又要统筹构建多主体的评价指标。大学生劳动实践的场域远不只校园，家庭和社会同样扮演着至关重要的角色。因此，学校、家长和社会组织共同构成了实施劳动教育的主体，同时也承担着评价的责任。为了提升劳动教育评价的科学性和全面性，我们必须将这些多元主体纳入评价过程中。通过学校、家长和社会组织的紧密合作，我们可以共同制订和实施劳动教育计划，确保学生在各种环境中都能获得丰富的劳动体验。此外，这种多方参与的评价方式还有助于及时发现和解决劳动教育过程中存在的问题，从而推动劳动教育的持续改进和发展。最终，我们将形成一个科学、系统、全面的劳动教育评价体系，为培养具有创新精神和实践能力的新时代大学生提供有力支持。为了提升劳动教育评价的科学性，我们必须将其纳入综合性的评价考核体系中。这样，我们才能够确保劳动教育在高等教育中的地位得到充分重视，

进而推动劳动教育的持续发展和质量提升。通过科学合理的评价机制，我们可以更加准确地衡量学生的劳动素养和综合能力，为他们未来的职业发展奠定坚实基础。

第三，将劳动素养纳入学生综合素质学分制评价体系，从评价导向就避免重技能轻素质问题。推进劳动教育学分制考核评价体系的建设，将劳动态度、劳动时间、劳动技能和劳动成果等关键劳动要素纳入大学生毕业的"综合素质学分制证书"评价体系，作为衡量学生综合素质的重要指标。

第四，利用劳动教育评价结果，发挥其在引导和激励方面的作用，确保教育质量与效果的持续提升。大学生的劳动教育评价结果可作为评优秀、评先进的重要参考，比如，设立拓展培养学分和特长奖学金进行激励，提高学生参与劳动教育的积极性。

作为推动社会进步的关键力量，大学生不仅是社会主义现代化强国建设的见证者，更是其中的积极参与者和中坚力量。大学生肩负着时代的重任，承载着国家未来的希望。在这一背景下，劳动教育在大学生素质教育中的地位愈发凸显，它不仅是培育具备时代特征的新人的重要途径，更是构建新时代教育体系不可或缺的一环。为了培养具备创新精神和实践能力的新时代人才，加强劳动教育显得尤为重要。高校作为人才培养的摇篮，始终坚守着立德树人的根本任务。通过加强劳动教育，高校能够更好地贯彻落实新时代党的教育方针，培养出符合国家发展战略需求的高素质人才，为实现强国目标提供坚实的智力支持和人才保障。劳动教育不仅有助于提升大学生的动手能力和实践经验，更能在实践中培养他们的创新意识、团队协作精神和社会责任感。这些品质对于大学生成长为全面发展的人才至关重要。因此，高校应当充分认识到劳动教育的重要性，将其纳入教育教学体系，为学生创造更多参与劳动实践的机会，让他们在劳动中锤炼意志、增长才干，为实现中华民族伟大复兴的中国梦贡献青春力量。

新时代全面从严治党视域下高校二级学院勤廉文化建设路径探索

——以浙江旅游职业学院酒店管理学院为例

葛志荣　张城璐 ①

（浙江旅游职业学院，酒店管理学院）

【摘要】在新时代背景下，加强高校二级学院的勤廉文化建设不仅是贯彻全面从严治党战略的重要举措，也是提升学院治理水平、营造风清气正教育环境、培养高素质人才的关键环节。本文以浙江旅游职业学院酒店管理学院创建"勤廉二级学院"为例，从高校二级学院勤廉文化建设的实际出发，通过党建引领、统筹自治、责任监督、优化作风、培育文化等方面的经验总结，探索高校勤廉文化建设路径，为加强高校二级学院勤廉文化建设提供思想源泉和实践力量。

【关键词】全面从严治党；高校二级学院；勤廉文化建设

习近平总书记在党的二十大报告中鲜明指出要"坚定不移全面从严治党，深入推进新时代党的建设新的伟大工程"②。立德树人是高校的根本任务，必须强化党的全面领导，确保从严治党的各项要求在高校落地生根。近年来，面对高等教育发展的新形势新要求，高校积极探索内部管理体制改革，将管理重心适度下移，有效激发了二级学院的内在活力与创造力。在此背景下，推进高校二级学院勤廉文化建设，不仅是积极响应新时代全面从严治党战略部署的具体行动，也是完善高校内部治理体系、提升治理效能的迫切需求。

---

①作者简介：葛志荣，男，浙江旅游职业学院，副教授，主要从事党建思政、旅游教育研究。张城璐，女，浙江旅游职业学院，讲师，主要从事党建思政研究。
②习近平.高举中国特色社会主义伟大旗帜　为全面建设社会主义现代化国家而团结奋斗：在中国共产党第二十次全国代表大会上的报告[N].人民日报，2022-10-26（1）.

一、高校二级学院勤廉文化建设的价值意蕴

（一）强化党的领导

全面从严治党，首先要加强党的政治建设。高校二级学院加强勤廉文化建设，有助于强化党的领导核心作用，确保学院始终沿着社会主义办学方向前进。通过加强师生党员的党性教育、廉洁教育和纪律教育，提高师生党员的政治觉悟和廉洁自律意识，使他们在学院各项工作中发挥先锋模范作用，引领广大师生树立正确的世界观、人生观和价值观。

（二）提升二级学院治理效能

高校二级学院作为高等教育体系的重要组成部分，通过建立健全的勤廉文化制度，规范权力运行，强化监督制约，推动学院在管理体制、人才培养模式、教学科研等方面的改革创新。勤廉文化建设强调公开透明、廉洁自律的治理理念，有助于建立健全的决策机制，通过广泛听取师生意见，形成共识，从而提升决策的科学性和民主性，促进学院各项事业的蓬勃发展。

（三）营造风清气正的校园文化氛围

高校二级学院是师生学习、生活和工作的基本单位，其文化氛围对师生的思想行为具有重要影响。通过持续开展勤廉教育活动，加大廉政文化宣传，加强师生廉洁自律意识的培养，有效遏制学术不端、贪污腐败等不正之风，让勤廉文化深入人心，使师生在潜移默化中接受廉洁教育，树立正确的道德观念和行为准则，进一步提升师生的道德素质和职业素养，营造风清气正的校园政治生态和育人环境。

（四）助力人才培养质量提升

高校二级学院作为人才培养的摇篮，其教育质量直接关系到国家和社会的未来。通过勤廉文化的教育引导，激发师生的社会责任感和使命感，推动学院在教学、科研、社会服务等方面的高质量发展，树立德才兼备的育人理念，培养具有高尚道德情操、扎实专业知识和良好职业素养的优秀人才。

（五）推动全面从严治党向基层延伸

全面从严治党必须向基层延伸，落实到每个党支部、每名党员。通过加强党员干部的廉洁自律教育、完善监督制约机制、强化责任追究等措施，确保党的路线方针政策和决策部署在学院层面得到有效贯彻。

二、高校二级学院勤廉文化建设现实困境

（一）思想认识不足，重视程度不够

部分高校二级学院在思想认识上存在偏差，对勤廉文化建设的重视程度不够，片面地认为，勤廉文化建设是上级部门或学校层面的任务，与二级学院关系不大，因此在工作中缺乏主动性和积极性。此外，部分师生也对勤廉文化建设的意义和价值认识不足，认为其与自己的学习、工作和生活关系不大，参与热情不高。这种思想认识上的不足和重视程度不够，直接导致了勤廉文化建设在二级学院中的推进力度不足，难以形成浓厚的文化氛围。

（二）制度建设滞后，执行力度不够

制度建设是勤廉文化建设的重要保障。然而，当前高校二级学院在勤廉文化建设方面存在制度不健全、不完善的问题。一些学院虽然制定了相关的规章制度，但往往缺乏针对性和可操作性，难以在实际工作中得到有效执行。同时，部分学院在执行制度时存在打折扣、搞变通的现象，导致制度形同虚设，无法发挥应有的约束作用。

（三）监督机制不健全，惩处力度不足

有效的监督机制是确保勤廉文化建设顺利推进的重要保障。当前高校二级学院在勤廉文化建设方面的监督机制普遍不健全，存在监督渠道不畅、监督力量不足、监督效果不佳等问题。对于发现的违规违纪行为，存在惩处力度不够、问责不严的情况，为勤廉文化建设的深入推进带来了巨大挑战。

（四）教育资源有限，活动形式单一

高校二级学院在勤廉文化建设过程中还面临着教育资源有限和活动形式单一的问题。部分学院在活动策划和组织上缺乏创新性和针对性，导致活动形式单一、内容雷同，难以吸引师生的广泛深入参与，不仅影响勤廉文化建设的教育效果，也制约了学院在勤廉文化建设方面的创新和发展。

三、高校二级学院勤廉文化建设的实践路径

（一）政治引领"强党建"，夯实清正廉洁思想根基

全面从严治党核心是加强党的全面领导，加强高校廉政文化建设是推进全面从严治党的重要内容，是一体推进"不敢腐、不能腐、不想腐"的重要举措。[①]浙

---

① 韩辉. 多路径加强高校廉政文化建设的探索 [J]. 湖北开放职业学院学报，2024，37（11）.

江旅游职业学院酒店管理学院始终坚持以习近平新时代中国特色社会主义思想为指导，高举党的理论旗帜，将党的政治建设摆在首位。通过常态化开展政治理论学习、组织专题党课、举办党性教育等形式，确保党的最新理论成果深入人心，成为指导学院工作实践的强大思想武器。学院注重将党的政治建设与学院中心工作紧密结合，以高质量党建引领学院高质量发展。通过制定并落实学院党建工作规划，明确党建工作的目标、任务和措施，确保学院各项工作始终沿着正确的政治方向前进。学院每半年进行一次意识形态领域的分析研判，将意识形态工作与学院重点工作同部署同落实。在课堂教育教学管理方面，组建"学院—二级督导—班级信息员"三级监督体系，开展课堂纪律执行情况的监督检查；对在线开放课程、学习平台及教师课堂讲授内容和方式等进行审查；成立教材审核小组，对教材编写、选用、引进情况进行审核。制定《酒店管理学院新媒体平台信息发布及管理办法》，学院官方网站和微信发文均须经过严格的三级审核制度。把握正确的舆论导向，旗帜鲜明地对师生进行价值引领。

（二）统筹规划"强自治"，建强清廉建设组织支撑

加强高校廉政文化建设需要加强顶层设计，二级学院要充分整合各方资源，挖掘适合学院文化内涵，能充分调动凝聚师生前进动力的制度体系。浙江旅游职业学院酒店管理学院围绕二级管理，做好顶层设计，明确发展目标、发展思路，强化工作举措，落实发展规划。坚持以党建为引领，确保党的领导在二级学院全员聘任、财务管理、人事管理、二级教代会中全面发挥作用。理顺管理体系，用好考核结果，完善相关制度，做好考核结果在评优评先、干部任用、绩效激励中的运用。切实落实全面从严治党主体责任，层层传导压力，狠抓责任落实。紧盯关键岗位、关键事和关键人，紧盯人才招聘、物资采购、工程基建、招生调剂、职称评定等权力集中、廉洁风险高的重点领域和关键环节，强化主体责任，强化责任落实。坚持每月至少召开2次以上党政联席会议和1次以上党总支委员会，商议学院重大事项，对与教师切身利益相关及有关学院发展的"三重一大"事项，一律进联席会议讨论研究。如涉及教师招聘、项目申报、出国出境培训、年终考核结果、年终奖核拨等事项或者领域都需要党政联席会议谈论决定，分析学院人才需求，商讨确定学院用人计划等，通过征求意见、风险评估等环节，严格执行重大事项集体议事规则和决策程序，确保学院的政务活动民主决策、公开透明。

（三）压实责任"强监督"，推动权力运行规范透明

随着高校内部管理体制改革的不断深化，二级学院可以调配资源的权力不断增加，面临的廉政风险问题也越来越多。[①]要加强对权力运行的制约和监督，把准二级学院监督运行的着力点，坚守政治监督根本定位，找准政治监督的切入点，形成"可执行、可操作、可检查、可问责"的相互协调配套的监督体系。做实做细日常监督，加强关键环节、重点部位的内控管理，强化对主要领导干部的监督。浙江旅游职业学院酒店管理学院完善小微权力清单的建立，健全"发现—研判—处置"工作机制。坚持问题导向，定期开展排查惩治，每季度形成党风廉政自查分析报告，提出整改措施和具体责任人。健全完善内部控制和廉政风险防控体系，梳理形成风险清单和防控措施清单，进一步压缩权力寻租空间。做实做细教育提醒、纪法威慑、政策感召等工作，狠抓"七张问题清单"等巡察、审计及督查问题整改，坚决查处违反党的政治纪律和政治规矩问题，实现监督、预防、整改、处置、问责全链条闭环管控。全面构建以党内监督为主导、数字化监督为手段、各类监督贯通协调的工作机制，盯责任、保落实，盯问题、纠偏差，盯短板、促整改，扎实推进政治监督具体化、精准化、常态化。班子成员率先垂范，对照党章党规党纪，自觉接受党规、党纪的约束，养成遵规守纪的高度自觉，班子成员带头主动接受监督，成员之间互相监督，真正发挥好示范带头作用。加强对师生的教育管理监督，有效落实组织监督、群众监督等，支持纪检委员开展监督。严格执行信息公开，做到要求公开的事项，一律依规依法公开。积极畅通教职工和学生反映问题、诉求的渠道，宣传监督举报途径，完善各类事项反馈处理机制。开设监督反馈专栏，充分利用微信、公众号、宣传栏等方式，加强反馈处理机制的普及，鼓励师生投诉问题、参与监督，提升监督质效，增强治理效能。

（四）优化生态"强作风"，严格全体师生纪律约束

高校要深化全面从严治党，推进勤廉文化建设，必须进一步增强二级学院队伍的向心力和战斗力。浙江旅游职业学院酒店管理学院充分发挥政治核心作用，提升师生思想政治工作质量，通过深入开展"三风"建设大讨论、大抓落实，健全完善抓党风、强教风、促学风、严作风的良好育人机制，认真贯彻落实《新时代高校

---

①陈权，陈煜.新时代全面从严治党视域下高校二级单位纪委建设探究[J].浙江工业大学学报（社会科学版），2024，23（01）.

教师职业行为十项准则》和"四个相统一""四有好老师""四个引路人"要求。[①]坚持贯彻师德师风作为评价教师的第一标准。持续做好密切联系学生制度，引导教师以德立身、以德立学、以德施教、以德育德。通过班主任、带班辅导员召开班会、学习交流会等时刻提醒日常行为规范、告知学业预警和退学制度，让学生们能够自觉遵守。学院重视听取师生意见，每月针对少数民族学生、宗教信仰学生等重点管理群体开展思想动态研判，每年确定1至2项问题较为突出的事项，聚力纠治师生反映强烈、廉政风险隐患较大的问题。贯彻腐败治理"一严到底、一抓到底"的理念，严格按照"谁主办、谁负责，谁审批、谁监管"的原则，确保各项活动政治方向的正确性。将习近平总书记关于反腐倡廉的重要论述等党纪党规廉政建设学习内容纳入总支、支部理论学习计划；每年召开2次全体教职员工"师德师风建设专题学习会"和"案例分析会"，根据上级要求通报违纪违法案例；通过教师大会、支部会议、工作群等对教职员工进行经常性的警示提醒，定期开展廉政谈话；若有查实的违规违纪违法案例在1个月内开展警示教育；贯彻落实重点时段、重点人群的廉洁提醒。

（五）培育特色"强文化"，营造崇廉尚洁良好氛围

高校廉政文化建设是一项面向广大学生群体及全体教职工的综合性文化建设工程，它根植于深厚的文化土壤，蕴含着丰富的精神内涵与价值追求。作为二级学院，要进一步建立健全廉洁文化常态长效教育机制，浙江旅游职业学院酒店管理学院围绕学校"一旅清风 一路阳光"清廉文化品牌，结合学院"微笑文化"和"心服务·星先锋"党建文化品牌内涵，厚植廉洁奉公品格，打造"清风酒管"勤廉文化品牌。提炼工作经验，扩大宣传途径，提升品牌影响力。学院大力践行社会主义核心价值观，弘扬伟大建党精神、红船精神，全面开展"四史"学习教育，发展积极健康的党内政治文化，将清廉教育融入教育教学各方面、全过程。定期开展清廉文化宣讲、先进事迹学习、专题警示教育等活动，组织师生观看清廉视频、参加学校书画和摄影比赛、参观警示教育基地等廉政文化活动，师生能够直观感受廉政文化的魅力，接受心灵的深刻触动与精神的崇高洗礼。强化形势教育、纪法意识、警示震慑、示范引领，培养廉洁自律道德操守。加大廉洁文化优质产品供给，推广助廉守廉良好家风，持续营造尊廉崇廉爱廉风尚，从而实现教育效果的最大化。

---

① 刘洋洋，何敏学. 新时代语境下高校体育教师师德建设审视与探索 [J]. 辽宁师范大学学报（社会科学版），2020，43（2）.

构建和完善二级学院勤廉文化建设体系，是新时代高校深化全面从严治党战略部署、推动其向基层延伸与细化的关键举措，同时也是提升学院治理效能与现代化治理水平的核心要素。高校二级学院应坚持和加强党的全面领导，深入贯彻全面从严治党体系建设的各项任务与要求，以"健全党统一领导、全面覆盖、权威高效的监督体系"[①]为目标，通过强化制度约束、深化思想教育、拓宽监督渠道、培育特色文化等多维度措施，营造风清气正的氛围，积极打造勤廉并重的新时代高校廉洁文化建设高地，有效提升二级学院内部治理的规范化、科学化水平，为高校事业的持续健康发展提供坚实保障，为中国式现代化建设贡献高校力量。

---

① 新华网．习近平在二十届中央纪委二次全会上发表重要讲话 [EB/OL]．[2023-03-01]．http://www.news.cn/2023-01/09/c_1129268488.htm,2023-01-09.

数字化浪潮下的高校新青年思政教育：理念更新与路径探索 ①

张涤清②

（浙江旅游职业学院，后勤服务处）

【摘要】数字化语境下的高校新青年思政教育宣传面临机遇与挑战，同时也赋予了教育更为宽泛的内涵与认知渠道。本文提出了加强思政教育宣传的针对性和实效性、拓展思政教育宣传渠道、夯实思政教育队伍建设、完善管理制度、丰富教育内容等对策，旨在为高校新青年思政教育提供有益的参考，不仅丰富了我国高校新青年思政教育宣传的理论体系，还为实际工作中的教育宣传工作者提供了有益的借鉴和启示。

【关键词】数字化；思政教育；高校新青年

一、引言

伴随着互联网技术的飞速发展，抖音、微信、头条、云空间、小视频、钉钉、小红书等作为承载数字化信息的新兴产物，日渐成为高校思政教育宣传不可或缺的新媒体载体，数字化已经成为当今"新"的社会主要特征，高校"新青年"则是指高校中的"新"数字化时代"在读"大学生。而且，爱"美"也是年轻人天性，"美的本质和人的本质、生活的本质是密切联系的。马克思说，人的本质是一切社会关系的总和。现实生活中的人，都是社会的人，也不是离开社会生活的抽象的人。"③因此，思政教育宣传，面临着"新"的挑战和机遇，既要充分利用数字化手

---

①基金项目：本文系浙江旅游职业学院宣传专项研究项目"基于数字化语境下高校新青年思政教育宣传的对策研究"的理论成果（2023XCYB02）。

②作者简介：张涤清，女，浙江旅游职业学院，讲师，中级会计师（经济师），主要从事思想政治教育、旅游经济研究。

③苑淑娅，马长生.美育教程[M].开封：河南大学出版社，1991（8）：24.

段，创新思政教育的传播和宣传方式，又要注重提高其灵活性和实效性，以更好地适应"新时代新青年"的需求。

高校新青年获取信息和对外交流主要渠道为数字化的新媒体和手机，其价值观、思维逻辑、新媒体语言沟通形式、处世之道、自我心理等方面的养成与交流，其影响力是久远的。首先，数字化所具有的模拟性、假想性、互动性、自由性等特点，深受年轻人喜欢，年轻人有激情，爱学习；其次，新青年容易接受新事物，他们已经成为数字化技术使用最为普遍、最为积极的文化人群。然而，数字化的自由性会引起其传播的无障碍性，灰色世界观、人生观、价值观的传播会乘虚而入。另外，数字化的模拟性和假想性，还特别能促发新青年的心理问题、世界虚无主义、人格焦虑等问题，引起多种违法和失礼行为的产生，影响其正常成长为有用之才，需要多方面多部门进行协调和协同教育。协同理论核心思想是"协同导致有序"，协同理论从系统演变角度研究自然界和人类社会系统中各子系统在外界物质、信息、能量等因素作用下产生的非线性相互作用而形成协同效应的机理和规律。从协同理论视角看，大学生思想政治教育是一个有序的育人系统，这个系统由诸多相互关联的子系统组成，并且能够在稳定有效的机制下形成协同效应，从而达到最佳的育人效果。因此，协同育人是指高校各子系统通过环境条件的改变，使"决定性因素"出现，从而形成各育人目标的相互配合、各部门相互协调，资源实现优化配置的有序结构。[①] 由此，面对这样的新态势，必须加强对高校新青年的协同思政教育宣传。

二、问题与分析

通过对高校新青年的调研和分析，结合高校新青年思政教育宣传现状及问题，了解他们的需求和特点，成为当前亟待解决的问题。

第一，宣传内容与实际脱节，缺乏针对性和实效性，或者宣传方式过于单一，传统的思政教育宣传内容往往过于抽象和空洞，难以引起新青年的兴趣和共鸣，需要创新观念，充分利用互联网、社交媒体等新兴媒体渠道，以提高宣传效果。

第二，教育主题单一。当前高校新青年思政教育宣传的主题主要集中在党的基本理论、基本路线、基本方针等方面，缺乏针对性和创新性。这种教育主题单一

---

① 田胜. 大学生思想政治教育协同育人机制的构建——以武汉工商学院为例 [J]. 文教资料，2016（21）.

的情况，容易导致学生对思政教育的兴趣和参与度不高。

第三，教育方式传统。当前高校新青年思政教育宣传的方式主要集中在课堂教学、讲座、报告等形式，缺乏创新性和互动性，容易导致学生对思政教育的参与度和学习效果不佳，从而影响思政教育的质量。

第四，责任感和信任度不明显。当前高校新青年思政教育宣传的效果主要体现在学生的思想意识和行为习惯上，对社会主义核心价值观的理解不够深入，缺乏对国家、社会、家庭的责任感，容易导致学生对思政教育的信任度不高。

第五，师资队伍的自身建设，亟待提升，新媒体导师队伍素质的高低，直接影响着新媒体思政教育宣传的时效性，传统思政教育宣传者简单的主体性受到多重挑战。

第六，缺乏评估和反馈的机制。建立一套完善的宣传效果评估机制，对宣传活动的成果进行量化分析，找出存在的问题和不足，不断优化宣传对策和方法。及时了解青年学生的思想动态和需求变化，调整宣传内容和方式，利用大数据技术，对思政教育宣传效果进行评估和反馈，以提高宣传效果。

三、数字化理念更新与路径探索

（一）理念更新

数字化语境已经成为当今社会的主导语境，对高校新青年思政教育宣传产生了深远影响，高校新青年思政教育宣传者要有时代责任感。

高校新青年思政教育宣传者要紧跟时代的步伐，必须树立"数字化"新理念：现实世界中的各种事物信息等，都可以通过数字技术手段，转化为数字形式，从而实现信息的存储、传输和处理。人工智能、新媒体、数字化网络等技术，将数字化技术与思政教育作有机融合，形成和构建数字化特征的教育宣传的"新"理念。"适应新时代高校思想政治教育专业发展的现实需要，以满足高校思想政治教育创新发展的理论需求"，①数字化语境下思政教育宣传者，要有"数字化"的时代意识与责任感，时不我待，必须紧跟时代。不断学习与掌握数字化等相关新媒体知识，消除与高校新青年交流的代沟和差距，争取引领其向健康积极的思想方向发展。

---

①冯刚，彭庆红，佘双好，白显良. 新时代高校思想政治教育学原理 [M]. 北京：人民出版社，2021：56.

（二）思维更新

在数字化语境下，新青年面临着信息爆炸、价值观多元、思想观念复杂等挑战。因此，让新青年在思政教育中学会批判性思维，具有独立思考的思辨能力，传播正能量，引导青年学生树立和形成正确的世界观、价值观和人生观。"借鉴并运用生态思维研究思想政治教育治理，构建思想政治教育生态治理体系，是助推实现新时代高校思想政治教育治理体系和治理能力现代化的重大理论和实践命题。"① 例如，可以通过开展思辨性讲座、论坛等活动，让新青年在讨论、辩论中提高思辨能力；可以通过开展批判性思维训练，让新青年学会从多个角度审视问题，形成批判性思维；可以通过开展思政教育实践活动，让新青年在实践中提高思辨能力和批判性思维。

（三）内容更新

数字化语境下高校思政教育应结合当前社会的发展和学生的实际需求，创新制定一些新的教育宣传内容。"思想政治教育是指社会或社会群体用一定的思想观念、政治观点、道德规范对其成员施加有目的、有计划、有组织的影响，使他们形成符合一定社会、一定阶级所需要的思想品德的社会实践活动。"② 学生的个人思想是很重要的教育宣传重点，尤其是强调教师的领航重要性。

其一是价值观。高校新青年思政教育宣传的内容应该紧密围绕社会主义核心价值观，注重培养学生的爱国主义、集体主义、社会主义等基本观念。增加如社会时政热点、新媒体安全、创新创业等，培养具有社会主义核心价值观的新一代青年。爱因斯坦曾说，只依赖知识与技能是不能从本质上提升人们的物质与精神水平的，我们应当将高尚的价值观念与道德标准归结于真理的提出者。

其二是心理。针对青年学生自身认识不足的特点，善于对数字化新媒体道德与法律等新内容的创新监管，促进数字化下当代高校新青年健康人格的形成与完善；培养创新青年主体性意识、增进学生心理健康内容，将心理健康教育纳入思政教育体系。

其三是实践。鼓励新青年参与社会实践活动，增强他们的社会责任感和使命感。通过分析当前社会热点问题和现实需求，经济发展、环境保护等，引导青年学生树立正确的价值观和行为准则，将思政教育内容与实际相结合，增强宣传的吸引

---

①代玉启，白永生.高校思想政治教育生态治理研究 [M].北京：团结出版社，2021：113.
②张耀灿，陈万柏.思想政治教育学原理 [M].北京：高等教育出版社，2001：38.

力。结合新青年的生活方式和消费习惯，将思政教育内容融入新青年的日常生活中，了解新青年的喜好和行为习惯，以及学生的职业规划和人生发展等方面，开展"面对面"、讲座、茶话会等，可以通过讲述身边的优秀青年典型，激发青年学生的奋斗精神和家国情怀；通过分享成功经验，帮助青年学生树立信心，提高应对困难和挑战的能力，从而提高学生的学习兴趣和参与度。

其四是数字化。思政教育工作者，应该学会运用数字化手段改进思政教育的方法。实现教育内容与实际相结合的重要性。实际课堂中，运用虚拟现实技术创设情境，提高学生的参与度和兴趣；运用社交媒体平台，拓宽思政教育的传播渠道方法，注重实际性和实用性，才能起到对高校青年的导航功能，取得思想引力的功效。

（四）方式探索

思政教育宣传工作者需要跟上时代的特点和全球化态势，主动创新思政教育宣传方式。数字化语境下，思政教育宣传是以人与人之间的社会学的精神交往，实现社会人的相互交际、信息沟通为要旨，展现了社会中个人之间的对等和同等性。新媒体信息内容丰富全范围、虚拟超地域性、实时迅速性等特征，是传统的零距离的思政教育所不可思议的，必然要求修正传统的时期长、反应迟缓、地域时空受限的工作措施。

其一是创建数字化的思政教育宣传公众号品牌。定期发布有价值的思政教育内容，新媒体直播趣事宣传、传统文化小游戏，吸引更多新青年的关注。高校思政教育宣传方式也应破除方式与本本主义，善于运用多媒体技术、有效积极运用公众号主流新媒体交流平台的宣传效应，发布具有教育意义的逸闻趣事内容和小故事，如微视频、短视频、现实小故事小文化趣事等等，让高校学生在观看中获得知识和启发。

"只有用自己的生命、生活，用自己的言行，把自己所选择的道体现出来，形成你的行为习惯，成为你生活方式的一部分，这才是德。"[①] 开发具有教育意义的数字化多媒体游戏，如传统文化中的信、诚、忠、义、善、孝等美德短视频故事、思政教育的文化比较的故事和游戏、互动问答游戏等，让学生在游戏中学习、思考和践行。引导学生积极思考、讨论和交流，积极开展思政教育宣传。

---

① 刘献君 . 大学之治与大学之思 [M]. 武汉：华中理工大学出版社，2000：114.

其二是通过建设线上课程等形式，利用虚拟现实技术创设情境式教学，进行互动式教育宣传等，提高教育宣传的趣味性和吸引力，丰富思政教育宣传的内容和形式，提高青年学生的参与度和关注度。

其三是开展综合线上线下的校园主题教育活动。组织各种线上和线下主题教育活动，如主题班会、主题讲座、主题展览、非遗文化与生活、非遗大师对话等，让学生在参与中学习、思考和践行。

总之，数字化语境下应积极拓展原有的思政宣传方式，倡导数字化语言，以构建具有感染力、吸引力的特色品牌载体与平台为目标，追求一种活跃、轻松、愉悦的宣传情景。

（五）宣传队伍探索

宣传队伍是思政教育宣传的重要力量，要取得高校思想工作的主动权，就必须积极构建具有政治信仰坚定、知识丰富、新媒体专业过硬的新媒体导师队伍。列宁认为，需要重视青年的教育，让青年的全部事业成为培养青年的共产主义道德的事业。[①]好队伍就是团队有效合作，需要加强新媒体导师团队的整体素质水平。

其一是内涵建设。加强对新媒体导师宣传队伍人员的培训和教育，以提高他们的宣传技能和业务水平，使他们能够更好地适应数字化语境下的宣传需求。一定要重视新媒体导师宣传队伍的建设，选拔一批具有丰富理论知识和实践经验的导师人员，充实宣传队伍，培养一批具有正确思想意识和行为习惯的高素质人才梯队，提升思政教育宣传的质量。

其二是运行机制。完善原有的传统管理制度，结合专业提升加强数字化建设等，健全适应数字化特性的网络工作运行机制。明确分工、清晰职责是有效提升管理体制与运行机制的关键。需要高校中的主管部门与二级相关部门统一协调，以促进新媒体思政教育工作的开展为最终目标。

其三是层级明确。高校要建立并完善"处、站、组"新媒体导师制，自由性、即时性地进行教育宣传。高校数字化导师可以通过主流的数字化社交平台，合理选择"面对面"或"语音谈"的方式。通过建立处、站、组制的新媒体思政教育的管理制度，逐步使其常规化、制度化、时效化。

---

①列宁选集 [M]. 北京：人民出版社，1996：351.

（六）架构探索

创建数字化思政宣传的"一体双翼"。

一是要建立以"校园思政"平台为主体，以本校的校训和宗旨为主题，创建校园视频号、新媒体宣传号为双翼的高校思政教育的数字化架构。高校思政教育宣传中数字化平台"校园思政"，是融思政性、趣味性、专业性于一体的本校特色主题平台网站，考虑与学分结合，增加学生的学习和点击率。

二是要加强校园平台和视频号的数字化设计与板块建设。如热爱自然、感悟生命、人生旅行计划、趣味心理学、职业与创业等板块。突出数字化热点热播为引线，积极导航社会主义核心价值观与健康的社会道德观，使视频号、数字化宣传平台充满积极的正能量。

（七）督评探索

高校思政教育宣传的实施、结合学校督导监督和评估需要采取定性和定量相结合的方法。定性评估主要通过访谈、问卷调查等方式，了解学生对思政教育宣传的认知程度、态度和行为变化。定量评估则通过数据分析、评估指标等方式，评估宣传活动的覆盖面、参与度和效果。宣传效果评估应该具有数字化、科学性和全面性，以指导和保证宣传工作的可持续开展，提高宣传质量。

四、结语

新时代的数字语境下，互联网的发展为开展思政教育提供了难得的机遇和挑战。思想政治教育要在社会治理进程中拓展教育领域，发展教育功能与教育方法，立足时代新人的培养凝练学科智慧、处理好学术性和政治性的关系，更好担当起铸魂育人和推进社会发展的职责与使命。只有坚持社会主义核心价值观，创新传统教育方式，积极发挥数字化的主动优势，才能在错综复杂的数字化思政教育道路上，走出一条具有中国特色的高校数字化思政发展之路，开创新形势下高校数字化思政教育工作的新局面。新时代高校新青年的思想政治教育要深入学习贯彻党的二十大精神，从全面建设社会主义现代化国家、全面推进中华民族伟大复兴的战略高度，为培养"有理想、敢担当、能吃苦、肯奋斗的新时代好青年"做好思政教育工作。特别是数字化环境下传播载体的思政教育宣传，需要立足时代，创新全视域下的传播方式和方法，引导高校新青年抵制不良信息的侵袭，提升国民思想素质，全面推进人民富强和民族复兴。